改訂補正版はしがき

読み解く合格思考憲法の改訂版の出版から４年（初版からは９年）を経過したものの未だに本書で司法試験の憲法の勉強をされている方が多いと伺い、この度改訂補正版を出版させていただきました。筆者自身司法試験の受験及び指導から大分時間がたってしまっておりますので、内容の根幹に関わるような大きな改訂は行っておらず、一部表現に不適切な部分があったところを修正し、また、近時の司法試験の出題趣旨、採点実感の記載を踏まえた若干のアップデート、最近の重要な裁判例の追加のみを行っております。改訂箇所は基本的には第一部のみに限っており、問題の追加等は行っておりません。したがって、改訂補正版と題して出版しております。

初版のはしがきにも記載していますが、本書は、あくまで司法試験の憲法に対応できる能力を身に着けることを目的としたものにすぎませんので、定評のある基本書、論文、判決文の読解、法学部やロースクールで憲法を専門とされている先生方の講義の理解を手助けする補助線として活用いただければ幸いです。

本書を利用される皆様が司法試験に合格し、将来法曹として活躍されることを影ながら応援しております。

令和６年４月　　玄　唯真

改訂版はしがき

読み解く合格思考憲法を出版してから早いもので約５年が経過しました。幸いにも読み解く合格思考憲法は多数の受験生に使用していただいたようで、著者として冥利に尽きるところではありますが、書籍の内容が若干古くなっていること（例えば、近時の司法試験で出題されるリーガルオピニオン型の問題には対応していないこと等）から改訂をしてほしいとの声を多数いただいておりました。改訂のご要望をお聞きすることは大変嬉しかったのですが、読み解く合格思考憲法を多数の受験生に使用していただいた一番大きな理由は、司法試験の相場感を肌身に感じていた受験直後の合格者が自分の悩みもさらけ出しつつ執筆したところにあると思われるところ、私はすでに受験時代の感覚を完全に失っており、また、憲法の知識もアップデートできていないことからすると改訂するに相応しくないと考えておりました。もっとも、嬉しいことに読み解く合格思考憲法を実際に利用して勉強をし、司法試験に合格したという方が増えてきているようで、私が母校の中央大学で拙著を用いたゼミにも参加していただいた司法試験合格者である大野さんとお会いする機会がありました。大野さん自身拙著をベースに今の受験生の受験指導も行っていたということのようで、合格直後の大野さんに改訂をしていただければ、読み解く合格思考憲法の意義は失われないのではないかと考え、この度大野さんに全面的に内容をアップデートしてもらい、また、収録問題も増やしてもらうこととした次第です。私も大野さんのアップデートについて監修はしており、読み解く合格思考憲法のコンセプトに変更はなく、更に使いやすくパワーアップした内容になっていると思います。

是非本書を使って司法試験憲法の答案の書き方の理解を深めつつ、司法試験合格を勝ち取る一助になれましたら幸いです。

令和２年４月　　玄　唯真

改訂のコンセプト

改訂にあたり、基本的な思考・方針について変更を加えたつもりはありませんが、次の３点を意識して改訂しました。

１つ目は、“総論の思考”です。 本書は各論に重点を置いたものですが、各論としての知識を覚えていても使いこなせない受験生が多いと思います。そこで、改訂にあたり、各論の知識をどのように使うのかを理解しやすいように総論部分の説明を加筆しました。

２つ目は、“網羅性”です。 従来書かれていなかった知識などについて加筆をしました。司法試験の解説も含めて、受験に最低限必要な部分を網羅したつもりです。ただし、発展的な内容も含みますので、初めからすべてを理解する必要はないと思います。

３つ目は、“問題文の分析”です。 近年の司法試験の傾向や問題文の読み方について、分析をし、それを意識した記載をしてみました。分析の得意な受験生が、どのように問題文を見ているのかを体感できるような解説にしました。

本書改訂にあたっては、ともに受験を乗り越えた同期（特に受験指導の経験のある者）の意見も反映し、受験生にとってより勉強しやすいようにしたつもりです。しかし、あえて議論が生じるような記載をした部分や結論を明示していない部分、参考答案に対して疑問が生じる部分などもあり、完璧な「到達点」を示していません。このような部分は、みなさんが勉強する中で考え、“改訂”する必要があります。そうして最後に出来上がった「本書」は、受験生にとって支えになると思います。憲法の学習の「出発点」の１つとして利用していただければ幸いです。

令和２年４月　　大野　純

初版はしがき

人権総論（審査基準論や三段階審査、適用違憲論）の視点から司法試験答案の書き方を解説する書籍は多々見受けられます。しかし、人権の各条項に着目して司法試験の答案の書き方を解説する書籍はそこまでありません。法務省の発表する「司法試験の採点実感等に関する意見」（採点実感）では、事案に即した個別的具体的検討が求められると、毎年のように言われていますが、事案に即した個別的具体的検討を十分に行うためには、審査基準論や三段階審査の理解を深めるだけでは足りず、各人権条項の意義、保障根拠を理解しなければなりません。そこで、本書では、人権総論の観点よりも、人権各論の観点に重きを置き、それぞれの人権類型ごとの着眼点を明らかにしながら答案への表現方法を解説します。

また、採点実感では、司法試験の問題文に類似する判例を想起してその理解を表現しろとよく言われますが、実際にどのように判例を答案に活かしていいかわからない人が大多数だと思います。受験生にとっての永遠の謎であり課題です。そこで、本書では、憲法上の権利の検討において判例を分析し、当該判例を司法試験風にアレンジしたらどう記述されるのか？という観点から論証例を設けました。判例の論証化をし、それを示すというのは、判例の主体的な検討・理解を阻害するおそれがあるため憲法を理解する上では好ましくないかもしれません。しかし、受験生の心理としては、実際に答案への表現の仕方を知らなければ、試験に合格することはできないわけで、やはり書き方を知る必要があることは否定できません。そこで、筆者なりの見解から判例の司法試験答案への表現の活かし方の例を示した次第です。また、論証には二種類のものを用意しました。一つは、一つの立場から記載された論証例であり、一つは、司法試験の出題形式に即して主張・反論・私見形式で記載された論証例です。主張・反論・私見形式で記載された論証例をわざわざ記載した理由は、主張・反論・私見形式の書き方がよくわからないという質問を山ほど受けており、実際の記載例をたくさん見たほうが書き方をマスターすることができると思ったところにあります。主張・反論・私見形式の書き方について参考にしていただきたいです。

なお、この論証例は答えではなく、あくまで「例」であるので、この論証例をそのまま試験の答案に表現することは厳禁です。しっかりと当該条文の保障根拠、事案と類似する判例の結論を導いた理由づけを頭に入れながら、事案に即した答案作成を行ってください。

加えて、実際に問題に取り組まなければ、人権条項をそれぞれ十分に理解することはできません。

そこで、上記で解説された人権類型ごとの着眼点をベースとして、問題をどのように解けばいいのか明らかにするため、旧司法試験の事例問題を改題したものを題材にして、事案の検討方法について解説を行っていきます。最後の仕上げとして、現行の司法試験や司法試験予備試験の問題を題材とした解説も行います。

本書を用いて、司法試験憲法の答案の書き方について理解を深めることができれば幸いです。

最後に、本書は、あくまで司法試験憲法に対応できる能力を身に着けることができるものにすぎず、本書だけで憲法に対する理解を十分に深めることはできません。本書だけでなく、重厚な基本書の読解や、専門的な論文、判決文の読み解きに取り組むことなくして、十分な憲法に対する理解を深めることはできないので、そういった勉強も欠かさず行ってください。

平成 27 年 10 月　　玄　唯真

目　次

第３　人権総論……19

第４　人権各論……27

第二部　短文事例問題で判断枠組みの構築を学ぼう
――司法試験・予備試験の論文対策としての旧司法試験論文過去問を解く

～解説・参考答案

※上記の旧司法試験の問題（旧司平成（昭和）＊＊年度第１問）と記述があるものは、全て、当該年度の旧司法試験の問題を司法試験の出題形式（主張・反論・私見方式）に沿った形にアレンジしたものです。

第三部　予備試験問題にチャレンジ

第四部　司法試験問題にチャレンジ

第五部　統治の問題について

※本文中で、憲法判例百選Ⅰ、Ⅱ［第７版］は、それぞれⅠ－○○、Ⅱ－○○（○○は事件番号）のように表記しています。

憲法答案の書き方

第1　司法試験出題趣旨・採点実感の分析

1　序論

司法試験、予備試験のいずれも、「試験」であり、出題者・採点者が書いてほしいことを書かなければ、いくら立派な文章が並べてあったとしても点数は入りません。司法試験については、毎年詳細な出題趣旨、採点実感が公表されており、出題者・採点者が書いてほしいことが明らかになっています。もっとも、予備試験の出題趣旨は簡素すぎて出題者・採点者が何を求めているのかがわかりにくいのが現状です。とはいえ、予備試験考査委員と司法試験考査委員は併任している人が多く、予備試験でも司法試験で書いてほしいと思われていることを書けば、点数は入っていくと思われます。

そこで、司法試験考査委員からのメッセージである司法試験出題趣旨・採点実感からどのような答案を司法試験考査委員は求めているのか分析してみましょう。

2　分析

(1)　総論

憲法の試験の答案では、問題文から「憲法上の権利の制約」を認定して「判断枠組み」を定立した上で、問題文に即した「個別的具体的検討」を行います。それぞれの段階について、どのようなことを求められているのか、採点実感を分析してみましょう。

(2)　「憲法上の権利の制約」の認定

「法令や処分の合憲性を検討するに当たっては、まず、問題になっている法令や処分が、どのような権利を、どのように制約しているのかを確定することが必要である。次に、制約されている権利は憲法上保障されているのか否かを、確定する必要がある。この二つが確定されて初めて、人権（憲法）問題が存在することになるのであり、ここから、当該制約の合憲性の検討が始まる。」

（平成22年新司法試験の採点実感等に関する意見）

と合憲性判断枠組みの定立までの憲法答案の書き方の流れを親切に解説してくれています。

すなわち、

ⅰ　問題になっている法令や処分が、どのような権利を、どのように制約しているのかを確定することが必要である。
ⅱ　制約されている権利は憲法上保障されているのか否かを、確定する必要がある。

この二段階を経ることで、初めて合憲性の検討が始まるとあるので、実際の答案でもこの二段階を経るように検討していきましょう。

「人権は、具体的事案を離れて、一般的な憲法上の保障に値するものとして観念されるものである。この点で、匿名表現の自由を憲法第 21 条の下で保障される権利類型の一つであることを十分論述した答案は、匿名での表現や集団行進が憲法第 21 条の保障の下にあることを当然の前提として論じた答案よりも、高く評価できた。」

（令和３年司法試験の採点実感）

上記の採点実感の記載の通り、この二段階の論述の過程において、憲法上の権利の制約の認定にあたって、当該自由がなぜ具体的な憲法の規定で保障されるのか、十分な論述を行うことが求められます。

具体的な論証としては、

「本件では～ができなくなっている。憲法○○条は△を保障している。～は×という性質を有していることから△の一部として憲法○○条によって保障される。」

という具合です。

(3)　「判断枠組み」の定立

「違憲審査基準の恣意的な設定をしている答案があるが、審査基準の設定に当たっては、どうしてその審査基準を用いるのかを意識して、説得的に論じるようにしてほしい。」

（令和元年司法試験の採点実感（公法系科目第１問））

「合憲性の判断枠組みとして厳格審査を選択する答案が一定数あったが、そのような判断枠組みを選択する理由付けが不十分なもの、問題となる人権への制約に関する論述と合憲性の判断枠組みに関する論述との繋がりに疑問があるものが見られた。合憲性の判断枠組みの選択に当たっては、十分な理由付けが求められる。」

（令和３年司法試験の採点実感（公法系科目第１問））

上記採点実感から、審査基準等の判断枠組みの定立においては、当該審査基準を選択した「理由」が論じられる必要があります。なお、審査基準等の規範を憲法の出題趣旨・採点実感では「判断枠組み」と呼んでいるため、この用語を使っています。この理由付けで参考になるのが、比例原則という思考枠組みです。

判断枠組みの定立については、次のようなことも言われています。

「事実関係についてはある程度読み取ってはいるが、違憲審査の枠組みを適切に定立するという意識を欠き、結局は本問限りの場当たり的な判断をしていると評価せざるを得ないもの、……単にキーワードを羅列するだけで本件事案に即した検討がなされていないものなど」は低評価である。

（平成 28 年司法試験の採点実感等に関する意見）

「違憲審査基準についての判例・学説の理解が薄いためか、判例法理とかけ離れた極端な基準を定立する、なぜその違憲審査基準を設定するのか理由付けが適切になされていない、設定した基準と当てはめとの間に乖離がある、事例を踏まえることなく非常に不十分な理由付けで安易に判断を示すなどといった答案が一定数見られた。」（令和５年司法試験の採点実感（公法系科目第１問））

「答案の中で「生存権」、「平等原則」などの憲法における重要な概念を用いるときには、いきなりそれに対応する違憲審査基準を示すのではなく、かかる概念の憲法上の意義（歴史的意義、憲法体系上の位置付け、権利としての特質等）について完結に論述し、それとの関係で設問に応じた違憲審査基準論やここ具体的な解釈論を展開することが望ましい。」

（令和５年司法試験の採点実感（公法系科目第１問））

すなわち、原則的な規範を挙げた上で、今回の事案の特殊性からするとその原則はあてはまらず別の規範が妥当するということを書くことが求められることもあります。事案に踏み込んだ検討が求められます。

そして、具体的な審査基準の定立における注意点は、次の通りです。

「本問のような事例問題では、判断の枠組みを適切に定立した上で、事実関係に即して結論を考えていくという両方がきちんとできて初めて説得力のある論述となることを意識してほしい。」

（平成27年司法試験の採点実感等に関する意見）

すなわち、憲法事例問題で書くべき事柄は、大別して、「判断枠組みの定立」と、（いわゆる）「当てはめ」の２つであり、通常、両者をバランスよく検討しなければなりません。

(4)　「個別的具体的検討」（いわゆる「当てはめ」）

「本年の問題も、判例を正確に理解した上でそれらを主体的に検討して判断枠組みを構築すること、そして事案を丹念に拾って個別的・具体的に検討することを求めている。」

（平成 25 年司法試験論文式試験問題出題趣旨）

「目的の審査が極めて雑なもの、手段審査がその違憲審査基準に沿っていないもの、具体的な理由を示すことなく形式的に当てはめただけのもの、自らの定立した基準と当てはめが実質的に齟齬しているもの」は低評価である。

（平成 30 年司法試験の採点実感等に関する意見）

(3)で行った審査基準等の判断枠組みを定立した上で、それにあてはめていく作業を出題趣旨・採点実感では「個別的・具体的な検討」と呼んでいます。しっかりと、判断枠組みという規範に則したあてはめをしていきましょう。

(5)　主張・反論・私見型の問題への答え方

「まず、従来は、「被告の反論」を「あなた自身の見解」を中心とする設問2に置いていたが、それを「原告の主張」と対比する形で設問1に置き、さらに、各設問の配点も明記することにした。これまで出題側としては、「被告の反論」の要点を簡潔に記述した上で、「あなた自身の見解」を手厚く論じることを期待して、その旨を採点実感等に関する意見においても指摘してきたが、依然として「被告の反論」を必要以上に長く論述する答案が多く、そのことが本来であれば手厚く論じてもらいたい「あなた自身の見解」の論述が不十分なものとなる一つの原因になっているのではないかと考えたからである。そこで、本年は、「原告の主張」と「被告の反論」の両者を設問1の小問として論じさせることとし、かつ、配点を明記することによって、「被告の反論」について簡にして要を得た記述を促し、ひいては「あなた自身の見解」の論述が充実したものとなることを期待した。」

（平成 27 年司法試験論文式試験問題出題趣旨）

上記採点実感から以下の主張・反論・私見の書き方のルールを導くことができます。

ルール１：原告側の主張はフルスケールで行うこと
ルール２：被告の反論はポイントのみを簡潔に論じること
ルール３：私見を十分に展開すること

2は問題提起のイメージ、3はその問題提起に理由付けをして答えていくイメージです。具体的には、私見では、被告の反論が妥当か否かを、論拠を付して論じることになります。

加えて、反論の視点としては、各レベル（憲法上の権利の制約→判断枠組み→個別的具体的検討）における対立点を明らかにしていくことを意識するといいかもしれません。

平成 27 年司法試験の設問形式に合わせて上記検討の仕方についてまとめると、以下の様な答案構成の枠組みが確立します。

〔設問１〕（配点：50）
⑴　あなたがＢの訴訟代理人となった場合、Ｂの主張にできる限り沿った訴訟活動を行うという観点から、どのような憲法上の主張を行うか。（配点：40）
なお、市職員の採用に係る関連法規との関係については論じないこととする。また、職業選択の自由についても論じないこととする。
⑵　⑴における憲法上の主張に対して想定されるＡ市の反論のポイントを簡潔に述べなさい。（配点：10）
〔設問２〕（配点：50）
設問１⑴における憲法上の主張と設問１⑵におけるＡ市の反論を踏まえつつ、あなた自身の憲法上の見解を論じなさい。

【答案構成例】

第1　設問1
1　(1)について
ア　原告の主張の結論
イ　理由
（ア）　憲法上の権利の制約
（イ）　判断枠組み
（ウ）　個別的具体的検討
2　(2)について
ア　●●について
イ　△△について
ウ　□□について
第2　設問2
1　●●について
2　△△について
3　□□について

以上

(6)　リーガルオピニオン型の問題への答え方

「本問の設定は、昨年と同様、法律の制定に当たり法律家としての助言を求められているというものである。このような問題設定において、期待されているのは、法律家としての自らの見解を十分に展開する中で、必要に応じて自らの見解と異なる立場に触れる形で論述することである。……主張、反論、私見という構成を取る答案があり、このような答案は、全体として論述が平板で、説得力の乏しいものとなっていた。また、訴訟の場面ではないのであり、主張適格について論じることは必要ない。」

（令和元年司法試験の採点実感）

平成30年度司法試験から出題の形式が変更されました。しかし、司法試験で問われる憲法における基本的思考については従来の指摘と変わることはありません。

そのため、「答え方」という形式的な側面だけを意識すればよいのです。

採点実感によれば、主張・反論・私見の形で書くと低評価になってしまいます。1つの自分の意見を論述し、「必要に応じて」異なる立場に触れる形で書くことになります。なお、依頼人に寄り添った視点や厳しい目でみるなどの姿勢は不要であり、中立的に見ることが求められていると考えます。

この「必要に応じて」とは、「無理に対立当事者を設定し、全ての論点について形式的に違憲・合憲双方の主張を対立させ」ることではありません（平成30年度司法試験の採点実感参照。）。大きな対立点に限定して異なる見解を踏まえて論じるということでしょう。いちいち反論をしていては、かえって読みにくくなってしまいます。

対立点を指摘するに際して、次のような注意をしなければなりません。

「何が自説なのかが明確に示されていない段階で先に反論を指摘しているため何に対する反論なのか不明確な答案や、反論を書き始めたものの結論において自説としてしまう答案もあり、構成段階での検討が不十分なのではないか、と思われた。」

（令和元年司法試験の採点実感）

つまり、まず自分の意見を書きます。そして、異なる見解は、自説を補強するために反対事情を考慮するという姿勢で行わなければならないのです。例えば、「〔自らの考え〕。確かに、〔反論〕。しかし、〔反論に対する批判（自らの考えの補強)〕。」という書き方が考えられます。

このリーガルオピニオン型の問題は、多数の論点の検討が可能になったと言われています。当事者の生の主張に拘束されることがなく、あらゆる場面を想定できるからです。また、統治分野の出題もしやすくなったと言われています。

再度強調したいのですが、確かに形式的な面は変わりましたが、「問いに答える」という試験の基本的な姿勢は変わりありませんし、実質的な検討内容が大きく変わっているとは思えません。「合格思考」に変化はなく、「答え方」だけ気を付ければよいのです。

第2　憲法訴訟論概論

1　「憲法上の権利の制約」の主張方法

憲法の問題が先鋭化されるのは政治の場面と訴訟の場面の両方が考えられます。法律実務家としては訴訟の場面における憲法問題の解決策をまず学ばなければなりません。近年は立法を行う立場から憲法問題を問われることが多くなってきています。しかし、法律実務家としては訴訟の場において憲法問題がいかなる形で顕在化するのか理解する必要があり、最終的に訴訟の場面で憲法問題がどのように処理されるのかを理解しなければ、立法の場面において適切な憲法に関するアドバイスを行うことは困難です。

それでは、いかなる場合に訴訟において憲法問題が発生するのでしょうか。当然のことですが訴訟なくして違憲の主張はありません。そして、日本における訴訟制度は民事訴訟と刑事訴訟の二つの訴訟が考えられます。

つまり、民事訴訟（行政訴訟も含む）と刑事訴訟という訴訟制度に憲法上の権利侵害の主張を乗せるところから「憲法訴訟」はスタートするわけです。

★具体例

- 民事訴訟において個人情報を漏洩されてしまったことから責任追及をする場面では、709条の権利侵害の要件の部分で憲法上の権利侵害の主張がなされる。
- 行政訴訟において取消訴訟を求める際、取消訴訟の訴訟物たる行政処分の違法性一般を基礎づける事情として、憲法上の権利侵害の主張がなされる。
- 刑事訴訟において無罪主張をする際、当該問題となっている構成要件は無効であることを根拠づけるために憲法上の権利の侵害の主張がなされる。

上記具体例において当事者が求めているものは何でしょうか？それは、違憲判決を取ることでしょうか？そんなことはありませんね。

それぞれの具体例で当事者が望んでいるのは、**不法行為法によって損害を賠償してもらえるか、行政処分の取消しがなされるか、無罪となるか**という点です。

訴訟の目的は決して違憲判決を取ることではありません。当事者が自己の権利救済を行うための手段として違憲の主張を行うという構造になっているわけです。

では、続いてそれぞれの訴訟制度の枠組みに、どのように憲法上の主張が乗ってくるのか確認していきましょう。

2　民事訴訟における主張方法

民事訴訟とは一般的に言えば、司法機関を用いて私人間の紛争を終局的に解決するものですね。憲法問題となりうる場面としては例えば以下のものが想定されます。

①　自己の個人情報が勝手に使われたことにむかついたので金が欲しい。
②　自分のプライベートな生活事情が勝手に小説にされ、その拡大を防ぎたいので小説の出版を差止めたい。
③　解約権留保の特約のある雇用契約を結び、解約されてしまったがそれでも会社に残りたい。
④　法令に基づく相続分の規定のせいで自己の相続分が低いことが許せない。

①を「不法行為型」②を「差止め型」③を「経済公序型」④を「法令違憲型」と便宜上呼ぶことにします。

(1)　①不法行為型

不法行為の要件事実に「権利又は法律上保護された利益が侵害されたこと」というものがあります。この要件において憲法上の権利の侵害＝権利の侵害であるというあてはめをするだけの問題です。もはや憲法というよりも民法の世界の話ですね。権利侵害という要件事実にあたる事実として、憲法上の権利が侵害されたことを基礎づける事実を主張するわけであって、あくまで不法行為の要件である権利侵害の枠組みの中で憲法上の権利の話を主張していくわけです。

そのうえで相手方が自己の憲法上の権利を援用して違法性阻却を主張してくるかもしれません。そこで、違法性阻却されるか否かの判断枠組みとして裸の比較衡量論の展開や解釈によって導き出される要件論が問題となっていくわけです。

(2)　②差止め型

原告は、小説の出版の差止めのために憲法上の権利を援用するわけですが、出版物の差止めには私法上の明文の根拠規定が存在しません。しかし、明文の根拠規定なくして、相手方にある行為を請求することができる制度がありますね。物権です。物権は絶対権という性質を有していて、自己の物権を侵害するものを排除する権利は不文法ではあるが当然に許されると考えられています。

ここで、物権の絶対権的性質から導きだされる行為請求権のアナロジーでもって、プライバシー権や名誉権等に人格権という「絶対権」を読み込み、その「絶対権」の妨害排除のために差止めをすることができると考えることができるわけです。

ただし、この差止めはいつでも許容されるわけではありません。というのは、出版物の差止めには必ず、相手方の表現の自由を制約するおそれがあるという問題があるわけです。あちらを立てればこちらが立たずの関係となりますね。

この両者の対立をどのように調整していくか？というのが②のポイントとなってきます。具体的には差止めが認められる要件の定立の中で制約される表現の自由の重要性を検討していき、調整を図っていくわけです。

(3)　③経済公序型

③は解約権留保の特約のある雇用契約を結び、解約されてしまったという事案であるのだから、通常弁護士としては法解釈上の問題として以下の三段階の主張をすることが考えられます。

i　解約権留保契約は無効である。 ii　解約権留保契約は有効だとしても本件ではその要件を充たさない。 iii　解約権留保契約の要件を充たすとしても、本件解約権行使は濫用である。

この三段階のいずれかの部分で憲法上の主張をしていくわけです。

例えば、「解約権行使の理由は、会社側が採用予定であった学生の持つ思想に気に食わない部分があったことからのものである。そうすると、その解約権行使は学生の思想・良心の自由を侵害することになるため、権利濫用である」

結局この問題も、ゴールである解約を認めさせないための手段として憲法上の権利の主張をしていくわけですね。

注意してほしいのが、③の事案を見るとたいていの人は、私人間効力の問題だ！と憲法論に飛びついて、上記弁護人として思い浮かぶべき当然の主張がまったく思い浮かばなくなります。そうすると、事案の解決にはまったく役に立たない議論を展開してしまい、点数が入らないという事態になってしまう可能性があるわけですね。ここで、確認してほしいのが、常に問題を解くうえでは、憲法の問題として捉える前に、まず当該問題の当事者が何を望んでいて、どこがゴールなのかを確認し、そのゴールにたどり着くために憲法論としてなにを手段的に主張するべきなのかを考えていくことです。常にゴールから逆算して考えることによって、論点を外してしまうということを防ぐことができます。

(4)　④法令違憲型

民法上の請求権が法令によって制限されていることに疑義を感じ、その制限を取り払うものです。民法上の請求権が認められるためには、当該請求権を制約している法令をなくす必要があります。つまり、当該請求権を制約している法令自体の違憲無効の主張をすることで、当該請求が認められていくわけです。

3　刑事訴訟における主張方法

刑事訴訟は基本的に刑法規定の適用の有無を判断する訴訟制度です。

刑法規定が適用されると罰則を受けることとなります。

そこで、被告人としては罰則を受けないように、刑法規定の適用の有無を争います。

刑法が適用される要件、すなわち犯罪の成立要件は、①構成要件に該当すること、②違法性があること、③責任があることの3つです。

刑事訴訟において憲法問題となるのはほとんど①と②の場面に限られてきます。

①②に関して憲法問題としてどのような主張が考えられるか検討していきましょう。

(1)　①構成要件型

構成要件に該当することを否定する方法としては以下の方法があげられます。

i　構成要件該当事実が存在しないことを主張する。
ii　構成要件の解釈が誤っておりこの事実では構成要件に該当しないことを主張する。
iii　そもそも当該構成要件は憲法に反しており無効となるため構成要件に該当しないことを主張する。

憲法問題となるのはそのうちiiとiiiです。iiでは、構成要件の解釈において憲法上の権利を援用します。制度は憲法という上位の規範によって作られたものといえます。そのような制度はもちろん憲法に適合的でなければなりません。そして、制度の適用の有無が争われた際に解釈する必要が生じたとき、もちろん法解釈も憲法適合的でなければならないことは自明の理といえます。iiでは、そもそも構成要件該当性を否定し適用を免れることを考えます。

iiiは、「構成要件が憲法に反し無効となるため、犯罪不成立である」という主張をするものです。刑事訴訟においても法令審査だけが問題となる（本稿でいうiii）と考える人が非常に多いです。しかし、そんなことはありません。むしろ、近時の最高裁がiiの手法を用いることは少なくないです。堀越事件はまさにiiの手法を用いて被告人に無罪を言い渡しました。

憲法は法令を違憲にすることだけが目的ではありません。法解釈においても憲法的価値観は内在していることを常に意識してください。

(2)　②違法性阻却型

構成要件に該当することを争いはしないが、自己の行為は憲法上の権利に基づくものであるのだから、違法性が阻却されると主張するものです。

有名な判例としては牧会活動事件、外務省機密漏洩事件等があげられます。

一般的法義務と憲法上の権利との対抗を読み、違法性を阻却すべきなのかどうか熟慮していくことが肝要になります。

4　行政訴訟における主張方法

行政訴訟は最も憲法問題が先鋭化する訴訟類型です（そもそも、憲法とは国家に対する国民からの行為規範なのだから当然の話ではありますが。）。

さて、この行政訴訟、非常に多くの訴訟類型が考えられるため、いちいち全てを検討するとキリがありません。

したがって、代表的なものをあげるに留めます。

※便宜上国賠も行政訴訟で論じます（正確には国賠は民事訴訟）。

①　行政処分の取消訴訟の取消事由としての違法性の中で、憲法上の権利を主張する（抗告訴訟型）。
②　国家賠償請求の違法性の中で、憲法上の権利を主張する（国賠型）。
③　住民訴訟の中で憲法違反を主張する（客観訴訟型）。
④　公法上の地位の確認の訴えの中で憲法上の権利を主張する（実質的当事者訴訟型）。

(1)　①抗告訴訟型

基本的に行政処分の違法性を基礎づけるために憲法上の権利の侵害を主張していきます。

そこで、憲法上の権利侵害の主張方法がさらに二つに分かれます。

i　当該行政処分を根拠づける法令が違憲無効であり、無効な法律に基づく行政処分は違法である。
ii　当該行政処分を根拠づける法令は合憲ではあるが、その適用の仕方を間違えているため違法である。

このiiもさらに2つに分かれます。

ii－a　羈束行為において適用を誤ったため違法である。
ii－b　裁量行為において裁量権を逸脱濫用したため違法である。

ア　ｉに関して

　これは法令違憲を主張していく類型であるため簡単です。

　ただし、違法とするロジックとしては

法令が違憲→法令が無効→法令の根拠なくしてなされた行政行為は法律の留保原則に反する→違法

との流れです。

　この流れを書かない受験生がほとんどですが、論じる必要がないと指示がある場合を除き、違法となるロジックについては説明をしたほうが丁寧です。

イ　ⅱ－ａに関して

　ⅱ－ａはいわゆる適用違憲だとか処分違憲だとかいわれるところです。

　ここの議論は憲法学界においても非常に錯綜しており何を信じればよいのかわからなくなっているのが現状です。

　ではどうすればよいでしょうか。基本的には以下のような流れで考えればいいと思います。

当該行政処分の根拠法令の解釈を行う。 ↓ 解釈によってＡという場合は行政処分を行ってもよいと規範を立てる。 ↓ 本件においてＡという事情は見受けられない。 ↓ よって、本件行政処分は違法である。

　教科書等に挙げられている適用違憲の細かな類型は覚えなくていいです。

　愚直に法令を解釈して適用していいのか悪いのかを検討するだけで十分です。詳細な考え方については次章で述べます。

ウ　ii－bに関して

裁量行為に基づく行政処分であれば憲法上の権利が侵害されていてもそれが直ちに違法という結論を導きません。

この裁量権逸脱濫用審査は、あくまで行政処分に至った過程を見るのであって、行政処分の結果として生ずる不利益に関しては直接着目しません。

※結果不法と行為不法は異なり裁量権逸脱濫用審査は行為不法に着目するものです。

(2)　②国賠型

これは不法行為と考え方はほとんど同じです。

行政の行政処分ないし事実行為につき、侵害された憲法上の権利を主張していくだけで簡単です。

また、ここでいう違法性においては上記①の議論が妥当します（行為不法としてみる。)。

(3)　③客観訴訟型

最も典型的な例は、政教分離原則違反に基づく公金支出は違憲であり、地方自治法 242 条の 2 第 1 項 4 号に基づき損害賠償又は不当利得の返還請求を公共団体の機関等に行わせることを義務づけるというものです。

ここも行政行為の違法性を基礎づける事情として政教分離原則違反を主張するだけで、訴訟法的に特に難しい議論はそこまでありません。

⑷　④実質的当事者訴訟型

本類型は特に国籍法違憲判決において活用されました。

以下のような流れで検討します。

当該法律がなければ自己の地位はＡというものである。

↓

にもかかわらず、当該法律のせいで自己の地位はＢというものになっている。

↓

そして、当該法律は違憲無効となるためＡになる。

↓

したがって、私はＡという地位を有することを確認する。

といった具合です。

基本的に法令違憲の主張で用いられることが考えられますが、処分性が否定されるような行政行為が行われた場合においても活用される可能性はあります。

第3　人権総論

第1で分析した採点実感を踏まえて、詳細に検討していきます。人権各論についての基本書・テキストが増加していますが、受験生はそれを使いこなすだけの基本的な憲法的思考ができていないのが現状ではないでしょうか（保障根拠をどう活かせばいいのか理解していますか？）。そこで、ここでは人権総論として、三段階審査を念頭に置いた基本的な憲法的思考を整理していきます。

1　入口の特定

憲法の事例問題を解くに当たっては、**入口の特定**が重要です。ここでいう「入口」とは、当事者の**生の主張**から特定された**違憲の対象の選択、具体的自由の設定、権利と条文の選択**、です。

まず、問題となっているのは、法令なのか処分なのかを選択することが違憲の対象の選択です。単に法令であっても、法令全体なのか、特定の条文なのかなど、できる限り詳細に特定することが重要です。適用違憲については、下記5を参照してください。

次に、どのような権利についてなのかを特定するためには、当事者の具体的自由がなにかをまず特定します。すなわち、抽象的な“表現の自由”などではなく、“広告放送をする自由”などの当事者特有の具体性を持った自由を特定します。

そして、その具体的自由が憲法何条により保障される権利なのかを考えます（具体的自由と憲法上の自由を区別することで、より事案に即した具体的検討ができます。）。

このような3つの観点を中心に、具体的に特定しておくことで、事案に踏み込んだ検討が可能になります。

2　憲法上の権利の制約

入口の特定の3つ目の視点（具体的自由が憲法何条により保障される権利なのか）を、より説得的に論証するのがこの段階です。

まず、各条文の**保障範囲**を論じます。保障範囲は、条文の文言の定義や保障根拠（条文の趣旨）から検討していきます。このとき、あくまでも自らの設定した“具体的自由”が保障されるかを検討します。つまり、「表現」の定義や保障根拠を理解し、それに対して当てはめをしなければ、説得的な論証はできません。

次に、**“具体的自由”への制約の有無**を認定します。一点、注意してほしいこととしては、刑罰による制約は認められないということです。刑罰が科されていたとしても、それ自体は行為を制限する規定ではありません。あくまでも、刑罰は規制法規の実効性を高めるために存在しているにすぎないのです。

3　判断枠組み

当事者間において、争点となり得るのは**判断枠組み（審査基準）**です。というのも、仮に厳格な審査基準となった場合には、違憲になる可能性が高く、被告としては、これを防ぐためにそもそも基準がおかしいというのが自然でしょう。このように判断枠組みの定立の検討が重要なのです。

(1)　判断枠組み（審査基準）とはなにか。

採点実感の分析によれば、判断枠組みの定立については、「理由」を説明しなければいけません。そして、「事案に即して」考えなければなりません。では、「事案」に即した「理由」とは一体どのようなものでしょうか。“審査基準とはなにか”という本質的な理解をしなければなりません。

そもそも、違憲であるか否かの判断は**比較衡量**で行われるのが前提です。もっとも、得られる利益と失われる利益を単純に比較してしまうと、常に公益の方が重視されがちになってしまい、人権保障が形骸化してしまうという不都合が生じます。

そこで、比較衡量を得られる利益と失われる利益とで単純に比較するのではなく、ある権利を制約する場合において、制約によって生じる利益がどの程度であれば、その制約が許されるのか判断するために客観的な基準を設けて比較衡量をすることが必要になります。

では、どのようにして客観的な基準を設けるのでしょうか。天秤を思い浮かべてください。

まず、左の天秤に不利益を乗せます。すなわち、権利の制約によって、その人に対しどれだけ不利益を生じさせているのかを検討します。次に、その不利益を生じさせるような制約を正当化することができる対立利益（目的）としてどの程度のものが必要なのか条件を設定します（どれだけの利益を右の天秤に乗せれば釣り合うかを検討するということです。）。その条件をクリアできない（左の天秤の方が重い）ときは、違憲となるということです。この「条件」が審査基準なのです。

このように、審査基準は比較衡量の下位規範になるようなものであり、比較衡量という基準自体を変更するものではありません。

【イメージ図】

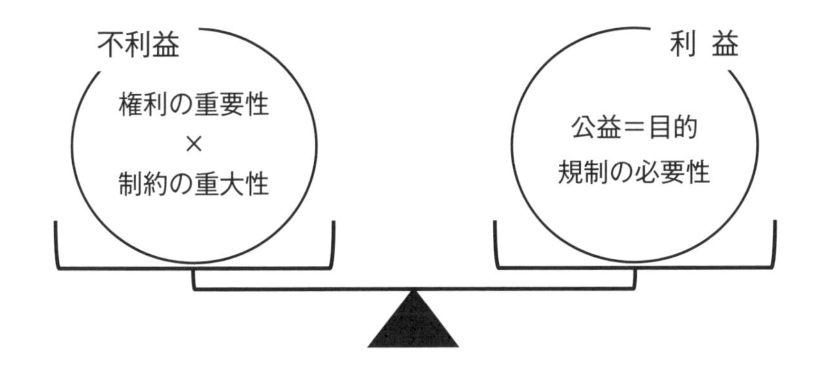

(2)　判断枠組みの設定方法

どのように判断枠組みを設定すればよいのでしょうか。憲法上の権利の制約によって生じる不利益の大きさを測定することで設定できますが、どのように測定するのでしょうか。

例えば、権利が重要なものであればあるほど、不利益は大きいものになります。制約についても、全くの禁止と一部禁止では不利益の程度は異なります。このように、**権利の性質（権利の重要性）**と**制約の態様（制約の重大性）**という観点から不利益を測定できます。

では、どのような権利が重要な権利なのでしょうか。また、どのような制約が重大な制約なのでしょうか。感覚的に重要とか重大とかでは、説得的な論証とは言えません。

ア　権利の重要性

“権利の重要性”とは、**権利の核心との距離感**です。権利の核心に近ければ近いほど保護する必要性が高くなるのですから、権利としては重要になります。ここでいう権利の核心とは、**保障根拠**に完全に合致するようなものです。例えば、表現の自由においては、営利的表現の自由が権利としてそれほど重要でないとされる理由は、民主主義の過程への反映という保障根拠Bを満たさないからです。他方、政治活動の自由は、保障根拠AからDすべてを満たすものであり、表現の自由の核心といえます（表現の自由の保障根拠A～Dについては本書84頁参照。）。

この検討にあたって注意しなければならないのは、**自己の設定した“具体的自由”の性質**を検討しなければならないということです。表現の自由は一般的に重要だといっても意味がありません。あくまでも、自己の設定した“具体的自由”がどれだけ保障根拠に合致するのか、保障根拠へのあてはめをおこなわなければならないのです。なので、問題文の事実（状況）や具体的自由の設定の仕方によって、具体的自由の性質は変化するのです。

イ　制約の重大性

例えば、「北方ジャーナル」事件では、「表現行為に対する事前抑制は、新聞、雑誌その他の出版物や放送等の表現物がその自由市場に出る前に抑止してその内容を読者ないし聴視者の側に到達される道を閉ざし又はその到達を遅らせてその意義を失わせ、公の批判の機会を減少させるもの」と評価し、制約が重大であるとして、厳格な審査を行っています。この部分を見てみると、保障根拠Aへの弊害の大きさから制約の強度を検討しています。

このように、制約の重大性は、**保障根拠をどれだけ害するか（保障根拠へのインパクト）**を検討し、それが大きければ大きいほど制約は重大であるといえます。

制約の重大性についても、一般論ではなく、**“具体的自由”の持つ性質（保障根拠）との関係**で考えなくてはなりません。つまり、内容規制や内容中立規制などの一般的な類型は目安として利用できますが、類型が重要なのではなく、当該“具体的自由”の保障根拠にどれだけ影響を与えるかを検討しなければ意味がないのです。

【イメージ図】

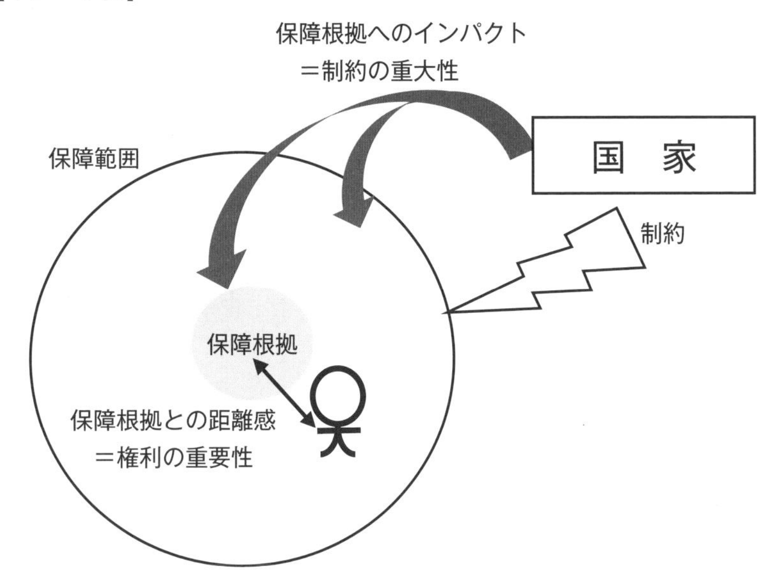

ウ　その他の要素─裁量

審査基準の密度の決定には、不利益性（権利の重要性×制約の重大性）だけでなく、“裁量”という要素も影響を与えてきます。というのも、なんでもかんでも裁判所（司法権）が国会（立法権）に口出しすることは三権分立を歪めてしまうからです。

裁量（立法府の尊重）については、2つの観点を意識して論証するとよいでしょう。すなわち、**①そもそも、裁量があるのかないのか**（立法府を尊重するのかしないのか）、**②あるとして、その裁量の幅はどの程度か**（どれくらい立法府を尊重すべきか）という観点です。

①の観点については、裁量があるといえる場合には、“**根拠**”となる**憲法上の条文や制度、概念**が必要になります。そのため、根拠を指摘するようにしましょう。②の観点についても、同様に理由の指摘が重要です。丁寧に理由を指摘しなければなりません。

エ　判断枠組みの種類

判断枠組みの種類としては、一般的に次の３種類があります。ただし、この分類については論者によって内容が異なりますから、基準の名称を記載する場合は、その内容を適確に示す必要があると考えます。もっとも、**判例上の判断枠組みがある場合は、その判断枠組みを利用する**のがよいです。

Ａ：厳格基準
　①目的が必要不可欠（やむを得ないもの）で、②手段が必要最低限度でない限り、違憲。
Ｂ：厳格な合理性の基準（≒ＬＲＡの基準）
　①目的が重要で、②目的と手段の間に実質的関連性がある場合、合憲。
Ｃ：合理性の基準
　①目的が正当で、②目的と手段の間に合理的関連性がある場合、合憲。

４　個別的具体的検討

判断枠組みが定立したら、この判断枠組みに沿った検討をしていきます。しかし、それぞれの判断枠組みは抽象的なものですから、どのような点に注意してあてはめをすればいいのかはっきりしません。例えば、「目的が重要で」とは、どのような場合に重要っていえるのでしょうか。これは、判例を分析することでわかることです。ただ、あえて１つの目安として、ここに提示してみることにします。

厳格な基準は、①「目的が必要不可欠である」や「やむを得ない」とは、例えば、他の人権侵害の保護の必要性があり、かつ、（具体的な立法事実があることなどから）緊急性・緊迫性が認められる場合などが考えられます。②「手段が必要最小限」というときは、目的を達成する確実な証拠（事実）があり、他の手段が存在しない場合を言います。かなり厳しい要件になるため、ほぼ違憲になります。

厳格な合理性の基準は、①目的が重要なものでなければなりません。「重要」な目的とは、例えば、他の人権（もしくはそれと同程度の利益）を保護する目的であることです。そして、②手段が立法事実に基づき目的を達成できるもの（適合性のあるもの）で、制約による不利益との均衡との観点で、当該規制方法が必要なのか（必要性）が認められれば、実質的関連性がありと判断されます。

合理性の基準は、目的は立法府が恣意的に制定していない限り正当と判断されます（覆す事情がない限り、正当と認められます。）。また、手段も、観念的な理屈に基づいて目的が達成できればよいと考えられれば、適合性ありになります。相当性の検討は不要です。

5　違憲の対象の選択

入口の特定の１つである違憲の対象の選択について、もう少し詳しく説明をしたいと思います。特に、「適用違憲」という言葉は受験生にとって曖昧になりがちです。ただし、用語や類型が重要なのではなく、**なにを違憲の対象とするかを明確に示すこと**が大切です。以下の説明は考えるための発展的なツールにすぎません。なお、第２　憲法訴訟論概論とセットでみてください。

(1)　法令違憲の中身

法令違憲とは、**法令そのものに憲法上の権利を侵害するリスクがある場合に主張されるもの**です。法令違憲の中身には、大きく分けて２種類あります。すなわち、文面上の違憲と内容上の違憲です。

文面上の違憲とは、法令を形式的観点から見た違憲性のことを言います。一番わかりやすい例は、漠然性ゆえに無効の原理や過度の広汎性ゆえに無効の原理、検閲の禁止、白紙委任の禁止などです。

内容上の違憲とは、法令を実質的観点から見た違憲性のことを言います。事例問題において、一般的に行われるのはこの検討です。内容上の違憲には、全部違憲と一部違憲が存在します。**全部違憲**とは、法律内容に違憲の瑕疵があるとして、当該法令全体を違憲無効とする場合をいいます。他方、**一部違憲**とは法令の一部だけを違憲とするもので、法令の文言の一部を切り取って違憲とする方法などを言います。

(2) 適用違憲の中身

芦部教授の分類によれば、3つの類型があるとされています。

第1類型は、法令の合憲限定解釈が不可能である場合、すなわち合憲的に適用できる部分と違憲的に適用される可能性の在る部分とが不可分（切り取ることのできない）の関係にある場合に、違憲的適用を含むような広い解釈に基づいて法令を適用するのは違憲である、という類型です。これは**解釈上文言にあたることを前提に、その一部分（特定の事例）への適用を除去する方法**です。この類型は、法令にメスを入れるので、法令違憲と変わりありません（法令の一部違憲の類型といえます。）。

第2類型は、法令の合憲限定解釈が可能であるにもかかわらず、法令の執行者が合憲的適用の場合に限定する解釈を行わず、違憲的に適用した、その適用行為は違憲である、という類型です。この類型は、**そのまま適用すると違憲となるが、憲法的要素を考慮し解釈する余地があるもの**をいいます。いわゆる合憲限定解釈や憲法適合的解釈がこの手法です。**要件**に着目した方法で、上位答案ではよくみられる手法です。

第3類型は、法令そのものは合憲でも、その執行者が人権を侵害するような形で解釈適用した場合に、その解釈適用行為が違憲である、という類型です。これが受験生の間でよく言われる「**処分違憲**」に相当するものと思います（本書における処分違憲はこの意味で使います。）。これは、**効果**という視点に着目した手法です。目的手段審査は主に法令が目的を達成する手段として適切であるかどうかを検討するものであることから、法令自体は合憲であることを前提としながら処分によって発生する効果に着目する処分違憲において、目的手段審査になじみません。確固たる手法があるわけではありませんが、比較衡量としてその効果の相当性を検討する姿勢を見せることで足りると考えられます。

第４　人権各論

１　憲法１３条　包括的自由権

(1)　総論

> 条文：憲法１３条「すべて国民は、個人として尊重される。生命、自由及び幸福追求に対する国民の権利については、公共の福祉に反しない限り、立法その他の国政の上で、最大の尊重を必要とする。」

「幸福追求に関する国民の権利」とは、どこまで認められるのかが問題になる。通説である人格的権利説を踏まえると、下記のような論証になる。

▼論証例：人格的権利説からの論証

> 憲法 13 条後段は「幸福追求に対する国民の権利」を保障している。現代における生活態様の多様化から憲法上明文化されている権利のみでは私生活領域を保護することは困難であるため、個別に明文化されている憲法上の権利の保障範囲に属さない権利を認める必要がある。しかし、あらゆる権利を認めることは人権の価値の低下をもたらす可能性があることから、その範囲は限定的に考えるべきである。したがって、「幸福追求に対する国民の権利」とは、人格的生存に不可欠な権利と解釈すべきである。

人格権利説と判例をみると、権利・利益の類型は３つの類型に分かれる。すなわち、①**「私生活上の自由」**、②**人格的生存に不可欠な権利となるもの**、③**人格的生存にとって不可欠でないもの**である。

(2)　私生活上の自由―いわゆるプライバシー権

判例が「私生活上の自由」と言及するのはプライバシー権に関するものだけである。人格的生存に不可欠な権利として私生活上の自由を位置付けていると考えることも可能だが、指紋押捺事件を踏まえると、別類型とした方がよい。とりあえずは、趣旨（保障根拠）を理由に展開すれば足りる。

定義：ⅰ　私生活をみだりに公開されない法的保障ないし権利（「宴のあと」）
ⅱ　他者が保有している自己に関する情報の開示を請求し、外部利用や第三者利用を拒否する権利（自己情報コントロール権）
保障根拠：私生活への介入の排除により、個人の私生活領域を保護する
制約類型：①プライバシー情報の公開過程、②プライバシー情報の収集過程

なお、判例上の「私生活上の自由」に自己情報コントロール権は含まれない。あくまでも、“～されない自由”としての保障にとどまる。自己情報コントロール権として論証する場合は、判例との差があることについて積極的な理由付けが必要となる。

ア　憲法上の権利の制約

(ア)　プライバシー情報の公開過程

●前科照会事件（最判昭 56・4・14〔Ⅰ−17〕）
「前科及び犯罪経歴は人の名誉、信用に直接かかわる事項であり、前科等のある者もこれをみだりに公開されないという法律上の保護に値する利益を有する」

▼論証例：前科のような公的情報とプライバシー権

本件では、前科の公表がなされている。
【原告側の主張】
個人情報をみだりに第三者に開示又は公表されない自由はプライバシー権の1つとして憲法 13 条により保障される。
そして、前科はそれが公開されれば社会的生活を営むことが困難となる情報であり、個人情報といえる。したがって、前科の公表は個人情報をみだりに公開されない自由を制約する。
【被告側の反論】
前科は公的情報であることから、私生活領域に関する情報ではない以上、これを公表されない自由は認められないとの反論が想定される。
【私見】
憲法 13 条後段の保障根拠は、私生活への介入の排除により、個人の私生活

領域を保護する点にある。ゆえに、私生活上の自由は憲法13条後段により保障される。
　そして、前科のような公的情報であっても、時間の経過とともに公開されないことが合理的に期待される事項については、個人の私生活領域にあるものといえるため、それを公表されない自由は私生活上の自由として保護される。
　よって、被告の反論は失当である。

●「宴のあと」事件（東京地判昭39・9・28〔Ⅰ－60〕）

「私事をみだりに公開されないという保障が、今日のマスコミュニケーションの発達した社会では個人の尊厳を保ち幸福の追求を保障するうえにおいて必要不可欠なものであるとみられるに至っていることと合わせ考えるならば、その尊重はもはや単に倫理的に要請されるに留まらず、不法な侵害に対しては法的救済が与えられるまでに高められた人格的利益であると考えるのが正当であり、それはいわゆる人格権に包摂されるものではあるけれども、なおこれを一つの権利と呼ぶことを妨げるものではないと解するのが相当である。……プライバシーの侵害に対し法的な救済が与えられるためには、公開された内容が（イ）私生活上の事実または私生活上の事実らしく受け取られるおそれのある事柄であること、(ロ) 一般人の感受性を基準にして当該私人の立場に立った場合公開を欲しないであろうと認められることがらであること、換言すれば一般人の感覚を基準として公開されることによって心理的な負担、不安を覚えるであろうと認められることがらであること、(ハ) 一般の人々に未だ知られていない事柄であることを必要とし、このような公開によって当該私人が実際に不快、不安の念を覚えたことを必要とする」

▼論証例

　個人の私生活領域を保護する趣旨から、私生活上の自由が憲法上保護される。
　そこで、ⅰ私生活上の事実または私生活上の事実らしく受け取られる恐れのある事柄で、ⅱ一般人の感受性を基準にして当該私人の立場に立った場合公開を欲しないであろうと認められる事柄であり、ⅲ一般の人々にいまだ知られていない事柄で一般人の感受性を基準にすれば公開を欲しない事項であれば、個人の私生活領域にある事項といえるので、それを公表されない自由は私生活上の自由として保護される。

表現の自由との対立については、表現の自由のところで改めて検討する。

●住基ネット判決（最判平 20・3・6〔Ⅰ－19〕）

「憲法 13 条は、国民の私生活上の自由が公権力の行使に対しても保護されるべきことを規定しているものであり、個人の私生活上の自由の一つとして、何人も、個人に関する情報をみだりに第三者に開示又は公表されない自由を有するものと解される。 ←保護範囲

そこで、住基ネットが被上告人らの上記の自由を侵害するものであるか否かについて検討するに、住基ネットによって管理、利用等される本人確認情報は、氏名、生年月日、性別及び住所から成る４情報に、住民票コード及び変更情報を加えたものにすぎない。このうち４情報は、人が社会生活を営む上で一定の範囲の他者には当然開示されることが予定されている個人識別情報であり、変更情報も、転入、転出等の異動事由、異動年月日及び異動前の本人確認情報にとどまるもので、これらはいずれも、個人の内面に関わるような秘匿性の高い情報とはいえない。これらの情報は、住基ネットが導入される以前から、住民票の記載事項として、住民基本台帳を保管する各市町村において管理、利用等されるとともに、法令に基づき必要に応じて他の行政機関等に提供され、その事務処理に利用されてきたものである。そして、住民票コードは、住基ネットによる本人確認情報の管理、利用等を目的として、都道府県知事が無作為に指定した数列の中から市町村長が一を選んで各人に割り当てたものであるから、上記目的に利用される限りにおいては、その秘匿性の程度は本人確認情報と異なるものではない。

←権利の重要性

また、前記確定事実によれば、住基ネットによる本人確認情報の管理、利用等は、法令等の根拠に基づき、住民サービスの向上及び行政事務の効率化という正当な行政目的の範囲内で行われているものということができる。住基ネットのシステム上の欠陥等により外部から不当にアクセスされるなどして本人確認情報が容易に漏えいする具体的な危険はないこと、受領者による本人確認情報の目的外利用又は本人確認情報に関する秘密の漏えい等は、懲戒処分又は刑罰をもって禁止されていること、住基法は、都道府県に本人確認情報の保護に関する審議会を、指定情報処理機関に本人確認情報保護委員会を設置することとして、本人確認情報の適切な取扱いを担保するための制度的措置を講じていることなどに照らせば、住基ネットにシステム技術上又は法制度上の不備があり、そのために本人確認情

報が法令等の根拠に基づかずに又は正当な行政目的の範囲を逸脱して第三者に開示又は公表される具体的な危険が生じているということもできない。

←制約がないことを認定」

▼論証例：制約の有無

本件住基ネットにより、氏名、生年月日、性別及び住所から成る4情報が管理利用されるに至っている。

個人の私生活領域を保護する趣旨から、私生活上の自由として個人に関する情報をみだりに第三者に開示又は公表されない自由が憲法13条により保障される。

この4情報は、人が社会生活を営む上で一定の範囲の他者には当然開示されることが予定されている個人識別情報であり、個人の内面に関わるような秘匿性の高い情報とはいえない。そうだとしても、個人の生活領域を保護するという趣旨からすれば、自己の望まない他者にこれを開示される場合には、個人の私生活領域が害されるといえる。したがって、上記4情報がみだりに第三者に開示又は公表されない自由は保障される。

もっとも、①住基ネットのシステム上の欠陥等により外部から不当にアクセスされるなどして本人確認情報が容易に漏えいする具体的な危険はなく、②受領者による本人確認情報の目的外利用又は本人確認情報に関する秘密の漏えい等は、懲戒処分又は刑罰をもって禁止されていること、③住基法は、都道府県に本人確認情報の保護に関する審議会を、指定情報処理機関に本人確認情報保護委員会を設置することとして、本人確認情報の適切な取扱いを担保するための制度的措置を講じていることなどに照らせば、住基ネットにシステム技術上又は法制度上の不備があり、そのために本人確認情報が法令等の根拠に基づかずに又は正当な行政目的の範囲を逸脱して第三者に開示又は公表される具体的な危険が生じているということもできない。したがって、4情報がみだりに第三者に開示又は公表されない自由への制約は認められない。

なお、①～③は要素にすぎず、要件ではない。

マイナンバー利用差止請求事件においても、住基ネット訴訟と同様に、個人に関する情報をみだりに第三者に開示又は公表されない自由が侵害されるかを問題とし、法制度上又はシステム技術上、個人に関する情報をみだりに第三者に開示又は公表するものということはできないとして、個人に関する情報をみだりに第三者に開示又は公表されない自由の侵害を否定した。

●マイナンバー利用差止請求事件（最判令5・3・9）

「これらの諸点を総合すると、番号利用法に基づく特定個人情報の利用、提供等に関して法制度上又はシステム技術上の不備があり、そのために特定個人情報が法令等の根拠に基づかずに又は正当な行政目的の範囲を逸脱して第三者に開示又は公表される具体的な危険が生じているということもできない。

そうすると、行政機関等が番号利用法に基づき特定個人情報の利用、提供等をする行為は、個人に関する情報をみだりに第三者に開示又は公表するものということはできない。したがって、上記行為は、憲法13条の保障する個人に関する情報をみだりに第三者に開示又は公表されない自由を侵害するものではないと解するのが相当である。」

(イ)　プライバシー情報の収集過程

●京都府学連事件（最大判昭44・12・24〔I－16〕）

「憲法13条は……国民の私生活上の自由が、警察権等の国家権力の行使に対しても保護されるべきことを規定しているものということができる。そして、個人の私生活上の自由の1つとして、何人も、その承諾なしに、みだりにその容貌・姿態……を撮影されない自由を有するものというべきである。」

▼論証例：収集場面における保障・制約論証

本件では警察官がAの姿態を撮影している。

個人の私生活領域を保護する趣旨から、私生活上の自由が憲法13条によって保障される。そして、個人の容貌がみだりに撮影されれば、その私生活領域は乱される。そこで、みだりに容貌を撮影されない自由は私生活上の自由として保障される。

したがって、上記姿態の撮影によりAはみだりに容貌を撮影されない自由を制約されている。

●早稲田大学江沢民事件（最判平15・9・12〔Ⅰ－18〕）

「学籍番号、氏名、住所及び電話番号は大学が個人識別等を行うための単純な情報であって、その限りにおいては、秘匿されるべき必要性が必ずしも高いものではない。……しかし、このような個人情報についても、本人が、自己が欲しない他者にはみだりにこれを開示されたくないと考えることは自然なことであり、そのことへの期待は保護されるべきものであるから、……本件個人情報は、上告人らのプライバシーに係る情報として法的保護の対象となるというべきである。

「このようなプライバシーに係る情報は、取扱い方によっては、個人の人格的な権利利益を損なうおそれのあるものであるから、慎重に取り扱われる必要がある。」

▼論証例：単純情報に関する保障論証

本件では、特定者の氏名住所等の情報が警察への開示のために収集されている。

【原告側の主張】

自己情報コントロール権としてのプライバシー権が憲法13条により保障されるところ、個人情報をみだりに収集されない自由は、同権利の一つとして保障される。

本件では、氏名住所等という個人情報が収集されているため、個人情報をみだりに収集されない自由を制約しているといえる。

【被告側の反論】

①個人情報を収集される時点では、何ら不利益を生じさせないのであり、個人情報をみだりに収集されない自由はプライバシー権として保障されない。また、②個人情報は秘匿されるべき必要性が肯定されるもののみが対象となるのであって、氏名住所等という単純情報は個人情報として保護されない。

【私見】

①情報の収集段階においては、個人の私生活を害する具体的危険が存在しないことから、個人情報をみだりに収集されない自由はプライバシー権として保障されない。もっとも、当該収集目的が開示にあるのであれば、個人情報をみだりに公開されない自由に対する侵害の危険性が顕在化しているといえること

から、公開されない自由についての制約については認められると考える。
②個人の私生活領域を保護する趣旨から、自己情報コントロール権としてのプライバシー権が憲法13条により保障される。
そして、氏名住所等は単純情報であるため、プライバシー権としてこれを開示されない自由は保障されないようにも思えるが、個人の生活領域を保護するという趣旨からすれば、単純情報ではあっても、自己の望まない他者にこれを開示される場合には、個人の私生活領域が害されるといえる。したがって、氏名住所等の単純情報であっても、これを自己の望まない者に開示されない自由はプライバシー権として保障される。

●指紋押捺事件（最判平7・12・15〔Ⅰ－2〕）

「指紋は、指先の紋様であり、それ自体では個人の私生活や人格、思想、信条、良心等個人の内心に関する情報となるものではないが、性質上万人不同性、終生不変性をもつので、採取された指紋の利用方法次第では個人の私生活あるいはプライバシーが侵害される危険性がある。このような意味で、指紋の押なつ制度は、国民の私生活上の自由と密接な関連をもつものと考えられる。
憲法13条は、国民の私生活上の自由が国家権力の行使に対して保護されるべきことを規定していると解されるので、個人の私生活上の自由の一つとして、何人もみだりに指紋の押なつを強制されない自由を有するものというべきであり、国家機関が正当な理由もなく指紋の押なつを強制することは、同条の趣旨に反して許されず、また、右の自由の保障は我が国に在留する外国人にも等しく及ぶと解される。」

イ　判断枠組み

(ア)　法令審査

権利の重要性とは、保障根拠との距離感を考慮するものである。つまり、私生活の中心的なものか周辺的なものかを考えることになる。プライバシー権においては、それは“**情報の性質**”に関連するものになる。

個人情報は、①個人の道徳的自律の存在に直接関わる情報と、②個人の道徳的自律に直接関わらない個別的情報とに区別される。前者は「プライバシー固有情報」と呼ばれ、政治的・宗教的信条に関わる情報、心身に関する基本情報、犯罪歴に関わる情報等がこれに当たる。後者は「プライバシー外延情報」と呼ばれ、税に関する情報や単純な情報がこれに含まれる。

前者のプライバシー固有情報は私生活に与える影響が大きく、私生活に密接に関連するものであることから、保護の必要性が高く、権利の重要性が高い。一方、後者のプライバシー外延情報は要保護性がそれほど高くなく、権利の重要性は低い。

この学説に従えば、前者は厳格審査の基準、後者は厳格な合理性の基準で判断すると考えることができる。

前科照会事件の伊藤補足意見においては、「前科等は、個人のプライバシーの内でも最も他人に知られたくないものの一つであり」と認定しており、前科がみだりに公開されない権利は非常に重要な権利であると評価している。一方で、早稲田大学江沢民事件においては、「学籍番号、氏名、住所及び電話番号は、……単純情報であって、その限りにおいては、秘匿されるべき必要性が必ずしも高いものではない。」としており、学籍番号、氏名、住所、及び電話番号を開示されない自由は秘匿性が低いことから要保護性は低いと認定している。このように判例を見てみると上記学説は判例と整合性が保てているであろう。

制約の程度は、保障根拠へのインパクト度合いである。これは**制約類型**に関わってくる。すなわち、収集・利用の過程においては私生活への影響力が小さいが、公開の過程においては影響力が大きい。このことから、後者の場面では厳格な審査が用いられると考えることができよう。

(イ)　処分審査

●京都府学連事件（最大判昭44・12・24〔Ⅰ－16〕）

「現に犯罪が行われもしくは行われたのち間がないと認められる場合であって、しかも証拠保全の必要性及び緊急性があり、かつその撮影が一般的に許容される限度をこえない相当な方法をもって行なわれるとき」に許容される。

※刑訴の任意処分の限界の判断枠組みであり、相当性における不利益性（権利の重要性×制約の重大性）において憲法論を展開する。

●前科照会事件――不法行為類型（最判昭56・4・14〔Ⅰ－17〕）

「市区町村長が、本来選挙資格の調査のために作成保管する犯罪人名簿に記載されている前科等をみだりに漏洩してはならないことはいうまでもないところである。前科等の有無が訴訟等の重要な争点となっていて、市区町村長に照会して回答を得るのでなければ、他に立証方法がないような場合には、裁判所から前科等の照会を受けた市区町村長は、これに応じて前科等につき回答をすることができるのであり、同様な場合に弁護士法23条の2に基づく照会に応じて報告することも許されないわけのものではないが、その取扱いには格別の慎重さが要求されるものといわなければならない。」

★プライバシー権の問題の検討のポイント★

まずやるべきことは、制約態様が情報収集過程にあるのか、情報公開過程にあるのか、しっかりと「憲法上の権利の制約」の段階で認定することです。ここで、判例を概観すると、判例では、個人特定要素の強い、容ぼう・姿態や指紋が問題となった事案では個人情報を収集されない自由として、情報収集過程でのプライバシー権の制約を認めているが（京都府学連事件、指紋押捺事件）、単純情報が問題となった事案では、原則として収集段階では制約を認めていません。これは収集段階ではプライバシー権の保障根拠たる個人の私生活領域に対する具体的危険が未だ存在していないためだと考えられます。

単純情報でも、収集目的が開示にある場合（早稲田大学江沢民事件）や情報漏えいのおそれがある場合（住基ネット事件）には、収集段階で個人に関する情報が公表されない自由に対する侵害の危険が顕在化しているため、その段階で公表されない自由の制約を認めています。問題となっている自由が公表されない自由なのか、収集されない自由なのかは意識して書き分ける必要があるでしょう。また、問題となっている情報が、個人に関する情報として保護されることを論じることを忘れないようにしましょう。

次に、「判断枠組み」の段階で、情報の価値の程度という憲法上の権利の重要性、私生活の平穏が害される程度を認定して、制約の程度を評価し、判例や審査基準論に依拠した判断枠組みを定立することが求められます。

「個別的具体的検討」では、プライバシー権を制約する規制等が当該プライバシー権を制約しても正当化される理由について事案に即して検討していくことが重要です。その中では手段審査よりもむしろ目的審査を丁寧に行うと評価されると思われます。

(3)　人格的生存に不可欠な権利：自己決定権など

ア　憲法上の権利の制約

(ア)　自己決定権

人格的生存に不可欠な権利として保障されるかについては、“人格的生存”に関するものであり、かつ、“不可欠”と言えなければならない。この2つの要素を意識した説明が求められる。その代表例が自己決定権である。

定義：一定の私的事項に関して自ら決定する権利
保障根拠：人格的生存に不可欠な事柄（自己の生き方等）に関する選択、決定を自ら行えることが個人の自律を保障する前提である点

●輸血拒否事件（最判平12・2・29〔I－23〕）

「患者が、輸血を受けることは自己の宗教上の信念に反するとして、輸血を伴う医療行為を拒否するとの明確な意思を有している場合、このような意思決定をする権利は、人格権の一内容として尊重されなければならない。」

▼論証例：輸血の拒否を決定する自由の保障

輸血を受けることは自己の宗教上の信念に反すると考えている者が、輸血を伴う医療行為を拒否するとの明確な意思を有している場合、このような意思決定をする権利は、自己の信仰を全うするという人格的生存に関するものであり、これを守らなければ個人のアイデンティティを害するものであることから不可欠な意思についての自己決定といえる。これより、人格的生存に不可欠な権利として、輸血の拒否を決定する自由は憲法13条により保障される。

(イ)　身体への侵襲を受けない自由

近時の最高裁判例により、身体への侵襲を受けない自由も憲法13条に基づき人格的生存に関わる重要な自由として保障されると判断された。

●性同一性障害特例法違憲大法廷決定（最大判令5・10・25）

「憲法13条は、「すべて国民は、個人として尊重される。生命、自由及び幸福追求に対する国民の権利については、公共の福祉に反しない限り、立法その他の国政の上で、最大の尊重を必要とする。」と規定しているところ、自己の意思に反して身体への侵襲を受けない自由（以下、単に「身体への侵襲を受けない自由」という。）が、人格的生存に関わる重要な権利として、同条によって保障されていることは明らかである。

イ　判断枠組み・個別的具体的検討

(ア)　自己決定権

法令審査の判例が特にないので学説に委ねられるが、人格的生存に不可欠な事柄に関する自己決定権の制約については厳格審査基準を定立する。なお、自己決定の対象となる事項については、濃淡が付けられる。つまり、生殖活動や家族形成などの私生活の根幹にかかわるものから、趣味や習慣などの私生活に大きな影響をもたらすものではないものまである。これにより、権利の性質は変化する。

特に問題となるのが、**パターナリスティックな制約**（自己加害に対する制約）の場面である。

パターナリスティックな制約は、その人を守る目的であり一見正当かのようにも思えるが、自己決定権を否定し、**個人の尊厳の根源である個人の自律を否定する目的でなされるもの**であるから目的の正当性は原則として否定される。

しかし、当該制約を認めなければその人の今後の自己決定権を奪い去り、回復できない不可逆的な侵害が生じる場合には例外的に正当化されうる。

したがって主戦場は目的審査となり、目的審査さえクリアできれば手段審査もクリアされることが多いであろう。つまり、目的審査を丁寧に検討する必要がある。

(イ)　身体への侵襲を受けない自由

身体への侵襲を受けない自由の制約が問題となった性同一性障害特例法違憲大法廷決定では、生殖腺除去手術を受けることが強制される場合は身体への侵襲を受けない自由に対する重大な制約に当たるとした上で、生殖腺除去手術を受けることが強制されるかどうかを評価し、直接的な制約はないとしても、重要な法的利益を実現するために、手術を受けることを余儀なくさせることをもって、身体への侵襲を受けない自由の制約を認めた。その上で、「本件規定の目的のために制約が必要とされる程度と、制約される自由の内容及び性質、具体的な制約の態様及び程度等を較量して判断されるべきものと解するのが相当である」との判断枠組みを定立している。

●性同一性障害特例法違憲大法廷決定（最大判令5・10・25）

生殖腺除去手術は、精巣又は卵巣を摘出する手術であり、生命又は身体に対する危険を伴い不可逆的な結果をもたらす身体への強度な侵襲であるから、このような生殖腺除去手術を受けることが強制される場合には、身体への侵襲を受けない自由に対する重大な制約に当たるというべきである。←重大な制約

ところで、本件規定は、性同一性障害を有する者のうち自らの選択により性別変更審判を求める者について、原則として生殖腺除去手術を受けることを前提とする要件を課すにとどまるものであり、性同一性障害を有する者一般に対して同手術を受けることを直接的に強制するものではない。しかしながら、本件規定は、性同一性障害の治療としては生殖腺除去手術を要しない性同一性障害者に対しても、性別変更審判を受けるためには、原則として同手術を受けることを要求するものということができる。 他方で、性同一性障害者がその性自認に従った法令上の性別の取扱いを受けることは、法的性別が社会生活上の多様な場面において個人の基本的な属性の一つとして取り扱われており、性同一性障害を有する者の置かれた状況が既にみたとおりのものであることに鑑みると、個人の人格的存在と結び付いた重要な法的利益というべきである。このことは、性同一性障害者が治療として生殖腺除去手術を受けることを要するか否かにより異なるものではない。そうすると、本件規定は、治療としては生殖腺除去手術を要しない性同一性障害者に対して、性自認に従った法令上の性別の取扱いを受けるという重要な法的利益を実現するために、同手術を受けることを余儀なくさせるという点において、身体への侵襲を受けない自由を制約するものということができ、このような

制約は、性同一性障害を有する者一般に対して生殖腺除去手術を受けることを直接的に強制するものではないことを考慮しても、身体への侵襲を受けない自由の重要性に照らし、必要かつ合理的なものということができない限り、許されないというべきである。←手術が強制されるかを評価

そして、本件規定が必要かつ合理的な制約を課すものとして憲法13条に適合するか否かについては、本件規定の目的のために制約が必要とされる程度と、制約される自由の内容及び性質、具体的な制約の態様及び程度等を較量して判断されるべきものと解するのが相当である。←判断枠組みの定立

(4)　人格的生存に不可欠でない自由

判例をみると、人格的生存に不可欠でないとしても、憲法違反か否かの審査を行っている。その背後には、公権力が個人の自由を制限する際には**合理的な根拠**が必要であり、また**平等原則**や**比例原則**に違反してはならないという客観的な統制がある。

そのため、人格的生存に不可欠でないとして憲法13条後段により保障されないとしても、目的が合理的なものか、また、不利益（利益の重要性×制限の重大性）と利益との均衡が図れているかは検討の余地がある。

▼論証例：人格的生存に不可欠でない自由と比例原則の適用

確かに、本件において○○する自由は憲法13条後段により保障されない。しかし、国家権力が合理的な理由もなく恣意的に規制してもよいことにはならない。そこで客観的統制との関係で、規制の目的と手段に合理性が求められることになる。

○○という利益は～というものであり、また、それに対する制限は～であることから、重大な不利益が生じている。……

★自己決定権の問題の検討のポイント★

「個別的具体的検討」における目的審査を丁寧にすることがポイントとなります。

2　憲法 14 条　平等権

(1)　総論

条文：憲法 14 条 1 項「すべて国民は、法の下に平等であって、人種、信条、性別、社会的身分又は門地により、政治的、経済的又は社会的関係において、差別されない。」
保障根拠：個人は根源的に平等な存在である点

ア　「法」の意義

「法の下」の平等という文言からすれば、法適用の平等のみが要求されているようにみえるが、真の公平の実現のためには、法内容が平等でなければならないため、法の適用のみならず立法内容の平等も意味すると考える。

イ　「平等」の意義

同一の状況の場合に均等に扱い、同一の状況でなければ、異なる扱いをすることによって真の公平を実現することが保障根拠であることから、「平等」とは、絶対的平等ではなく、合理的な根拠に欠ける差別を禁止する相対的平等を意味する。

ウ　憲法上の権利の制約の認定―別異取扱いの認定

問題文の事情から別異取扱いを認定する。区別されることで制約となる。平等権の問題では、誰と誰が区別されているのかという別異取扱いの認定から議論がスタートするため、必ず比較対象を挙げるようにする。

(2)　判断枠組み

ア　基本的な考え方

相対的平等、すなわち、合理的な根拠に基づく区別であれば合憲となる。平等問題の核心は、この“合理的”をどのように考えるか（厳格なのか緩やかなのか）である。この審査密度の変化は、「事柄の性質」によって決まる。なお、前提として、後段列挙事由は例示列挙であり、これにあたるから直ちに違憲というものではない。

▼論証例：平等権の冒頭

> Aは○○であるのに、Bは△△であることから別異取扱いが認められる。そこで、Aの平等権が侵害されているといえるかが問題となる。
>
> 憲法14条1項は、同一事情の下においては、各人を同一に処遇することを求め、不合理な差別を禁ずるものであり、合理的な理由に基づく区別までをも禁ずるものではない。
>
> そこで、事柄の性質に即応した合理的な根拠に基づく区別かどうかを検討することになる。

●国籍法違憲判決（最大判平20・6・4〔Ⅰ－26〕）

「①日本国籍は、我が国の構成員としての資格であるとともに、我が国において基本的人権の保障、公的資格の付与、公的給付等を受ける上で意味を持つ重要な法的地位でもある。一方②父母の婚姻により嫡出子たる身分を取得するか否かということは、子にとっては自らの意思や努力によっては変えることのできない父母の身分行為に係る事柄である。したがって、このような事柄をもって日本国籍取得の要件に関して区別を生じさせることに合理的な理由があるか否かについては、慎重に検討することが必要である」

国籍法違憲判決によれば、重大な法的地位に関するもので、かつ、自らの意思や努力によっては変えることのできない性質に基づく差別に関しては、慎重に検討すべしというように、平等原則に厳格な審査を求めていることが読み取れる。

したがって、平等権侵害の判断枠組みは、**①被制約法益が重要か×②差別の基礎の性質が自助努力で脱却できるか**で判断する。①については、被制約法益が憲法上保障される権利であれば基本的には重要な法的地位には当たるといえよう。

もっとも、緩やかにする要素としては、**広範な立法裁量**がある。裁量を認めるときは、根拠条文などを示すべきである。例えば、租税制度・選挙制度・社会保障制度などである。緩やかな審査においては、「著しく合理性を欠く」ときに違憲となる。

▼論証例：国籍法違憲判決を意識した判断枠組み

> 本問では、本件区別によって、〜という重大な法的地位に影響を与えている。加えて、その区別に関しては、自助努力によって脱却することはできない。
> したがって、本件区別の合理性に関しては慎重に判断する必要があり、立法目的に合理的な根拠が認められその具体的な区別と上記立法目的との間に合理的関連性が認められる場合でなければ違憲となる。そして、その合理性については立法事実による裏付けが必要である。

イ　そのほかの要素―特別意味説とアファーマティブ・アクション

判例は例示列挙説としている。つまり、憲法14条1項の適用範囲は後段列挙事由の区別に限らない。もっとも、**後段列挙事由にあたること**で厳格に判断すべきであるという考えがある（特別意味説）。この考えを採るのであれば、後段列挙事由は、歴史的に存在した不合理な差別事由であることから、これに該当した場合、不合理な差別であることが推定されるため、区別の合理性の判断に慎重さが要求される。

「人種」：人類学上の種類　※国籍ではない！
「信条」：宗教や信仰、思想上の政治上の主義等
「性別」：生物学的な男女
「社会的身分」：出生により決定され、自己の意思によって左右することができない地位
「門地」：家系・血統等の家柄

アファーマティブ・アクション（積極的差別是正措置）とは、これまで社会において差別されてきた人々の社会的地位を向上させるために行う優遇措置である。歴史的な差別（固有の性質の差別）を問題としていることから、後段列挙事由に該当する対象が多く、厳格に判断されがちである（特別意味説や自助努力による達成不可能との理由による。）。しかし、差別を是正することで少数派の保護が図れるという点からすれば、できる限り合憲にした方がよいともいえる。そこで、学説上は緩やかにする「事柄」であるとされる。ただし、逆差別の問題もはらむ

ことから、必ずしも緩やかにすべきではないともいえる。この悩みを見せつつ、私見としてどのような立場をとるのかを明示することになろう。

(3) 個別的具体的検討

厳格に合理性を判断する場合、立法事実に踏み込んで、**区別の目的**及び**区別の手段の審査（関連性（目的のために当該区別をする意味があるか））**を行う。緩やかに判断する場合は、観念的なもので足りる。判例と審査基準論の差はあるが、目安として普段の目的手段審査を用いることもできないわけではない。

●国籍法違憲判決（最大判平20・6・4〔Ⅰ－26〕）

目的審査

国籍法3条1項は、日本国民である父が日本国民でない母との間の子を出生後に認知しただけでは日本国籍の取得を認めず、準正のあった場合に限り日本国籍を取得させることとしており、これによって本件区別が生じている。

日本国民を血統上の親として出生した子であっても、日本国籍を生来的に取得しなかった場合には、その後の生活を通じて国籍国である外国との密接な結び付きを生じさせている可能性があるから、国籍法3条1項は、同法の基本的な原則である血統主義を基調としつつ、日本国民との法律上の親子関係の存在に加え我が国との密接な結び付きの指標となる一定の要件を設けて、これらを満たす場合に限り出生後における日本国籍の取得を認めることとしたものと解される。このような目的を達成するため準正その他の要件が設けられ、これにより本件区別が生じたのであるが、本件区別を生じさせた上記の立法目的自体には、合理的な根拠があるというべきである。

手段審査

確かに、父母が法律上の婚姻をしたことをもって日本国民である父との家族生活を通じた我が国との密接な結び付きの存在を示すものとみることには相応の理由があったものとみられた。諸外国もそうであった。

しかしながら、その後、我が国における社会的、経済的環境等の変化に伴って、今日では、出生数に占める非嫡出子の割合が増加するなど、家族生活や親子関係の実態も変化し多様化してきている。また、近年、我が国の国際化の進展に伴い国際的交流が増大することにより、日本国民である父と日本国民でない母との間に出生する子が増加しているところ、両親の一方のみが日本国民である場合には、同居の有無など家族生活の実態においても、法律上の婚姻やそれを背景とした親子関係の在り方についての認識においても、両親が日本国民である場合と比べてより複雑多様な面があり、その子と我が国との結び付きの強弱を両親が法律上の婚姻をしているか否かをもって直ちに測ることはできない。また、諸外国もそのような規定はなくす傾向にある。したがって、上記の立法目的との間に合理的関連性を見いだすことできない。

★平等権の問題の検討のポイント★

別異取扱いの認定→判断枠組みの定立→個別的具体的検討という流れをたどります。平等権の核心は、“合理性”をどの審査密度で審査することにあるので、この検討がポイントです（簡潔な記載であっても、審査密度を考慮する必要はあると思います。）。国籍法違憲判決などの平等権の判例を俯瞰することで、どのような「事柄の性質」に着目しているかを分析しましょう。個別的具体的検討において、厳格でなくとも違憲となる余地が十分にあるので、丁寧に検討をしましょう。なお、より理論的な「判断枠組み」の使い分けについて知りたい方は、蟻川恒正「起案講義憲法　第8回　2011年司法試験予備試験論文式試験憲法」『法学教室』No.398を参照していただくと非常に勉強になります。

3　憲法19条　思想・良心の自由

(1)　総論

条文：憲法19条「思想及び良心の自由は、これを侵してはならない。」
定義：「思想及び良心」とは、
　内心説：人の内心におけるものの見方ないし考え方
　信条説：人の内心におけるものの見方ないし考え方のうち、信仰に準ずべき世界観、人生観等個人の人格形成の核心をなすもの
　※最高裁は信条説よりの考え方。思想と良心を区別しない。
保障根拠：内心の精神活動の自由そのものであり、それは人格的生存のために必要不可欠なものである点
制約類型：①内心に基づく不利益取扱い、②内心の告白の強制、③外面的行為の強制
客観法原則：個人の思想良心の自由が保障されるとともに、同条により国家の思想的中立性が要求される

(2)　内心に基づく不利益取扱い

ア　憲法上の権利の制約

内心に基づく不利益取扱いの類型においては、そもそも制約があるのか（“内心”を理由にした取扱いなのか）が問題となる。この検討では、外形的な規制の態様から、規制の理由、動機に着目して客観的に判断する。制約がある場合、その制約態様によって検討すべきことが変わる。

直接的規制：個人が特定の内心を保持することを理由に不利益処分を課すこと（→即違憲）
間接的規制：個人が特定の内心を保持することを理由とはしない規制が、結果的に特定の内心を保持する者に対して負担を課すこと（→正当化論証）

麹町中学校内申書事件と三菱樹脂事件との対立を見てみる。

●麹町中学内申書事件（最判昭63・7・15〔I－34〕）

「Xの思想、信条そのものを記載したものでないことは明らかであり、右の記載に係る外部的行為によってはXの思想、信条を了知し得るものではないし、またXの思想、信条自体を高等学校の入学者選抜の資料に供したものとは到底解することができない」→制約なし

●三菱樹脂事件（最大判昭48・12・12〔I－9〕）

「元来、人の思想、信条とその者の外部的行動との間には密接な関係があり、ことに本件において問題とされている学生運動への参加のごとき行動は、必ずしも常に特定の思想、信条に結びつくものとはいえないとしても、多くの場合、なんらかの思想、信条とのつながりを持っていることを否定することができない」→制約あり

▼論証例：制約の有無（麹町中学内申書事件を例に上記2つの判例を使う）

【原告側の主張】

憲法19条は人の内心の絶対的保障から、思想内容に基づく不利益処分を絶対的禁止としている。

本件内申書には、「全共闘」「砦」「粉砕」「ML派」などの記載があり、Xが行ったとされる外部的行為が新左翼派学生運動という特定の思想に基づく行動に偏っていることからすれば、Xは新左翼派学生的思想を有していることが了知できる。そして、その思想内容を了知した上での、この記載を理由とした不利益処分は内心に基づく不利益処遇に該当する。

【被告側の反論】

本件記載は、単なるXの学生時代の活動内容を記載したに過ぎず、Xの思想、信条そのものを記載したものでないことは明らかであり、右の記載にかかる外部的行為によってはXの思想、信条を了知しうるものではない。

【私見】

元来、人の思想、信条とその者の外部的行動との間には密接な関係があり「全共闘」「砦」「粉砕」「ML派」などの記載に係る外部的行為からすれば、Xの思想、信条が新左翼系学生運動に共感するものであることを了知し得えないは

ずがない。したがって、本件調査書における上記外部的行為をマイナス評価事項として記載されたことは、内心に基づく不利益処遇に該当する。

記載内容の具体性、記載された活動の一貫性、明確な動機を記載から読み取ることができるかなどがあてはめの視点になる。

▼論証例：直接的制約・間接的制約（三菱樹脂事件）

本件では、学生運動への参加をしていた経歴を理由に不利益処分を行っている。

【原告側の主張】

人の外部的行動は、人の内心の発露であり、学生運動への参加はまさに、人の内心の発露がなされた行為といえる。そうだとすれば、学生運動への参加をしていた経歴を理由とする不利益処分は、思想信条の内容を理由とした不利益処分にあたる。

【被告側の反論】

学生運動への参加の動機は様々なものが有り、必ずしも常に特定の思想、信条に結びつくものとはいえないのであり、学生運動に参加していたという事実だけをもって、不利益処分を行ったとしても、直ちに思想信条の内容を理由とした不利益処分にはあたらない。

【私見】

学生運動への参加のごとき行動は、必ずしも常に特定の思想、信条に結びつくものとはいえないとしても、多くの場合、何らかの思想、信条とのつながりを持っていることを否定することができないため、思想信条の内容を理由とした不利益処分にあたりうる。

もっとも間接的な制約に過ぎないといえ、当該不利益処分の必要性と合理性が認められれば許容される。

公権力が、個人の保持する内心を理由に不利益取扱いをすることは、内心それ自体の否定であり、個人の人格を大きく毀損することから絶対的に禁止されるため、直接的規制の場合、正当化論証を行うまでもなく違憲という結論を導くことになる。

なお、内心に基づく不利益取扱いが絶対的に禁止されるのは国家の行為に限られる。私人がある私人を内心に基づいて不利益に取り扱った場合については、その内心に基づく不利益取扱いの理由が合理的なものであったかどうかを検討しなければならない。例えば、Aという政治的思想を有する団体であるX（いわゆる傾向企業）がBという政治的思想を有するYを、Bという政治的思想を有することを理由に、X団体への入団を拒否することは、Xが特定の政治的思想に基づいて存続している団体であり、他の政治的思想を有する者を入団させてしまえば、その存続に大きな支障をきたすこととなることが考えられるため、入団拒否には合理的な理由が認められることとなろう。

イ　判断枠組み

間接的規制となった場合、比例原則の観点から内心の核心部分を傷つけるものであれば、厳密に、そうでないのであれば、緩やかに、規制の必要性と合理性が認められるかを検討することとなる。

(3)　内心の告白の強制

沈黙の自由Ａ：人の内心にあるものの開示・表明を強いられることからの自由 沈黙の自由Ｂ：人の内心にあるものに反する表明を強いられることからの自由

ある主体が人の内心にあるものの開示・表明を行わせしめようとする動機は、その有する内心に基づいて何らかの処分を行いたいという点にある。そうだとすれば、沈黙の自由Aの制約はそのまま思想内容に基づく不利益処分にあたるかという問題に解消されることとなる。

また、沈黙の自由Bの制約は、ある個人が特定の行為を行うことを強制されることによって、内心にあるものに反する表明を強いられた結果、個人の内心が傷つけられてしまう一場面であり、外面的行為の強制・自発的行為の強制に関する問題に解消される。

なお、内心以外の場合は、消極的表現の自由（21条1項）との関係で問題となる。

⑷　外面的行為の強制

ア　憲法上の権利の制約

対象者に対する外面的行為の強制が、その対象者の内心を傷つけた場合、制約が認められる。制約の有無は最大の争点であることから、丁寧な検討が求められる。

制約類型としては、**①制限対象は表見的には人の外面領域であるが、その目的が人の内面領域の否定や告白の強制等である場合（直接的制約）**と、**②制限対象はあくまでも人の外面領域にすぎないが、そのような制限を介して結果として人の内面領域も制約を受けていると評価する場合（間接的制約）**の２類型が考えられる。

君が代起立斉唱事件をもとに、外面的行為の強制における制約の検討を見てみる。

●君が代起立斉唱事件（最判平23・5・30〔Ⅰ－37〕）

「しかしながら、本件職務命令当時、公立高等学校における卒業式等の式典において、国旗としての『日の丸』の掲揚及び国歌としての『君が代』の斉唱が広く行われていたことは周知の事実であって、学校の儀式的行事である卒業式等の式典における国歌斉唱の際の起立斉唱行為は、一般的、客観的に見て、これらの式典における慣例上の儀礼的な所作としての性質を有するものであり、かつ、そのような所作として外部からも認識されるものというべきである。したがって、上記の起立斉唱行為は、その性質の点から見て、上告人の有する歴史観ないし世界観を否定することと不可分に結び付くものとはいえず、上告人に対して上記の起立斉唱行為を求める本件職務命令は、上記の歴史観ないし世界観それ自体を否定するものということはできない。また、上記の起立斉唱行為は、その外部からの認識という点から見ても、特定の思想又はこれに反する思想の表明として外部から認識されるものと評価することは困難であり、職務上の命令に従ってこのような行為が行われる場合には、上記のように評価することは一層困難であるといえるのであって、本件職務命令は、特定の思想を持つことを強制したり、これに反する思想を持つことを禁止したりするものではなく、特定の思想の有無について告白することを強要するものということもできない。そうすると、本件職務命令は、これらの観点において、個人の思想及び良心の自由を直ちに制約するものと認めることはできないというべきである。」

上記判旨は、直接的制約を否定するものである。「これらの観点」とは、①一般的・客観的にみた行為の性質からみて、個人の有する歴史観ないし世界観を否定することと不可分に結びつくものかどうか、②特定の思想又はこれに反する思想の表明として外部から認識されるものかどうか、という点である。①は内面領域の否定、②は告白の強制という直接的制約の概念に沿った検討といえる。

本判決は、ここで終わらず、間接的制約を認めた。

●君が代起立斉唱事件（最判平23・5・30〔Ⅰ－37〕）

「もっとも、上記の起立斉唱行為は、教員が日常担当する教科等や日常従事する事務の内容それ自体には含まれないものであって、一般的、客観的に見ても、国旗及び国歌に対する敬意の表明の要素を含む行為であるということができる。そうすると、自らの歴史観ないし世界観との関係で否定的な評価の対象となる『日の丸』や『君が代』に対して敬意を表明することには応じ難いと考える者が、これらに対する敬意の表明の要素を含む行為を求められることは、その行為が個人の歴史観ないし世界観に反する特定の思想の表明に係る行為そのものではないとはいえ、個人の歴史観ないし世界観に由来する行動（敬意の表明の拒否）と異なる外部的行為（敬意の表明の要素を含む行為）を求められることとなり、その限りにおいて、その者の思想及び良心の自由についての間接的な制約となる面があることは否定し難い。」

この判旨は、敬意の表明の強制と敬意の表明の要素を含む行為の強制は異なることを前提としている。前者は、一般的に外形から見て、思想を表明させていると認識できる場合であり、前者と後者の差は外部からの認識であろう。

間接的制約を認めた根拠は、ⓐ教員の日常担当する教科等や日常従事する事務の内容それ自体には含まれないものであり、かつ、ⓑ一般的・客観的にも国旗及び国家に対する敬意の表明の要素を含むという点である。

起立斉唱事件での要素を踏まえて、君が代伴奏事件を読んでみる。

●君が代伴奏事件（最判平 19・2・27）

「学校の儀式的行事において「君が代」のピアノ伴奏をすべきでないとして本件入学式の国歌斉唱の際のピアノ伴奏を拒否することは、上告人にとっては、上記の歴史観ないし世界観に基づく一つの選択ではあろうが、一般的には、これと不可分に結び付くものということはできず、上告人に対して本件入学式の国歌斉唱の際にピアノ伴奏を求めることを内容とする本件職務命令が、直ちに上告人の有する上記の歴史観ないし世界観それ自体を否定するものと認めることはできないというべきである。

他方において、本件職務命令当時、公立小学校における入学式や卒業式において、国歌斉唱として「君が代」が斉唱されることが広く行われていたことは周知の事実であり、客観的に見て、入学式の国歌斉唱の際に「君が代」のピアノ伴奏をするという行為自体は、音楽専科の教諭等にとって通常想定され期待されるものであって、上記伴奏を行う教諭等が特定の思想を有するということを外部に表明する行為であると評価することは困難なものであり、特に、職務上の命令に従ってこのような行為が行われる場合には、上記のように評価することは一層困難であるといわざるを得ない。

本件職務命令は、上記のように、公立小学校における儀式的行事において広く行われ、A小学校でも従前から入学式等において行われていた国歌斉唱に際し、音楽専科の教諭にそのピアノ伴奏を命ずるものであって、上告人に対して、特定の思想を持つことを強制したり、あるいはこれを禁止したりするものではなく、特定の思想の有無について告白することを強要するものでもなく、児童に対して一方的な思想や理念を教え込むことを強制するものとみることもできない。」

君が代伴奏事件においては、音楽教員が君が代のピアノ伴奏をすることは、間接的な制約にすらあたらないと判断している。君が代伴奏事件では、起立斉唱事件の直接的制約か否かの判断根拠①②が述べられている。

間接的制約については述べられていない。しかし、音楽教師にとって伴奏行為は、教員の日常担当する教科等や日常従事する事務の内容それ自体には含まれないとはいえない（ⓐ）。また、ピアノ伴奏は単に音階を奏でる行為に過ぎないことからすれば、『日の丸』や『君が代』に対する敬意の表明の要素すら認められない行為である（ⓑ）。したがって、君が代ピアノ伴奏の強制では内心についての間接的な制約を認めなかったと考えることができる。

なお、君が代起立斉唱事件の千葉勝美補足意見でも「核となる思想信条等としての歴史観等との憲法論的な観点からの客観的、一般的な関連性については、本件起立斉唱行為の拒否の方が、後述のとおり、「日の丸」・「君が代」に対する敬意の表明という要素が含まれている行為を拒否するという意味合いを有することなどからみて、関連性がより強くなるものということになろう。」と述べられている。つまり、ピアノ伴奏に敬意の表明の要素はないとの考えを前提としていると考えられる。

▼論証例：制約の有無（起立斉唱事件を例にした対立）

本件では、Xは国歌斉唱の際の起立斉唱命令に反したことによって、戒告処分を受けている。

【原告側の主張】

憲法19条における「思想良心」とは個人の世界観・歴史観・主義主張をいう。

『君が代』がアジア侵略と結びついているという考えは、『君が代』が過去に日本において果たした役割に係るXの歴史観ないし世界観及びこれに由来する社会生活上の信念であるということができるため「思想良心」にあたる。

そして、『君が代』の起立斉唱を拒否するという行為は、歴史観、世界観と不可分に結びつく行為であるといえることから、『君が代』の起立斉唱を強制することは、Xの思想良心の自由を直接的に制約するものであり違憲違法である。

【被告側の反論】

①君が代の起立斉唱は、Xの君が代に対する否定的価値を有するという思想と不可分な行為とはいえないため、起立斉唱の強制は直接的な制約ではない。
②君が代の起立斉唱の強制は、教職員全員に課された職務上の義務であり、狙い撃ち的に思想良心に基づく不利益処分を行ったわけではないことから、思想良心の自由を制約するものとはいえないとの反論が想定される。

【私見】

確かに君が代の起立斉唱はXに対してのみ強制したものではなく、思想内容を理由とした不利益処分ではないことから直接的な制約は認められない。……①

そして、本件職務命令当時、公立高等学校における卒業式等の式典において、国旗としての「日の丸」の掲揚及び国歌としての「君が代」の斉唱が広く行われていたことは周知の事実であって、学校の儀式的行事である卒業式等の式典における国歌斉唱の際の起立斉唱行為は、一般的、客観的に見て、これらの式典における慣例上の儀礼的な所作としての性質を有するものであり、かつ、そのような所作として外部からも認識されるものというべきである。したがって、上記の起立斉唱行為は、その性質の点から見て、上告人の有する歴史観ないし世界観を否定することと不可分に結び付くものとはいえず、本件職務命令は、Xの歴史観ないし世界観それ自体を否定するものということはできない。しかし、起立斉唱行為は一般的、客観的に見ても、国旗及び国歌に対する敬意の表明の要素を含む行為であるということができる。そうすると、自らの歴史観ないし世界観との関係で否定的な評価の対象となる「日の丸」や「君が代」に対して敬意を表明することには応じ難いと考える者が、これらに対する敬意の表明の要素を含む行為を求められることは、その行為が個人の歴史観ないし世界観に反する特定の思想の表明に係る行為そのものではないとはいえ、個人の歴史観ないし世界観に由来する行動（敬意の表明の拒否）と異なる外部的行為（敬意の表明の要素を含む行為）を求められることとなり、その者の思想良心の自由についての間接的な制約となる面があるといえる。……②

したがって、本件命令及び処分はXの思想良心の自由を間接的に制約するものといえる。

そして、起立斉唱の強制は間接的にはXの思想良心の自由を制約するものといえるため、その命令は必要かつ合理的なものでなければならない。

●謝罪広告事件（最大判昭31・7・4〔Ⅰ－33〕）

「謝罪広告を命ずる判決にもその内容上、これを新聞紙に掲載することが謝罪者の意思決定に委ねるを相当とし、これを命ずる場合の執行も債務者の意思のみに係る不代替作為として民訴734条（現民執172条）に基き間接強制によるを相当とするものもあるべく、時にはこれを強制することが債務者の人格を無視し著しくその名誉を毀損し意思決定の自由乃至良心の自由を不当に制限することとなり、いわゆる強制執行の適さない場合に該当することもありうるであろうけれど、単に事態の真相を告白し陳謝の意を表明するにとどまる程度のものにあっては、これが強制執行も代替作為として民訴733条（現民執171条）の手続によることを得るものといわなければならない」

ここで謝罪を

A　「内心から自己の行為を悪と自覚した場合にのみ価値ある筈のもの」（垂水反対意見）

B　「謝罪する意思が伴わない謝罪広告といえども、法の世界においては被害者にとって意味がある。……謝罪広告は被害者の名誉回復のために有効な方法と常識上認められる」（田中補足意見）

とみるかで、構成が変わってくる。

▼論証例：制約の有無（謝罪広告事件を例にした対立）

本件では、Xは謝罪広告の記載の命令を受けている。

【原告側の主張】

思想良心の自由は、自発的に自己の内心に由来する行為を行う自由を保障しており、その強制は、自発性そのものを否定するものとして許されない。そして、謝罪とは、心から自己の行為を悪と自覚した場合にのみ価値あるものであるといえるのでそれは自発的になされなければ意味が無い。そうだとすれば、謝罪の強制は自発的行為を強制するものとして、思想良心の自由の侵害があり違憲である。

【被告側の反論】

謝罪する意思が伴わない謝罪広告といえども、法の世界においては被害者にとって意味があるため、謝罪は自らが悪と自覚せずとも効果的なものであることから、謝罪の強制はXの自発性を害するものとはいえない。

【私見】

確かに謝罪は自らが悪と自覚せずその形式的内容を表明することで、被害者にとって意味があるものといえるが、謝罪行為は、内心に謝罪の心を持たない人に対して強制されたときは、その人が謝罪すべきでないと考えているのに謝罪をさせられるという意味で自発性を毀損することとなる。したがって、謝罪の強制はXの自発性を毀損するという点で被告の反論は妥当でない。

イ　判断枠組み

一般論として外面的行為の自由の制約類型の際に、どのようにして判断枠組みを構築するかについては、君が代起立斉唱事件の千葉勝美補足意見が参考になる。

補足意見では、「一般に、核となる思想信条等に由来する外部的行動には様々なものがあるが、本人にとっては、そのような外部的行動も、すべて核となる思想信条等と不可分一体であると考え、信じていることが多いであろう。そのような主観的な考え等も一般に十分に尊重しなければならないものであり、この内心の領域に踏み込んで、その当否、評価等をすべきでないことは当然である。もっとも、憲法19条にいう思想及び良心の自由の保障の範囲をどのように考えるかに際しては、このような外部的行動を憲法論的な観点から客観的、一般的に捉え、核となる思想信条等との間でどの程度の関連性があるのかを検討する必要があるというべきである。これが客観的、一般的に見て不可分一体なものであれば、もはや外部的行動というよりも核となる思想信条等に属し、前述のとおり、憲法19条の直接的、絶対的な保障の対象となるが、そこまでのものでないものもあり、その意味で関連性の程度には差異が認められることになる。これを概念的に説明すれば、この外部的行動（核となる思想信条等に属するものを除いたもの）は、いわば、核となる思想信条等が絶対的保障を受ける核心部分とすれば、それの外側に存在する同心円の中に位置し、核心部分との遠近によって、関連性の程度に差異が生ずるという性質のものである。そして、この外部的行動は、内側の同心円に属するもの（核となる思想信条等）ではないので、憲法19条の保障の対象そのものではなく、その制限をおよそ許さないというものではない。また、それについて制限的行為の許容性・合憲性の審査については、精神的自由としての基本的人権を制約する行為の合憲性の審査基準であるいわゆる「厳格な基準」による必要もない。しかしながら、この外部的行動は核となる思想信条等との関連性が存在するのであるから、制限的行為によりその間接的な制約となる面が生ずるのであって、制限的行為の許容性等については、これを正当化し得る必要性、合理性がなければならないというべきである。さらに、当該外部的行動が核心部分に近くなり関連性が強くなるほど間接的な制約の程度も強くなる関係にあるので、制限的行為に求められる必要性、合理性の程度は、それに応じて高度なもの、厳しいものが求められる。他方、核心部分から遠く関連性が強くないものについては、要求される必要性、合理性の程度は前者の場合よりは緩やかに解することになる。そして、このような必要性、合理性の程度等の判断に際しては、制限される外部的行動の内容及び性質並びに当該制限的行為の態様等の諸事情を勘案した上で、核となる思想信条等についての間接的な制約となる面がどの程度あるのか、制限的行為の目的・内容、それにより得られる利益がどのようなものか等を、比較考量の観点から検討し判断していくことになる。」

問題となった外部的行為が、**核となる思想信条等との関連性が認められるのかという点**、及び**当該外部的行為の制限的行為がどの程度の強さで内心を制約するものなのかという点など**を考慮し、制限的行為が正当化されるために必要な必要性、合理性の程度を勘案していく。

●君が代起立斉唱事件（最判平 23・5・30〔I－37〕）

「そこで、このような間接的な制約について検討するに、個人の歴史観ないし世界観には多種多様なものがあり得るのであり、それが内心にとどまらず、それに由来する行動の実行又は拒否という外部的行動として現れ、当該外部的行動が社会一般の規範等と抵触する場面において制限を受けることがあるところ、その制限が必要かつ合理的なものである場合には、その制限を介して生ずる上記の間接的な制約も許容され得るものというべきである。そして、職務命令においてある行為を求められることが、個人の歴史観ないし世界観に由来する行動と異なる外部的行為を求められることとなり、その限りにおいて、当該職務命令が個人の思想及び良心の自由についての間接的な制約となる面があると判断される場合にも、職務命令の目的及び内容には種々のものが想定され、また、上記の制限を介して生ずる制約の態様等も、職務命令の対象となる行為の内容及び性質並びにこれが個人の内心に及ぼす影響その他の諸事情に応じて様々であるといえる。したがって、このような間接的な制約が許容されるか否かは、職務命令の目的及び内容並びに上記の制限を介して生ずる制約の態様等を総合的に較量して、当該職務命令に上記の制約を許容し得る程度の必要性及び合理性が認められるか否かという観点から判断するのが相当である。」

ウ　個別的具体的検討

●君が代起立斉唱事件（最判平23・5・30〔Ⅰ−37〕）

「これを本件についてみるに、本件職務命令に係る起立斉唱行為は、前記のとおり、上告人の歴史観ないし世界観との関係で否定的な評価の対象となるものに対する敬意の表明の要素を含むものであることから、そのような敬意の表明には応じ難いと考える上告人にとって、その歴史観ないし世界観に由来する行動（敬意の表明の拒否）と異なる外部的行為となるものである。この点に照らすと、本件職務命令は、一般的、客観的な見地からは式典における慣例上の儀礼的な所作とされる行為を求めるものであり、それが結果として上記の要素との関係においてその歴史観ないし世界観に由来する行動との相違を生じさせることとなるという点で、その限りで上告人の思想及び良心の自由についての間接的な制約となる面があるものということができる。」（制限を介して生ずる制約の態様のあてはめ）

「他方、学校の卒業式や入学式等という教育上の特に重要な節目となる儀式的行事においては、生徒等への配慮を含め、教育上の行事にふさわしい秩序を確保して式典の円滑な進行を図ることが必要」（職務命令の必要性）「であるといえる。法令等においても、学校教育法は、高等学校教育の目標として国家の現状と伝統についての正しい理解と国際協調の精神の涵養を掲げ（同法42条1号、36条1号、18条2号）、同法43条及び学校教育法施行規則57条の2の規定に基づき高等学校教育の内容及び方法に関する全国的な大綱的基準として定められた高等学校学習指導要領も、学校の儀式的行事の意義を踏まえて国旗国歌条項を定めているところであり、また、国旗及び国歌に関する法律は、従来の慣習を法文化して、国旗は日章旗（『日の丸』）とし、国歌は『君が代』とする旨を定めている。そして、住民全体の奉仕者として法令等及び上司の職務上の命令に従って職務を遂行すべきこととされる地方公務員の地位の性質及びその職務の公共性（憲法15条2項、地方公務員法30条、32条）に鑑み、公立高等学校の教諭である上告人は、法令等及び職務上の命令に従わなければならない立場にあるところ、地方公務員法に基づき、高等学校学習指導要領に沿った式典の実施の指針を示した本件通達を踏まえて、その勤務する当該学校の校長から学校行事である卒業式に関して本件職務命令を受けたものである。これらの点に照らすと、本件職務命令は、公立高等学校の教諭である上告人に対して当該学校の卒業式という式典における慣例上の儀礼的な所作として国歌斉唱の際の起立斉唱行為を求めることを内容とするものであって、高等学校教育の目標や卒業式等の儀式的行事の意義、在り方等を定めた関係法令等の諸規定の趣旨に沿い、かつ、地方公務員の地位の性質及びその職務の公共性を踏まえた上で、生徒等への配慮を含め、教育上の行事にふさわしい秩序の確保とともに当該式典の円滑な進行を図るものであるということができる。」（本件職務命令の目的及び内容）

「以上の諸事情を踏まえると、本件職務命令については、前記のように外部的行動の制限を介して上告人の思想及び良心の自由についての間接的な制約となる面はあるものの、職務命令の目的及び内容並びに上記の制限を介して生ずる制約の態様等を総合的に較量すれば、上記の制約を許容し得る程度の必要性及び合理性が認められるものというべきである。」

⑸　私人間効力

ア　間接適用説の論証を行う場面

憲法は、国家 vs 国民において適用される法である。そのため、国民 vs 国民の場面ではどうなるのか問題となる。この問題は私人間効力の問題と言われる。

●三菱樹脂事件（最大判昭48・12・12〔Ⅰ－9〕）

本判決は、まず、憲法は「もっぱら国または公共団体と個人との関係を規律するものであり、私人相互の関係を直接規律することを予定するものではない。」とし、直接適用を否定する。

また、「私人間の関係においても、相互の社会的力関係の相違から、一方が他方に優越し、事実上後者が前者の意思に服従せざるを得ない場合があ」るが、「このような場合に限り憲法の基本権保障規定の適用ないしは類推適用を認めるべきであるとする見解もまた、採用することはできない」とする。

そして、最終的に、「場合によっては、私的自治に対する一般的制限規定である民法１条、90条や不法行為に関する諸規定等を適切な運用によって、一面で私的自治の原則を尊重しながら、他面で社会的許容性の限度を超える侵害に対し基本的な自由や平等の利益を保護し、その間の適切な調整を図る」とした。

つまり、民法１条や90条といった一般的制限規定の中で、憲法上の権利としての利益を考慮し、紛争を解決するという方法を採ると判断した。これが、いわゆる間接適用説である。

もっとも、私人間のすべての場面において、間接適用説の論証が採られているわけではない。間接適用説は、「原則として私的自治に委ねられ、ただ、一方の他方に対する侵害の態様、程度が社会的に許容しうる一定の限界を超える場合にのみ、法がこれに介入しその間の調整を図る」という前提がある。つまり、私的自治の範囲内（目的の範囲内）に明らかに入っている場面において、修正が必要な場合に論証をすべきである。

そのため、論証としては、私的自治が適用される根拠を示す必要がある（三菱樹脂事件であれば、憲法22条、29条が指摘されている。）。その上で、「社会的に許容しうる一定の限界を超える」か否かは、相手方の利益や団体の性質、立法措置の状況などを考慮し、比較考量をすることになる。

▼論証例：間接適用説の論証

> 本件は私人と私人間の争いである。憲法はもっぱら国または公共団体と個人との関係を規律するものであり、私人相互の関係を直接規律するものではない。そこで、原則として私的自治に委ねられ、ただ、一方の他方に対する侵害の態様、程度が社会的に許容しうる一定の限界を超える場合にのみ、民法１条や90条などに反するとして、違法と考えるべきである。

イ　間接適用説の論証を行わない場面―団体と構成員

間接適用説の論証が行われない場面として、名誉毀損等の不法行為法と団体と構成員の間に生じた紛争がある。ここでは、後者について説明する。

団体と構成員の場面に関する判例を俯瞰すると、**①目的の範囲内であるか、②協力義務の範囲内であるか（公序良俗に反しないか）**の２段階で審査している。

民法34条で「法人は、……目的の範囲内において、権利を有し、義務を負う」とされていることから、①目的の範囲内でなければ、構成員を統制することはできない。また、仮に、目的の範囲内であったとしても、著しい権利制限を伴うものは強制されるべきではない。このように、②団体の協力義務（統制できる範囲）が否定される特段の事情がある場合は、公序良俗に反し、無効・違法となる。

①②の検討を厳格化するか否かが、判断枠組みとして検討すべきことである。

●南九州税理士会事件（最判平8・3・19〔Ⅰ－36〕）

「税理士会が……強制加入の団体であり、その会員である税理士に実質的には脱退の自由が保障されていないことからすると、その目的の範囲を判断するに当たっては、会員の思想・信条の自由との関係で、次のような考慮が必要である。

税理士会は、法人として、法及び会則所定の方式による多数決原理により決定された団体の意思に基づいて活動し、その構成員である会員は、これに従い協力する義務を負い、その一つとして会則に従って税理士会の経済的基礎を成す会費を納入する義務を負う。しかし、法が税理士会を強制加入の法人としている以上、その構成員である会員には、様々の思想・信条及び主義・主張を有する者が存在することが当然に予定されている。したがって、税理士会が右の方式により決定した意思に基づいてする活動にも、そのために会員に要請される協力義務にも、おのずから限界がある。

特に、政党など規正法上の政治団体に対して金員の寄付をするかどうかは、選挙における投票の自由と表裏を成すものとして、会員各人が市民としての個人的な政治的思想、見解、判断等に基づいて自主的に決定すべき事柄であるというべきである。なぜなら、政党など規正法上の政治団体は、政治上の主義若しくは施策の推進、特定の公職の候補者の推薦等のため、金員の寄付を含む広範囲な政治活動をすることが当然に予定された政治団体であり（規正法３条等）、これらの団体に金員の寄付をすることは、選挙においてどの政党又はどの候補者を支持するかに密接につながる問題だからである。……そうすると、前記のような公的な性格を有する税理士会が、このような事柄を多数決原理によって団体の意思として決定し、構成員にその協力を義務付けることはできないというべきであり（最高裁昭和48年（オ）第499号同50年11月28日第三小法廷判決・民集29巻10号1698頁参照）、税理士会がそのような活動をすることは、法の全く予定していないところである。税理士会が政党など規正法上の政治団体に対して金員の寄付をすることは、たとい税理士に係る法令の制定改廃に関する要求を実現するためであっても、法49条２項所定の税理士会の目的の範囲外の行為といわざるを得ない。」

●群馬司法書士会事件（最判平 14・4・25）

「本件拠出金は、被災した兵庫県司法書士会及び同会所属の司法書士の個人的ないし物理的被害に対する直接的な金銭補てん又は見舞金という趣旨のものではなく、被災者の相談活動等を行う同司法書士会ないしこれに従事する司法書士への経済的支援を通じて司法書士の業務の円滑な遂行による公的機能の回復に資することを目的とする趣旨のものであったというのである。

司法書士会は、司法書士の品位を保持し、その業務の改善進歩を図るため、会員の指導及び連絡に関する事務を行うことを目的とするものであるが（司法書士法 14 条2項）、その目的を遂行する上で直接又は間接に必要な範囲で、他の司法書士会との間で業務その他について提携、協力、援助等をすることもその活動範囲に含まれるというべきである。そして、3000 万円という本件拠出金の額については、それがやや多額にすぎるのではないかという見方があり得るとしても、阪神・淡路大震災が甚大な被害を生じさせた大災害であり、早急な支援を行う必要があったことなどの事情を考慮すると、その金額の大きさをもって直ちに本件拠出金の寄付が被上告人の目的の範囲を逸脱するものとまでいうことはできない。したがって、兵庫県司法書士会に本件拠出金を寄付することは、被上告人の権利能力の範囲内にあるというべきである。

そうすると、被上告人は、本件拠出金の調達方法についても、それが公序良俗に反するなど会員の協力義務を否定すべき特段の事情がある場合を除き、多数決原理に基づき自ら決定することができるものというべきである。これを本件についてみると、被上告人がいわゆる強制加入団体であること（同法 19 条）を考慮しても、本件負担金の徴収は、会員の政治的又は宗教的立場や思想信条の自由を害するものではなく、また、本件負担金の額も、登記申請事件１件につき、その平均報酬約2万 1000 円の 0.2%強に当たる 50 円であり、これを３年間の範囲で徴収するというものであって、会員に社会通念上過大な負担を課するものではないのであるから、本件負担金の徴収について、公序良俗に反するなど会員の協力義務を否定すべき特段の事情があるとは認められない。したがって、本件決議の効力は被上告人の会員である上告人らに対して及ぶものというべきである。」

南九州税理士会事件では、**団体の性格（強制加入団体＝脱退の自由なし）**を考慮し、目的の範囲を限定的に考えた。八幡製鉄政治献金事件（最大判昭45・6・24〔Ｉ－8〕）は**経済的目的の会社**であったことから、目的を広く認めている（間接的なものも含めた）が、南九州税理士会事件では団体が**公的団体**であったことから、目的を拡大的に考えていない。また、国労広島地本事件（最判昭50・11・28〔Ⅱ－145〕）では、**労働組合**ゆえに目的を拡大的に考えている。

群馬司法書士会事件では、目的の範囲内にあることを認めたうえで、協力義務に反するか否かを検討した。この段階で、**思想良心の自由への制約の有無**を検討し、不利益性が低く（自発的行為に関する活動ではない）、公益性が高いことから、協力義務に反しないと判断した。

このように、①目的の範囲内か否かの段階では、**団体の性格（公的 or 私的、脱退の自由の有無）**を考慮し、目的の範囲を限定するか否かを考える。②協力義務については、**個人の基本的権利への制約（不利益性）**を伴う活動かどうかを考えることになる。これに加えて、②の段階では、**目的が周辺的なものかどうか**を考える（目的の核心から離れるほど、協力する必要はない。）。**一般会費か特別会費か**も考慮し得る（一般会費であれば通常業務の一環にすぎないともいえる。）。

▼論証例：団体と構成員の論証の流れ

団体は、その目的の範囲内でなければ、権利能力がない（民法34条）。そこで、目的の範囲内でない場合は、当該活動は無効である。また、仮に目的の範囲内だとしても、それが公序良俗に反するなど構成員の協力義務を否定すべき特段の事情がある場合は、当該活動の決定は無効となる（民法90条）。

【原告の主張】

本件団体は、会社のような私的な団体ではなく、公的団体である。また、強制加入団体であり、不利益を被る可能性がある。これより、目的の範囲は厳格に考えるべきである。また、仮に目的の範囲内だとしても、本件活動は個人の自発的な活動となるべき性質を有するものであるため、かかる活動が強制されることは思想良心の自由を制約することから、公益性よりも不利益が大きい。ゆえに、当該活動の決定は公序良俗に反し違法である。

【被告の主張】

本件団体は公的団体ではあるが、法令上強制加入団体ではない。このことから、当初の目的だけでなく、それに付随する目的をも含むと考える。また、本件活動は目的の核心的な活動であり、かつ、権利を制約するような性質を有するものではないため、公益性が上回り、公序良俗に反しない。

★思想良心の自由の問題の検討のポイント★

思想良心の自由の侵害は、内心の侵害の問題であるから、その侵害内容は本来目に見えないものです。それを、個人に対する行為の強制や、行為の禁止という外形的行為を捉えて可視化するのですから、なぜ当該国家行為が個人の内心を侵害するものといえるのか、上記に挙げた制約類型ごとに丁寧に論じる必要があります。また、特に君が代に関する事件は議論が多いところであり、上記に挙げた判例の一部の抜粋だけでなく、紙幅の関係で取り上げなかった参考になる複数の補足意見や反対意見があり、それを読むだけでも非常に勉強になるため、是非参照して勉強してください。

4　憲法20条　信教の自由

(1)　総論

条文：憲法20条1項「信教の自由は、何人に対してもこれを保障する。」
　　　憲法20条2項「何人も、宗教上の行為、祝典、儀式又は行事に参加することを強制されない。」
定義：信教は、宗教と同義であり、伝統的宗教あるいは特定の教義・体系を有する宗教に限定されず、「『超自然的、超人間的本質の存在を確信し、畏敬・崇拝する心情と行為』をいい、個人的宗教たると、集団的宗教たると、はたまた発生的に自然的宗教たると問わず、すべてこれを包含するもの」（名古屋高判昭46・5・14）
保障根拠：内心の自由の中でも、宗教に関する内心の精神活動は歴史的に侵害されてきていたことから、特に保障する必要性がある点
保護範囲：①信仰の自由、②宗教的行為の自由、③宗教的結社の自由
客観法原則：政教分離（国家の宗教的中立性）

(2) 憲法上の権利の制約

ア　保障範囲

信教の自由には、①信仰の自由、②宗教的行為の自由、③宗教的結社の自由がある。

①信仰の自由
定義：宗教を信仰し、または信仰しないこと、信仰する宗教を選択し、または変更することについて、個人が任意に決定する自由
保障根拠：内心の精神活動の自由そのものであり、それは人間の人格形成のために必要不可欠なものである点
②宗教的行為の自由
定義：信仰に関して、個人が単独で、または他の者と共同して、祭壇を設け礼拝や祈祷を行うなど、宗教上の祝典、儀式、行事その他布教等を任意に行う自由
保障根拠：信仰の自由の内容である特定宗教の信仰・不信仰あるいは無信仰の強制の禁止を外形的側面から保護しようとした点
③宗教的結社の自由
定義：宗教団体の結成・不結成・解散の自由、宗教団体への加入・不加入・脱退の自由を保障するとともに（平等原則たる 14 条 1 項によって、宗教団体加入を理由とする不利益処遇を禁止し）、さらに宗教団体の内部的意思決定及びこれに基づく活動につき原則として政府の介入を受けない自由
保障根拠：団体内部における宗教活動を保障し、もって信仰の自由及び宗教的行為の自由を保障しようとする点

イ　制約

信教の自由における制約の類型には、直接的制約（**宗教一般ないし特定の宗教を理由に不利益処分を課すもの**）と間接的制約（宗教一般ないし特定の宗教を規制することを目的とはしないが、**結果的に特定の宗教を信仰する者に対して負担を課すもの**）がある。なお、直接的制約の場合は、判例上は即違憲となるか不明であるが、厳格に審査することになろう（そもそも、狙い撃ちになるような規制を作るはずがない。）。問題となった事案が直接的制約か間接的制約かを分析する。

●宗教法人オウム真理教解散命令事件（最決平8・1・30〔Ⅰ－39〕）

「法は、宗教団体が礼拝の施設その他の財産を所有してこれを維持運用するなどのために、宗教団体に法律上の能力を与えることを目的とし（法1条1項）、宗教団体に法人格を付与し得ることとしている（法4条）。すなわち、法による宗教団体の規制は、専ら宗教団体の世俗的側面だけを対象とし、その精神的・宗教的側面を対象外としているのであって、信者が宗教上の行為を行うことなどの信教の自由に介入しようとするものではない（法1条2項参照）。法81条に規定する宗教法人の解散命令の制度も、法令に違反して著しく公共の福祉を害すると明らかに認められる行為（同条1項1号）や宗教団体の目的を著しく逸脱した行為（同項2号前段）があった場合、あるいは、宗教法人ないし宗教団体としての実体を欠くに至ったような場合（同項2号後段、3号から5号まで）には、宗教団体に法律上の能力を与えたままにしておくことが不適切あるいは不必要となるところから、司法手続によって宗教法人を強制的に解散し、その法人格を失わしめることが可能となるようにしたものであり、会社の解散命令（商法58条（現会社法824条））と同趣旨のものであると解される。」

「解散命令によって宗教法人が解散しても、信者は、法人格を有しない宗教団体を存続させ、あるいは、これを新たに結成することが妨げられるわけではなく、また、宗教上の行為を行い、その用に供する施設や物品を新たに調えることが妨げられるわけでもない。すなわち、解散命令は、信者の宗教上の行為を禁止したり制限したりする法的効果を一切伴わないのである。もっとも、宗教法人の解散命令が確定したときはその清算手続が行われ（法49条2項、51条）、その結果、宗教法人に帰属する財産で礼拝施設その他の宗教上の行為の用に供していたものも処分されることになるから（法50条参照）、これらの財産を用いて信者らが行っていた宗教上の行為を継続するのに何らかの支障を生ずることがあり得る。このように、宗教法人に関する法的規制が、信者の宗教上の行為を法的に制約する効果を伴わないとしても、これに何らかの支障を生じさせることがあるとするならば、憲法の保障する精神的自由の一つとしての信教の自由の重要性に思いを致し、憲法がそのような規制を許容するものであるかどうかを慎重に吟味しなければならない。」

▼論証例：直接的制約 or 間接的制約

【原告側の主張】
宗教法人の解散命令は、当該宗教の信者が宗教法人を介して宗教的行為を行うことを否定することにつながるため、宗教的行為の自由を制約している。そして、解散命令の理由からすれば、特定の宗教であることを理由として宗教的行為の自由を制約するものであるから信仰の自由を直接的に制約しているといえ、違憲である。

【被告側の反論】
宗教法人の解散命令は単に、宗教法人の法人格を失わせるものにすぎず、信者の宗教的行為を行わせしめないものではないのであるから、信者の宗教的行為の自由は制約されない。また、解散命令はもっぱら世俗的になされるのであるから、信仰の自由を直接制約するものではない。

【私見】
法による宗教団体の規制は、専ら宗教団体の世俗的側面だけを対象とし、その精神的・宗教的側面を対象外としているのであって、信者が宗教上の行為を行うことなどの信教の自由に介入しようとするものではないため、信仰の自由に対する直接的制約は認められない。

次に、宗教法人の解散命令によって宗教法人が解散しても、信者は、法人格を有しない宗教団体を存続させ、あるいは、これを新たに結成することが妨げられるわけではなく、また、宗教上の行為を行い、その用に供する施設や物品を新たに調えることが妨げられるわけでもないのであるから、解散命令は、信者の宗教上の行為を禁止したり制限したりする法的効果を一切伴わないといえる。

もっとも、宗教法人の解散命令が確定したときはその清算手続が行われ（法49条2項、51条）、その結果、宗教法人に帰属する財産で礼拝施設その他の宗教上の行為の用に供していたものも処分されることになるから（法50条参照）、これらの財産を用いて信者らが行っていた宗教上の行為を継続するのに何らかの支障を生ずることがあり得るため、信者の宗教的行為の自由に対する事実上の制約が認められる。

宗教上の行為に対する制約が法的な制約か事実上の制約かという法的効力の問題と信仰の自由に対する制約が直接的な制約か間接的な制約かという目的・態様の問題は異なる次元にあるため注意が必要である。

牧会活動事件は、正当行為の解釈として判断枠組みを定立した事案であるが、保障論証と制約論証を丁寧に行っている判例である。

●牧会活動事件（神戸簡判昭 50・2・20〔Ⅰ－40〕）

「正当な業務行為として違法性を阻却するためには、業務そのものが正当であるとともに、行為そのものが正当な範囲に属することを要するところ、牧会活動は、もともとあまねくキリスト教教師（牧師）の職として公認されているところであり、かつその目的は個人の魂への配慮を通じて社会へ奉仕することにあるのであるから、それ自体は公共の福祉に沿うもので、業務そのものの正当性に疑を差しはさむ余地はない。一方、その行為が正当な牧会活動の範囲に属したかどうかは、社会共同生活の秩序と社会正義の理念に照らし、具体的実質的に評価決定すべきものであって、それが具体的諸事情に照らし、目的において相当な範囲にとどまり、手段方法において相当であるかぎり、正当な業務行為として違法性を阻却すると解すべきものである。【大きな判断枠組み】

而して、牧会活動は、形式的には宗教の職にある牧師の職の内容をなすものであり、実質的には日本国憲法 20 条の信教の自由のうち礼拝の自由にいう礼拝の一内容（即ちキリスト教における福音的信仰の一部）をなすものであるから、それは宗教行為としてその自由は日本国憲法の右条項によって保障され、すべての国政において最大に尊重されなければならないものである。【保障論証】

尤も、内面的な信仰と異なり、外面的行為である牧会活動が、その違いの故に公共の福祉による制約を受ける場合のあることはいうまでもないが、その制約が、結果的に行為の実体である内面的信仰の自由を事実上侵すおそれが多分にあるので、その制約をする場合は最大限に慎重な配慮を必要とする。」【制約論証：事実上の制約】

(3)　判断枠組み

間接的規制に当たった場合、信仰の否定から生じる個人の人格の毀損の程度を勘案し、厳格な合理性又は合理性の基準を定立する。ここでは、剣道受講拒否事件（裁量権の逸脱・濫用の事案）をベースとした判断枠組みの定立の仕方を見ていく。

●剣道受講拒否事件（最判平８・３・８〔Ⅰ－41〕）

「退学処分は学生の身分をはく奪する重大な措置であり、学校教育法施行規則13条３項も４個の退学事由を限定的に定めていることからすると、当該学生を学外に排除することが教育上やむを得ないと認められる場合に限って退学処分を選択すべきであり、その要件の認定につき他の処分の選択に比較して特に慎重な配慮を要するものである（注・昭和女子大事件参照）。また、原級留置処分も、学生にその意に反して１年間にわたり既に履修した科目、種目を再履修することを余儀なくさせ、上級学年における授業を受ける時期を延期させ、卒業を遅らせる上、神戸高専においては、原級留置処分が２回連続してされることにより退学処分にもつながるものであるから、その学生に与える不利益の大きさに照らして、原級留置処分の決定に当たっても、同様に慎重な配慮が要求されるものというべきである。」

剣道受講拒否事件は、まず、**処分の性質**に着目し、「慎重な配慮」を要求した（裁量の幅が狭まったというイメージ）。続けて、具体的事案に迫り、信教の自由への制約を認定し、「相応の配慮」を要求している。

●剣道受講拒否事件（最判平８・３・８〔Ⅰ－41〕）

「被上告人が剣道実技への参加を拒否する理由は、被上告人の信仰の核心部分と密接に関連する真しなものであった。被上告人は、他の体育種目の履修は拒否しておらず、特に不熱心でもなかったが、剣道種目の点数として35点中のわずか2.5点しか与えられなかったため、他の種目の履修のみで体育科目の合格点を取ることは著しく困難であったと認められる。したがって、被上告人は、信仰上の理由による剣道実技の履修拒否の結果として、他の科目では成績優秀であったにもかかわらず、原級留置、退学という事態に追い込まれたものというべきであり、その不利益が極めて大きいことも明らかである。また、本件各処分は、その内容それ自体において被上告人に信仰上の教義に反する行動を命じたものではなく、その意味では、被上告人の信教の自由を直接的に制約するものとはいえないが、しかし、被上告人がそれらによる重大な不利益を避けるためには剣道実技の履修という自己の信仰上の教義に反する行動を採ることを余儀なくさせられるという性質を有するものであったことは明白である。

上告人の採った措置が、信仰の自由や宗教的行為に対する制約を特に目的とするものではなく、教育内容の設定及びその履修に関する評価方法についての一般的な定めに従ったものであるとしても、本件各処分が右のとおりの性質を有するものであった以上、上告人は、前記裁量権の行使に当たり、当然そのことに相応の考慮を払う必要があったというべきである。また、被上告人が、自らの自由意思により、必修である体育科目の種目として剣道の授業を採用している学校を選択したことを理由に、先にみたような著しい不利益を被上告人に与えることが当然に許容されることになるものでもない。」

信教の自由への制約という不利益については、**①信仰の核心部分と密接に関連する真しなもの（信仰との距離）**と**②信仰上の教義に反する行動をとることを余儀なくさせられる（非両立性）**の２点を見ている。

他方、日曜参観事件（東京地判昭 61・３・20〔Ⅰ－Ａ６〕）では、処分の性質が身分を剥奪するようなものではない事案であった。信教の自由への制約という観点から見ると、確かに時間的な非両立はあるものの、信仰上の非両立性がないことから、剣道受講拒否事件よりも広い裁量を認めている。

(4)　個別的具体的検討

●宗教法人オウム真理教解散命令事件（最決平８・１・30〔Ⅰ－39〕）

目的審査

このような観点から本件解散命令について見ると、法 81 条に規定する宗教法人の解散命令の制度は、前記のように、専ら宗教法人の世俗的側面を対象とし、かつ、専ら世俗的目的によるものであって、宗教団体や信者の精神的・宗教的側面に容かいする意図によるものではなく、その制度の目的も合理的であるということができる。

手段適合性審査

抗告人の代表役員であったＤ及びその指示を受けた抗告人の多数の幹部は、大量殺人を目的として毒ガスであるサリンを大量に生成することを計画した上、多数の信者を動員し、抗告人の物的施設を利用し、抗告人の資金を投入して、計画的、組織的にサリンを生成したというのであるから、抗告人が、法令に違反して、著しく公共の福祉を害すると明らかに認められ、宗教団体の目的を著しく逸脱した行為をしたことが明らかである。抗告人の右のような行為に対処するには、抗告人を解散し、その法人格を失わせることが必要かつ適切であり、他方、

手段相当性審査

解散命令によって宗教団体であるオウム真理教やその信者らが行う宗教上の行為に何らかの支障を生ずることが避けられないとしても、その支障は、解散命令に伴う間接的で事実上のものであるにとどまる。したがって、本件解散命令は、宗教団体であるオウム真理教やその信者らの精神的・宗教的側面に及ぼす影響を考慮しても、抗告人の行為に対処するのに必要でやむを得ない法的規制であるということができる。

手続保障

また、本件解散命令は、法 81 条の規定に基づき、裁判所の司法審査によって発せられたものであるから、その手続の適正も担保されている。

宗教上の行為の自由は、もとより最大限に尊重すべきものであるが、絶対無制限のものではなく、以上の諸点にかんがみれば、本件解散命令及びこれに対する即時抗告を棄却した原決定は、憲法 20 条 1 項に違背するものではないというべきである。

★信教の自由の問題の検討のポイント★

信教の自由の内容として、いずれの自由を選択するか、定義へのあてはめという形での検討は必要となる。最も重要なのが、制約の有無・その態様である。事案に即した制約態様を選択する。剣道受講拒否事件では、裁量の幅を狭めるものとして、憲法上の主張を展開している。三段階審査ではない形での論証の仕方を令和元年予備試験などを利用して演習すべきである。

5　憲法 20 条　政教分離

(1)　条文上の問題

ア　平成 24 年司法試験憲法出題趣旨の分析

政教分離の問題を取り組むにあたり、平成 24 年司法試験の出題趣旨が極めて参考になる。

「本問では、特に、憲法第 89 条前段の『宗教上の組織若しくは団体』への公金支出の禁止が問題となる。問題文では、C宗及びA寺が宗教法人法上の宗教法人であるか否かについて、あえて記述していない。この点については、『宗教上の組織若しくは団体』の定義を述べつつ、遺族会はこれに該当しないとした箕面忠魂碑・慰霊祭訴訟判決（最判平5・2・16〔Ⅰ－46〕）や、氏子集団がこれに該当するとした空知太神社訴訟判決（最大判平 22・1・20〔Ⅰ－47〕）を参考にしながら検討すると、C宗及びA寺が『宗教上の組織若しくは団体』に該当することが肯定されることになる。憲法第 89 条前段の問題であるとすると、『宗教上の組織若しくは団体』への公金支出は、憲法第 20 条第1項後段の特権付与の禁止に抵触することにもなり得る。愛媛玉串料訴訟判決（最大判平9・4・2〔Ⅰ－44〕）は、『宗教上の組織若しくは団体』への玉串料の奉納を憲法第 20 条第3項の『宗教的活動』の禁止の問題を中心として判断した。神社の例大祭等での玉串料の奉納ではなく、火災で延焼した神社再建への公金支出の問題である本問の場合には、B村の『宗教的活動』と捉えるのか、それともB村によるA寺への『特権付与』の問題と捉えるのか、検討することが求められる。そして、憲法第 89 条前段の下で、公金支出の禁止は絶対的禁止なのか、それともその禁止は相対化されるのかが、問題となる。ここでは、憲法第 20 条第3項における『宗教的活動』の禁止の相対化論とも関係して、どのような判断枠組みを構築するのかが問われる。その際、宗教と関わり合いを持つ国家行為の目的が宗教的意義を有するか否か、その効果が宗教を援助、助長等するか否かを諸般の事情を総合考慮して判断し、国家と宗教との関わり合いが相当限度を超えているとして、問題となった公金支出を合憲とした津地鎮祭訴訟判決（最大判昭 52・7・13〔Ⅰ－42〕）、問題となった公金支出を違憲とした愛媛玉串料訴訟判決、そして総合考慮によって私有地の無償貸与を違憲とした空知太神社訴訟判決等、判例動向を踏まえつつ、原告の主張、被告の反論、そして『あなた自身の見解』における判断枠組みを構築し、一定の筋の通った理由を付して結論を導き出すことが求められている。」

以上の出題趣旨から、政教分離の問題を検討するにあたって、以下のルールが導かれる。

> 政教分離を検討するにあたってのルール
> ルール１：20条１項後段、89条前段、20条３項、どの条文が問題となるか指摘
> ルール２：20条１項後段「宗教団体」、89条前段「宗教上の組織若しくは団体」該当性の検討
> ルール３：判例法理を踏まえた判断枠組みの定立

イ　ルール１（条文の使い分け）

> 20条１項後段「いかなる宗教団体も、国から特権を受け、又は政治上の権力を行使してはならない。」
> 20条３項「国及びその機関は、宗教教育その他いかなる宗教的活動もしてはならない。」
> 89条前段「公金その他の公の財産は、宗教上の組織若しくは団体の使用、便益若しくは維持のため、又は公の支配に属しない慈善、教育若しくは博愛の事業に対し、これを支出し、又はその利用に供してはならない。」

この３つの条文が挙げられるが、これをどのように使い分けていくのか、詳説する。まず、20条１項後段はさしあたり公権力が宗教団体に特権を付与することを禁止していて、そこでいう「特権」の最たるものは、他の個人や団体が持たないような権限をいう。89条は宗教団体の宗教の用に供するような公金の支出・提供の場合である。残る20条３項の「宗教的行為」とは、国が自ら宗教的な儀式を行う他、宗教団体の宗教的活動に非財政的援助を行う、宗教団体の非宗教的な活動に財政その他の援助を行う、それから宗教団体以外の者が宗教的な活動を行う場合に国が援助を行うことを広く包含する規定と解釈することができる。これを前提に判例を概観すると以下のような条文の使い分けが見えてくる。

・単なる財産給付の場面においては、20 条1項後段、89 条前段が用いられる（空知太神社事件）。
・祝辞を述べる場面においては 20 条3項が用いられる（白山比咩神社事件）。
・施設利用料の免除処分においては 20 条3項が用いられるが、憲法 20 条1項後段、89 条に違反するか否かについて判断するまでもなく、とされており、適用関係は明らかでない（孔子廟事件）。
・金銭給付に宗教的意味合いを持たせる場面においては 20 条1項後段、20 条3項、 89 条前段が用いられる（津地鎮祭事件、愛媛玉串料奉納事件）。

政教分離の事案を分析する際には、まずは上記のどの場面が問題となっているのかを確定する必要があるだろう。その際には、ルール２の適用ができるかどうか（「宗教団体」にあたるかどうか）も踏まえて検討するとよい。

例えば、旧司平成４年度第１問の、市が工事費用 100 万円を地元住民多数が氏子となっている神社（宗教法人）境内の社殿に通じる未舗装の参道の舗装のために支出した行為については、これは単なる財産給付の場面にすぎないと評価できるので、20 条１項後段、89 条前段が用いられる場面であることがわかる。

ウ　ルール２（「宗教団体」、「宗教上の組織若しくは団体」の定義）

20 条１項後段、89 条前段の問題になることが明らかになったことから、今度は、「宗教団体」（20 条１項後段）、「宗教上の組織若しくは団体」（89 条前段）に当たるかどうかを検証する必要がある。

その際、「宗教団体」、「宗教上の組織若しくは団体」とはどのような団体を意味するのかというと、箕面忠魂碑・慰霊祭訴訟（最判平５・２・16〔Ⅰ－46〕）は「**特定の宗教の信仰、礼拝又は普及等の宗教的活動を行うことを本来の目的とする組織ないし団体を指す**」と定義を明らかにしている。

例えば、地元住民多数が氏子となっている神社（宗教法人）境内の社殿に通じる未舗装の参道につき工事費用 100 万円が支出されている場合、参道は地元住民多数が氏子となっている神社が所有するものであるから、本件神社に対して支出がなされているといえる。

神社は神道という宗教の信仰、礼拝又は普及等の宗教的活動を行うことを本来の目的とする団体といえ、「宗教団体」、「宗教上の組織若しくは団体」にあたるといえよう。

また、孔子廟事件（最大判令3・2・24）では、これまで判例で問題となってきた神社とは異なる施設の宗教性が問題とされたが、「その外観等に照らして、神体又は本尊に対する参拝を受け入れる社寺との類似性がある」ことや「本件施設で行われる釋奠祭禮は、その内容が供物を並べて孔子の霊を迎え、上香、祝文奉読等をした後にこれを送り返すというものであることに鑑みると、思想家である孔子を歴史上の偉大な人物として顕彰するにとどまらず、その霊の存在を前提として、これを崇め奉るという宗教的意義を有する儀式というほかない」などと具体的に施設の外観や施設で行われる行事の性格を検討し、宗教性の有無について論じられており、宗教性の評価について参考にしてほしい。

なお、ルール1とルール2の先後関係について検討すると、本来であれば「宗教団体」「宗教上の組織若しくは団体」該当性を検討してから、「特権を受け」、「公金……支出」の検討に入る方が論理的である。

しかし、思考の流れとしてはどの条文を問題とするかという点が先行するため、まずはルール1の判断をし、その後ルール2、ルール3の文言に対する当てはめという流れになる。

(2)　判断枠組み（ルール3）

では、20条1項後段の「特権」の付与、89条前段の「公金の支出」、20条3項の「宗教的活動」にあたるかはどのように判断すべきであろうか。あくまでも、**文言の解釈**としての判断枠組みである。

文言からすると、宗教団体に対して金銭を交付する行為は直ちに「特権」の付与、「公金の支出」にあたるとも思えるが、判例はそのような判断をしていない。

愛媛玉串料訴訟（最大判平9・4・2〔Ⅰ－44〕）によれば、「憲法89条が禁止している公金その他の公の財産を宗教上の組織又は団体の使用、便益又は維持のために支出すること又はその利用に供することというのも、前記の政教分離原則の意義に照らして、公金支出行為等における国家と宗教とのかかわりあいが前記の相当とされる限度を超えるものをいうと解すべきであり、これに該当するかどうかを検討するに当たっては、前記と同様の基準によって判断しなければならない。」とし、金銭的給付を行っただけで、直ちに公金支出にあたると判断しているわけではなく、政教分離原則を定めた条文に共通する規範に照らして判断すると考えている。

そこで、政教分離原則を定めた条文に共通する規範とはどのようなものかを明らかにしなければならない。

ア　政教分離規範総説

一般に政教分離は、多数派宗教が政治権力を掌握し、少数派宗教の信者に対し間接的圧力を掛けるようなことのないよう企図するもの、いわば信教の自由にとっての間接的保障と把握される。それ以外にも、政教分離の意味合いとしては、①政教の融合によって政治の領域に宗教教義が持ち込まれれば、政治が宗教教義によって分断され政治が成り立ち難くなるのでそれを回避するという政治分断防止論、②政府が多数派宗教を擁護する立場をとれば、少数派宗教の信者には、政治社会において望ましくないメンバーであるとのメッセージが送られ、彼らの排除につながるため、それを回避するという宗教的マイノリティの地位保護論などが挙げられる。このように政教分離は、複合的な根拠に由来するものであることに留意する必要がある[1]。

政教分離が実現されているか否かを判断するための指標は結局どういったものになるのか検討する。上記政教分離の原則からすれば完全分離が望ましいが、今日の宗教的儀礼が世俗化した中で、完全分離を徹底することは困難であるといえる。津地鎮祭事件（最大判昭52・7・13〔Ｉ－42〕）では、「憲法は、政教分離規定を設けるにあたり、国家と宗教との完全な分離を理想とし、国家の非宗教性ないし宗教的中立性を確保しようとしたもの、と解すべき」とし、「わが憲法の前記政教分離規定の基礎となり、その解釈の指導原理となる政教分離原則は、国家が

---

1 政教分離は制度的保障であるする考え方が従来の通説であったが、「オリジナルの『制度保障』の力点が宗教団体などの公法上の制度体を保障することにあったことを明らかにした石川教授によって、従来の制度的保障説は論理的には息の根を止められた感があり」（宍戸常寿『憲法　解釈論の応用と展開　第2版』121頁以下、石川健治『自由と特権の距離〔増補版〕』参照）、かつ空知太神社事件においても制度的保障論についての言及がなく、制度的保障と考える必要はなくなっている。そうすると、政教分離の法的性質はどうなるのか、と疑問を持つだろうが、この点に関して有力学説によれば、端的に客観法規範といえば足りると考えている。

宗教的に中立であることを要求するものではあるが、国家が宗教とのかかわり合いをもつことを全く許さないとするものではなく、宗教とのかかわり合いをもたらす行為の目的及び効果にかんがみ、そのかかわり合いが右の諸条件に照らし相当とされる限度を超えるものと認められる場合にこれを許さないとするものである。」と、"完全分離の徹底は困難である→相当とされる限度を超えたらアウト"というような思考様式を採用している。

これは、次に述べる目的効果基準、空知太総合考慮型の前提となる第1次規範である。続いて、相当とされる限度を超えるかどうかをどのように判断するのかを検討することとなる。

イ　目的効果基準

津地鎮祭判決は、「宗教的活動とは……およそ国及びその機関の活動で宗教とのかかわり合いをもつすべての行為を指すものではなく、そのかかわり合いが右にいう相当とされる限度を超えるものに限られるというべきであって、当該行為の目的が宗教的意義をもち、その効果が宗教に対する援助、助長、促進又は圧迫、干渉等になるような行為をいうものと解すべきである。」という、相当とされる限度を超えるかどうかを判断するための下位規範を打ち出した。これが目的効果基準と呼ばれるものである。

続いて、「ある行為が右にいう宗教的活動に該当するかどうかを検討するにあたっては、当該行為の主宰者が宗教家であるかどうか、その順序作法（式次第）が宗教の定める方式に則ったものであるかどうかなど、当該行為の外形的側面のみにとらわれることなく、当該行為の行われる場所、当該行為に対する一般人の宗教的評価、当該行為者が当該行為を行うについての意図、目的及び宗教的意識の有無、程度、当該行為の一般人に与える効果、影響等、諸般の事情を考慮し、社会通念に従って、客観的に判断しなければならない」と、さらなる下位の考慮要素を挙げている。

これをまとめると、判例は下位の考慮要素として行為の（a）外形的側面に加え、（b）行為の行われる場所、（c）一般人の宗教的評価、（d）行為者の意図や宗教的意識、（e）行為の一般人に与える効果等を挙げ、「社会通念に従って」判断するとしている。

▼論証例：目的効果基準

憲法20条1項後段、3項、89条において、いわゆる政教分離の原則に基づく諸規定を設けているところ、一般に、政教分離原則とは、国家の非宗教性ないし宗教的中立性を意味するものとされ、また、政教分離原則は、当該諸規定を通じて個人の信教の自由を保障しようとしている。もっとも、国家と宗教との関わり合いには種々の形態があり、およそ国家が宗教との一切の関係を持つことが許されないというものではなく、政教分離規定は、その関わり合いが我が国の社会的、文化的諸条件に照らし、信教の自由の保障の確保という制度の根本目的との関係で相当とされる限度を超えるものと認められる場合に、これを許さないとするものである。そして、宗教とのかかわり合いをもたらす行為の目的及び効果にかんがみ、そのかかわり合いが相当とされる限度を超えるものと認められる場合には、政教分離原則に違反する。

そのかかわり合いが相当とされる限度を超えるかは、当該行為の目的が宗教的意義をもち、その効果が宗教に対する援助、助長、促進又は圧迫、干渉等になるような行為と評価されるか否かにより判断される。

具体的には、行為の外形的側面のみに限らず、行為の行われる場所、行為に対する一般人の宗教的評価、行為者の意図、目的及び宗教的意識の有無、程度、行為の一般人に与える効果、影響等を考慮し、社会通念に従って、客観的に判断する。

ウ　空知太基準

●空知太判決（最大判平22・1・20〔Ⅰ－47〕）

「国家と宗教とのかかわり合いには種々の形態があり、およそ国又は地方公共団体が宗教との一切の関係を持つことが許されないというものではなく、憲法89条も、公の財産の利用提供等における宗教とのかかわり合いが、我が国の社会的、文化的諸条件に照らし、信教の自由の保障の確保という制度の根本目的との関係で相当とされる限度を超えるものと認められる場合に、これを許さないとするものと解される。」

そのうえで、国有地が無償で宗教的施設の敷地としての用に供されている状態が、信教の自由の保障の確保という制度の根本目的との関係で相当とされる限度を超えて憲法89条に違反するか否かを判断するに当たっては、「①当該宗教的施設の性格、②当該土地が無償で当該施設の敷地としての用に供されるに至った経緯、③当該無償提供の態様、④これらに対する一般人の評価等、諸般の事情を考慮し、社会通念に照らして総合的に判断すべきものと解するのが相当である」。

このように多数意見は、国家と宗教とのかかわり合いには種々の形態があり、およそ国又は地方公共団体が宗教との一切の関係を持つことが許されないというものではなく、憲法89条も、公の財産の利用提供等における宗教とのかかわり合いが、わが国の社会的、文化的諸条件に照らし、信教の自由の保障の確保という制度の根本目的との関係で相当とされる限度を超えるものと認められる場合に、これを許さないとするものと解されるという従来の基本的な枠組を維持しながらも目的効果基準に言及していない。

▼論証例：空知太基準（宗教性の高い団体への助成金付与）

憲法20条1項後段、3項、89条において、いわゆる政教分離の原則に基づく諸規定を設けているところ、一般に、政教分離原則とは、国家の非宗教性ないし宗教的中立性を意味するものとされている。そして、政教分離原則は、当該諸規定を通じて個人の信教の自由を保障しようとしている。もっとも、国家と宗教との関わり合いには種々の形態があり、およそ国家が宗教との一切の関係を持つことが許されないというものではなく、政教分離規定は、その関わり合いが我が国の社会的、文化的諸条件に照らし、信教の自由の保障の確保という制度の根本目的との関係で相当とされる限度を超えるものと認められる場合に、これを許さないとするものである。

そして、明確に宗教性のみを持った行為が問題となっており、宗教性と世俗性が同居する場面ではない場合は、いわゆる目的効果基準に基づき判断することは適切ではない（空知太神社違憲判決、藤田補足意見）。そこで、明確な宗教的施設に対して助成する場面においては、①宗教的施設の性格、②助成に至った経緯、③助成の態様、④助成に対する一般人の評価等の諸般の事情を考慮し、社会通念に照らして総合的に、その関わり合いが相当とされる限度を超えるものであるかどうかを判断するべきである。

エ　目的効果基準と空知太基準の使い分け

藤田判事の補足意見がなぜ目的効果基準に言及しないのかを説明している。

●空知太判決・藤田裁判官補足意見（最大判平22・1・20〔Ⅰ－47〕）

「過去の当審判例上、目的効果基準が機能せしめられてきたのは、問題となる行為等においていわば「宗教性」と「世俗性」とが同居しておりその優劣が微妙であるときに、そのどちらを重視するかの決定に際して」のことであり、「明確に宗教性のみを持った行為につき、更に、それが如何なる目的をもって行われたかが問われる場面においてではなかったということができる。（例えば、公的な立場で寺社に参拝あるいは寄進をしながら、それは、専ら国家公安・国民の安全を願う目的によるものであって、当該宗教を特に優遇しようという趣旨からではないから、憲法にいう『宗教的活動』ではない、というような弁明を行うことは、上記目的効果基準の下においても到底許されるものとはいえない）。」

「本件における神社施設は、これといった文化財や史跡等としての世俗的意義を有するものではなく、一義的に宗教施設（神道施設）であって、そこで行われる行事もまた宗教的な行事であることは明らかである。したがって、本件利用提供行為が専ら特定の純粋な宗教施設及び行事を利する結果をもたらしていること自体は、否定することができないのであった、地鎮祭における起工式……とは、状況が明らかに異なると言わなければならない（これらのケースにおいては、……純粋な宗教性を否定し、何等かの意味での世俗性を認める……）。その意味においては、本件における憲法問題は、本来、目的効果基準の適用の可否が問われる以前の問題であるというべきである。」

空知太事件の場合、目的効果基準を適用すると当然に違憲となるような事案であったということである。そこで、目的効果基準を機械的に適用することを避ける方法（例外的に合憲し得る方法）として、経緯などを総合考慮するという方法を採ったものと考えられる。

一方、調査官解説においては、空知太判決は、「……（従来のような１回限りの作為的行為ではなく、極めて長期間にわたる不作為的側面も有する継続的行為であること）にかんがみ、従来の目的及び効果という着眼点を必ずしも絶対的・硬直的な着眼点ととらえることなく、事案に即した多様な着眼点を抽出し、これらを総合的に検討して憲法適合性の判断をするという、より柔軟な、かつ事案に則した判断基準へと、従来の判断基準を深化させたところに、本判決の重要な意義がある」としている。もっとも、富平神社判決（最大判平22・1・20）は、公有地の譲与という1回限りの行為が問題になったところ、目的効果基準を採用せずに空知太判決と同様の判断枠組みで判断されており、継続的行為であるか否かが目的効果基準を採用する基準として考えられているのか、明らかではない。

国公有地上にある施設の敷地の使用料の免除をしたことが政教分離違反を問われた孔子廟事件（最大判令3・2・24）においても目的効果基準は使われず、空知太判決と同様に総合考慮に基づき政教分離に違反するか判断された。いかなる場合に目的効果基準と総合考慮型の判断枠組みを使い分けるのか、これまでの判例の蓄積から必ずしも自明ではないものの、上記の藤田補足意見や調査官解説の見解を踏まえて、自分なりに理由付けを説明した上で目的効果基準で考えるのか、総合考慮型として考えるのか論証されていれば、試験の答案を書くという観点からは十分であろう。

●孔子廟事件（最大判令3・2・24）

「当該免除が、前記諸条件に照らし、信教の自由の保障の確保という制度の根本目的との関係で相当とされる限度を超えて、政教分離規定に違反するか否かを判断するに当たっては、当該施設の性格、当該免除をすることとした経緯、当該免除に伴う当該国公有地の無償提供の態様、これらに対する一般人の評価等、諸般の事情を考慮し、社会通念に照らして総合的に判断すべきものと解するのが相当である」

(3)　個別的具体的検討

ア　目的効果基準

前述の通り、目的効果については、（a）行為の外形的側面、（b）行為の行われる場所、（c）一般人の宗教的評価、（d）行為者の意図や宗教的意識、（e）行為の一般人に与える効果等を挙げ、「社会通念に従って」判断するとしている。

したがって、問題では、上記考慮要素にあてはまる事実を探し出し、当該事実を評価していく作業を行えばよい。公権力の行為が最終的には慣習化した社会的儀礼であり世俗的なものにすぎないのか否か（一般人が外からみてどう思うか）という点が判断の分岐点となることから、これをメルクマールとして、上記考慮要素を検討していけばよいだろう。

イ　空知太基準

「①当該宗教的施設の性格、②当該土地が無償で当該施設の敷地としての用に供されるに至った経緯、③当該無償提供の態様、④これらに対する一般人の評価等、諸般の事情を考慮し、社会通念に照らして総合的に判断すべきものと解するのが相当である。」

「②本件利用提供行為は、もともとは小学校敷地の拡張に協力した用地提供者に報いるという世俗的、公共的な目的から始まったもので、本件神社を特別に保護、援助するという目的によるものではなかったことが認められるものの、①明らかな宗教的施設と言わざるをえない本件神社物件の性格、③これに対し長期間にわたり継続的に便益を提供し続けていることなどの本件利用提供行為の具体的態様等にかんがみると、本件において、②当初の動機、目的は上記評価を左右するものではない。」

★政教分離の問題の検討のポイント★

目的効果基準等「判断枠組み」を構築して、それにあてはめていくという過程も重要ではありますが、それよりもまず条文操作を間違えないようにしないと政教分離制度の理解を疑われることになるため、条文をしっかりと使い分けることを意識する必要があります。

6　憲法21条　表現の自由

⑴　表現の自由総論

条文：憲法21条1項「集会、結社及び言論、出版その他一切の表現の自由は、これを保障する。」
定義：「表現」＝内心の思想・意見の外部への表明

ア　保障根拠

① 真理への到達が「思想の自由市場」によって可能になるとするいわゆる思想の自由市場論（根拠A）
② 表現の自由が民主主義的自己統治にとって不可欠であるとするもの（根拠B）
③ 表現の自由は、個人の自律、自己実現、自己充足ないし自己決定の本質的要素であるとするもの（根拠C）
④ 言論規制の領域における政府の能力に対する不信から、表現の自由は規制されるべきではないとするもの（根拠D）

根拠Aと根拠Bが表現の自由の手段的価値を重視するのに比べて、根拠Cが表現の自由それ自体が目的であることを強調する。根拠Dは表現活動の「道具的あるいは本質的」な価値を積極的に説くというよりも、むしろ、言論規制の領域における政府の能力に対する不信といった、消極的な理由に基づく。

判例上も、「北方ジャーナル」事件（最大判昭61・6・11〔Ⅰ－68〕）では、「表現行為に対する事前抑制は、新聞、雑誌その他の出版物や放送等の表現物がその自由市場に出る前に抑止してその内容を読者ないし聴視者の側に到達させる途を閉ざし又はその到達を遅らせてその意義を失わせ、公の批判の機会を減少させるものであり、また、事前抑制たることの性質上、予測に基づくものとならざるを得ないこと等から事後制裁の場合よりも広範にわたりやすく、濫用の虞があるうえ」と、前半部分では根拠Aたる思想の自由市場論を前提とした議論を展開し、後半では根拠Dに言及していることがわかる。さらに、同判例は、「主権が国民に属する民主制国家は、その構成員である国民がおよそ一切の主義主張等を表明するとともにこれらの情報を相互に受領することができ、その中から自由な意思をもって自己が正当と信ずるものを採用することにより多数意見が形成され、かかる過程を通じて国政が決定されることを存立の基礎としているのであるから、表現の自由、とりわけ、公共的事項に関する表現の自由は、特に重要な憲法上の権利として尊重されなければならない」と根拠Bについて言及している。また、レペタ事件（最大判平元・3・8〔Ⅰ－72〕）では「各人が自由にさまざまな意見、知識、情報に接し、これを摂取する機会をもつことは、その者が個人として自己の思想及び人格を形成、発展させ、社会生活の中にこれを反映させていく上において欠くことのできないものであり、民主主義社会における思想及び情報の自由な伝達、交流の確保という基本的原理を真に実効あるものたらしめるためにも必要であ」ると根拠Cに言及している。

このように判例においても、上記4つの保障根拠が意識されていることがわかる。

イ　保障範囲

表現の自由は、情報流通の全過程を保障する自由であるといえる。その情報の内容や、情報流通のための手段は問わないことが「その他一切の表現の自由」という文言から読み取られる。そして、情報流通の全過程を保障する自由の類型として、情報の送り手側の自由として①情報提供の自由、情報の受け手側の自由として②情報受領の自由、③情報収集の自由、④政府情報開示請求権が保障されることとなる。

ウ　制約の態様Ⅰ－制約の対象に着目した類型

表現の自由に対する制約に関する合憲性判定基準としては、**内容規制**と**内容中立規制**に二分して審査基準を確定するという考え方が一般的である[2]。

内容規制が厳格に審査されるのは、①内容に含まれる特定のメッセージが世の中から排除されることによって思想の自由市場が大きく歪められてしまうこと（根拠A）、②特定の内容の見解が規制されることによってそれが民主政の過程に顕出

[2] 直接的規制・間接的規制論も内容規制・内容中立規制二分論に還元できるとするものとして駒村圭吾『憲法訴訟の現代的転回』239頁。

されず、民主政の過程を機能させなくすること（根拠B）、③当該表現内容自体が国家に不当なものであると評価されてしまえば、当該表現を主張したい者の人格価値を毀損する恐れが大きいこと（根拠C）、④内容がもたらす弊害の認定は主観的なものになるから、公権力の恣意がはたらきやすいこと（根拠D）、以上の４つが根拠である。

一方、内容中立規制の審査が緩められるのは上記根拠が妥当しないからである。具体的には以下の通りである。内容中立規制は①メッセージを運ぶ行為形態のうち特定のものを規制しても、それ以外の行為形態による発信・伝達が可能であるから、メッセージそのものを自由市場から排除するわけではなく（根拠A）、②特定の内容の見解が民主政の過程に顕出されないことにもならず（根拠B）、③内容中立規制は、内容と無関係に、外形的行為のもたらす弊害に着目した規制であることから、表現内容自体が国家に不当なものであると評価されたことにはならず、人格価値の毀損の恐れが小さく（根拠C）、④外形的行為のもたらす弊害の有無は客観的な判断になじみやすいことから、公権力の恣意が働きにくいこと（根拠D）を理由とする。

もっとも、あらゆる表現の自由の規制を内容規制、内容中立規制と二分論的に評価することは困難である。したがって、表現の自由の判断枠組みおいては、単に内容規制、内容中立規制と二分するのではなく、**問題となっている規制からすると表現の自由の保障根拠をどの程度毀損するのか**という視点で検討していくことが重要である。

上記内容規制・内容中立規制の考え方は検討の視点として役に立つが、個々の事案を見ずに抽象的に内容規制である、内容中立規制である、との評価を行うだけでは点数はもらえない。形式的に見れば内容中立規制だとしても、厳格に審査すべき根拠が妥当するんじゃないかという視点から検討することが求められる。

エ　制約の態様Ⅱ－制約の時期に着目した類型

検閲・事前抑制・事後抑制の３つの類型が考えられる。

検閲は、日本や諸外国における歴史的経験から絶対的に禁止されるべきである。そこで、憲法21条２項にいう「検閲」とは、①行政権が主体となって、②思想内容等の表現物を審査対象とし、③その全部又は一部の発表の禁止を目的として、

④対象とされる一定の表現物につき網羅的一般的に、⑤発表前にその内容を審査した上、不適当と認めるものの発表を禁止することを指すと考えられている。

事前抑制とは、表現物がその市場に出る前に抑止することをいう。この規制は、検閲と同様に保障根拠へのインパクトが大きいが、明文に規定されていないため、絶対的な禁止とは言えない。しかし、検閲に近いような形の場合、保障根拠へのインパクトが大きく、審査基準は厳格なものとなる。

事後抑制とは、表現物が市場に出た後に規制することをいう。この規制は事前抑制よりもインパクトは弱い（すでに出ているから。）が、事前抑制たる側面を有するものもあることから、インパクトの程度を丁寧に検討する必要がある。

⑵　情報提供の自由

ここでは情報の発信の側面からの自由について、表現の内容ごとに検討する。

ア　性表現の自由

㋐　憲法上の権利の制約

性表現であっても、「表現」の定義にあたることから、21 条1項により保障される。もっとも、性表現はその性質上、性秩序・性道徳の維持という目的との関係で、制約されやすい傾向にある。

㋑　判断枠組み

性表現に関する判例は、刑法 175 条との関係のものが有名である。これらの判例は、「わいせつ」にあたるかどうかという解釈問題で終わる。

まず、「わいせつ」の定義としては、チャタレイ事件（最大判昭 32・3・13〔Ⅰ－51〕）で「**徒に性欲を興奮又は刺激せしめ、且つ普通人の正常な性的羞恥心を害し、善良な性的道義観念に反するもの**」とされた。

この定義にあたるかの判断枠組みとして、「悪徳の栄え」事件（最大判昭 44・10・15〔Ⅰ－52〕)、「四畳半襖の下張」事件（最判昭 55・11・28〔Ⅰ－53〕）から検討すると、次のようになる。

i　表現物の露骨で詳細な性描写がなされている部分だけを取り出し猥褻性を判定するのではなく、表現物が全体として猥褻性を有するか否かを検討する全体的考察方法をとる。
ii　当該文書の猥褻性はその芸術性・思想性との関連で相対的に判断されるべきであるとする相対的わいせつ概念をとる。

表現物が芸術性・思想性を有するために、性的に露骨で詳細な部分の性的刺激が緩和されて猥褻性を有さなくなることを認めている。

一方、性表現に関しては、通常の表現の自由として保障され、その制約が認められた場合、正当化論証を行う必要がある（青少年保護育成条例事件等）。

性表現は道徳的によろしくないという不当なパターナリズムを理由とする伝達効果に着目した表現内容規制である。そして、このような表現内容規制は、個人の自律を害するもの（根拠C）として厳格審査が妥当するなどの検討ができる。

イ　営利的表現

(ア)　憲法上の権利の制約

営利的表現は、情報を伝達しているものであり、受け手にとっては、自己実現のための情報収集に資するものといえる。したがって、営利的表現は、受け手に誤った判断をさせるものを除き、21条1項で保障される。

(イ)　判断枠組み

a　権利の重要性

営利的言論は個人の自律の本質的要素ではないし（根拠C）、自己統治の価値もない（根拠B）。また、営利的言論は表現内容が真実か否かを検証しやすいことから、政府の規制権限が濫用されにくい（根拠D）。

もっとも、受け手の側からすれば個人の自律に資することはあり得る（根拠C）。

b　制約の強度

営利的言論の真実性は客観的判断が可能であり、政府が恣意的に規制をする危険性が小さい（根拠D）。そして、営利的言論は、経済的動機に基づいて行われるため、政府の規制によっても過度に委縮する恐れが少ない。

したがって、基本的には、厳格な合理性の基準を定立する。

(ウ)　個別的具体的検討

真実の内容の表現も禁止しているとなれば、過剰な禁止であり、手段必要性を欠く等。

ウ　報道の自由

(ア)　憲法上の権利の制約

判例によれば、報道の自由は、事実の指摘であるが、21条1項により保障される。

▼論証例：博多駅テレビフィルム事件（最大決昭44・11・26〔Ⅰ－73〕）

> 報道機関の報道は、民主主義社会において、国民が国政に関与するにつき、重要な判断の資料を提供し、国民の「知る権利」に奉仕するものであるため、思想の表明の自由とならんで、事実の報道の自由は、憲法21条1項の「その他一切の表現の自由」として保障される。

(イ)　判断枠組み

a　権利の重要性

事実の報道は国民が知る自由を行使するための源泉であり要保護性は強く認められる。このように報道の自由が認められる根拠との関係で論じるとよい。

b　制約の強度

あくまで情報発信主体ではなく、情報受領主体の知る自由の観点から要保護性を認めるものであるから、情報発信主体の個人の自律や自己実現を制約するものではないため、発信主体の個人の自律や自己実現へのインパクトは認められない。また、報道の自由は事実情報を伝えているだけであり、特定の価値観を反映させたものを否定するものではない以上、発信者個人の自律、自己実現を阻害するものと評価することは困難となる。

情報発信主体の個人の自律や自己実現を阻害するものではない以上、根拠Cの妥当性が小さく、基本的には厳格審査基準ではなく厳格な合理性の基準で判断する。

エ　プライバシー権・名誉権侵害的表現

(ア)　憲法上の権利の制約

他人のプライバシー権、名誉権を毀損することを目的とするような表現はそれ自体が害悪である。そこで、それを除いては保護される。

(イ)　判断枠組み

●「北方ジャーナル」事件（最大判昭61・6・11〔Ⅰ－68〕）

「表現行為に対する事前抑制は、新聞、雑誌その他の出版物や放送等の表現物がその自由市場に出る前に抑止してその内容を読者ないし聴視者の側に到達させる途を閉ざし又はその到達を遅らせてその意義を失わせ、公の批判の機会を減少させるものであり、また、事前抑制たることの性質上、予測に基づくものとならざるをえないこと等から事後制裁の場合よりも広汎にわたり易く、濫用の虞があるうえ、実際上の抑止的効果が事後制裁の場合より大きいと考えられるのであって、表現行為に対する事前抑制は、表現の自由を保障し検閲を禁止する憲法21条の趣旨に照らし、厳格かつ明確な要件のもとにおいてのみ許容されうるものといわなければならない。

出版物の頒布等の事前差止めは、このような事前抑制に該当するものであって、とりわけ、その対象が公務員又は公職選挙の候補者に対する評価、批判等の表現行為に関するものである場合には、そのこと自体から、一般にそれが公共の利害に関する事項であるということができ、前示のような憲法21条1項の趣旨（前記（二）参照）に照らし、その表現が私人の名誉権に優先する社会的価値を含み憲法上特に保護されるべきであることにかんがみると、当該表現行為に対する事前差止めは、原則として許されないものといわなければならない。ただ、右のような場合においても、ⅰその表現内容が真実でなく、又はそれが専ら公益を図る目的のものではないことが明白であって、かつ、ⅱ被害者が重大にして著しく回復困難な損害を被る虞があるときは、当該表現行為はその価値が被害者の名誉に劣後することが明らかであるうえ、有効適切な救済方法としての差止めの必要性も肯定されるから、かかる実体的要件を具備するときに限って、例外的に事前差止めが許されるものというべきであり、このように解しても上記説示にかかる憲法の趣旨に反するものとはいえない。」

▼論証例：差止めの要件としての判断枠組み

プライバシー権及び名誉権の侵害が認められれば、当該人格権を根拠として差止めが認められることとなる。

もっとも、事前差止めは事前抑制であるから、予測に基づくものとならざるをえず、表現行為への抑止効果が大きく制約の強度が強い（根拠D）。

加えて、表現内容が、公務員又は公職選挙の候補者に対する評価、批判等の表現行為に関するものである場合には、公共の利害に関する事項であるということができ、その表現の自由は保護すべき必要性が大きい（根拠B）。

そこで、

ⅰ　その表現内容が真実でなく、又はそれが専ら公益を図る目的のものではないことが明白であって、

ⅱ　被害者が重大にして著しく回復困難な損害を被る虞があるときには事前差止めが許容される。

●「石に泳ぐ魚」事件（最判平14・9・24〔Ⅰ－62〕）

「どのような場合に侵害行為の差止めが認められるかは、侵害行為の対象となった人物の社会的地位や侵害行為の性質に留意しつつ、予想される侵害行為によって受ける被害者側の不利益と侵害行為を差し止めることによって受ける侵害者側の不利益とを比較衡量して決すべきである。そして、ⅰ侵害行為が明らかに予想され、ⅱその侵害行為によって被害者が重大な損失を受けるおそれがあり、かつ、ⅲその回復を事後に図るのが不可能ないし著しく困難になると認められるときは侵害行為の差止めを肯認すべきである。」

「北方ジャーナル」事件と「石に泳ぐ魚」事件とでは、「石に泳ぐ魚」事件の方が、差止要件が緩やかなものとなっている。この差異が生じた理由はどこにある

のか、判例を分析してみよう。両者は、表現客体の性質、侵害された権利の質、差止めの時期とで相違点が存在する。

まず、「北方ジャーナル」事件の表現客体は公的立場にある者で、「石に泳ぐ魚」の表現客体は私人である点で異なっている。公的立場にある者がどういったことをしたのかという点は、公共的表現といえ、自己統治や民主政の維持という根拠論からすると重要な表現といえる。他方、私人の私的生活については、そのような根拠論からすると重要な表現とはいえない。したがって、前者の表現の方が重要な表現であるのだから、差止めの要件を厳格にする方向に働く（公共の利害に関する事項についてはプライバシー権の価値は低くならざるを得ないともいえる。）。

次に、「北方ジャーナル」事件で問題となったのは名誉権である一方、「石に泳ぐ魚」事件ではプライバシー権である。名誉は社会的評価であるところ、事後的にその評価を回復することは可能である。一方、プライバシー権は一度公開されてしまえばそれによって生じたプライバシー権侵害を回復することは非常に困難なものといえる。そうだとすれば、プライバシー権の方が保護する重要性が高いといえ、より緩やかに差止めを認めるべきことになろう。

最後に、出版前と出版後と比べると、出版前に差止めがなされるのは事前抑制であり、なるべく避けなければならないという点から、差止めの要件を厳格にする方向に働く。

上記３つのどの違いによって両者の判例の基準がわかれたのかは定かではないが、差止めの問題の判断枠組みを検討するに際しては、上記考慮要素を検討しつつ差止めが許容される判断枠組みを構築することが求められよう。

●「週刊文春」事件（東京高決平 16・3・31）

「原決定は、本件記事は、相手方らの人格権の一つとしてのプライバシーの権利を侵害するものであるところ、プライバシーは極めて重大な保護法益であり、人格権としてのプライバシー権は物権の場合と同様に排他性を有する権利として、その侵害行為の差止めを求めることができるものと解するのが相当であるとし、本件においてこれを認め得るための要件として、前記のとおり、[1] 本件記事が「公共の利害に関する事項に係るものといえないこと」、[2] 本件記事が「専ら公益を図る目的のものでないことが明白であること」、[3] 本件記事によって「被害者が重大にして著しく回復困難な損害を被るおそれがあること」、という

3つの要件を挙げている。

まず、本件記事が人格権の一つとしてのプライバシーの権利を侵害するものといえるかどうかであるが、本件記事は、要するに、「相手方甲野が、母である甲野松子衆議院議員の反対を押し切って、当時勤めていた会社の同僚である相手方乙山と結婚し、相手方乙山の米国勤務に伴って米国に渡ったものの、単身帰国し、1年ほどで両者は離婚するに至った」というものである。

結婚・離婚と、それを巡る事情といったことは、関係者の人間関係や社会的状況によっては必ずしも一様ではないであろうが、本来的には、お互い同士、一人間としての全くの私事に属するものとして守られるべきものというべきである。そして、いろいろなことはあるにしても、離婚までには至らない人が多数を占めている社会が形成されている。

このような状況の下において、離婚という事実は、それ自体、本人にとって重大な苦痛を伴うであろうことはいうまでもないことであろうし、まして、それを、いわば見ず知らずの不特定多数に喧伝されることに更なる精神的苦痛を被るであろうことは、当然の事理というべきである。

したがって、ある人の離婚とそれを巡る事情といったものは、守られるべき私事であり、人格権の一つとしてのプライバシーの権利の対象となる事実と解するのが相当である。

そうすると、本件記事は、将来における可能性といったことはともかく、現時点においては一私人にすぎない相手方らの離婚という全くの私事を、不特定多数の人に情報として提供しなければならないほどのことでもないのに、ことさらに暴露したものというべきであり、相手方らのプライバシーの権利を侵害したものと解するのが相当である。」

上記裁判例はプライバシー権侵害においても、差止めの要件として「北方ジャーナル」事件の規範が参考になることを確認した高裁判例として重要なものであり、表現客体から評価される表現内容の公共性が重要な要素として考えられていることがわかる。また、政治家等の社会的地位が高い人々にあっては、①反論の機会に恵まれており、また②地位の性格上、社会的な事柄について議論しようとすると不可避的に彼らにも言及せねばならない、という特殊事情が指摘できる（対抗言論の可能性から差止めの必要性を欠くため要件が緩やかになる可能性がある。）。

●判例比較表

	北方ジャーナル	石に泳ぐ魚	週刊文春
被侵害利益	名誉	名誉 ＋ プライバシー	プライバシー
情報の質	公的	私的	一定程度公的
差止め時期	事前	事後	事前
差止の要件の 厳格さ	厳しい	緩やか	厳しい

表現の自由とプライバシー権の衝突の場面の近時の判例として、最決平29・1・31〔Ⅰ－63〕と最判令4・6・24がある。

●Googleサジェスト訴訟（最決平29・1・31〔Ⅰ－63〕）

本決定は、「個人のプライバシーに属する事実をみだりに公表されない利益は、法的保護の対象となるというべきである」としたうえで、「検索結果の提供は検索事業者の表現行為という側面」を有し、「検索事業者による検索結果の提供は、現代社会においてインターネット上の情報流通の基盤として大きな役割を果たしている」（根拠Ａ）との考えを示した。そして、削除命令が制約にあたると認定した。

判断枠組みとしては、「諸事情を比較衡量して判断すべきもので、その結果、当該事実を公表されない法的利益が優越することが明らかな場合には、検索事業者に対し、当該ＵＲＬ等情報を検索結果から削除することを求めることができる」と判断した。

個別的具体的検討において、「児童買春をした被疑事実に基づき逮捕されたという本件事実は、他人にみだりに知られたくない……プライバシーに属する事実であるものではあるが、……社会的に強い非難の対象とされ、罰則をもって禁止されていることに照らし、今なお公共の利害に関する事項である」とし、また、「本件事実が伝達される範囲はある程度限られたものであるといえる」と判断し、明らかに優越するものではないと結論づけた。

●ツイッター削除請求訴訟（最判令4・6・24）

「人格権に基づき、本件各ツイートの削除を求めることができるか否かは、本件事実の性質及び内容、本件各ツイートによって本件事実が伝達される範囲と上告人が被る具体的被害の程度、上告人の社会的地位や影響力、本件各ツイートの目的や意義、本件各ツイートがされた時の社会的状況とその後の変化など、上告人の本件事実を公表されない法的利益と本件各ツイートを一般の閲覧に供し続ける理由に関する諸事情を比較衡量して判断すべきもので、その結果、徐國人の本件事実を公表されない法的利益が本件各ツイートを一般の閲覧に供し続ける理由に優越する場合には、本件各ツイートの削除を求めることができる。」

これらの判例は、表現の自由とプライバシー権の比較衡量によりインターネット上の表現の削除の可否を判断することを示したものである。Google サジェスト訴訟では、「優越することが明らかな場合」としている一方で、ツイッター削除請求訴訟では、「優越する場合」と「優越することが明らか」であることまで求められていない。この違いはインターネット社会において Google は検索エンジンとして情報流通のインフラとして機能している一方で、ツイッターについては一つのソーシャルメディアに過ぎず、Google のシステムが表現の自由の保護のために重要であると評価されたことによるものと思われる。

個別的具体的検討においてはプライバシー権の側の事情に着目することになる。具体的には、情報の質が私的なものかどうか（公共の利害に関する事項か（プライバシー権の価値の程度））と被害者が被る被害の程度がどの程度か（重大な損失を受けるおそれの程度）の考慮をしており、これまでの表現の自由とプライバシー権が対立した事件と同様の考え方を踏襲しているといえよう。

オ　政治活動の自由

(ア)　憲法上の権利の制約

●猿払事件（最大判昭49・11・6〔Ⅰ－12〕）

「憲法21条の保障する表現の自由は、民主主義国家の政治的基盤をなし、国民の基本的人権のうちでもとりわけ重要なものであり、法律によってもみだりに制限することができないものである。そして、およそ政治的行為は、行動としての面をもつほかに、政治的意見の表明としての面をも有するものであるから、その限りにおいて、憲法21条による保障を受けるものであることも、明らかである。」

(イ)　判断枠組み

政治活動の自由は民主政にまさに直結するものであり、個人の政治的信条を発揮する場面でもあるから要保護性は強い。

制約に関しては表現それ自体ではなく、行為から発生する害悪に着目して規制をするものと評価されれば内容中立規制となる。したがって、内容中立規制であることから、厳格な合理性の基準を判断枠組みとして定立する。

●猿払事件（最大判昭49・11・6〔Ⅰ－12〕）

「国公法102条1項及び規則による公務員に対する政治的行為の禁止が右の合理的で必要やむをえない限度にとどまるものか否かを判断するにあたっては、禁止の目的、この目的と禁止される政治的行為との関連性、政治的行為を禁止することにより得られる利益と禁止することにより失われる利益との均衡の3点から検討することが必要である。……しかしながら、公務員の政治的中立性を損うおそれのある行動類型に属する政治的行為を、これに内包される意見表明そのものの制約をねらいとしてではなく、その行動のもたらす弊害の防止をねらいとして禁止するときは、同時にそれにより意見表明の自由が制約されることにはなるが、それは、単に行動の禁止に伴う限度での間接的、付随的な制約に過ぎず、かつ国公法102条1項及び規則の定める行動類型以外の行為により意見を表明する自由までをも制約するものではな」い。

●堀越事件（最判平24・12・7〔Ⅰ－13〕）

「このような本法102条1項の文言、趣旨、目的や規制される政治活動の自由の重要性に加え、同項の規定が刑罰法規の構成要件となることを考慮すると、同項にいう『政治的行為』とは、公務員の職務の遂行の政治的中立性を損なうおそれが、観念的なものにとどまらず、現実的に起こり得るものとして実質的に認められるものを指し、同項はそのような行為の類型の具体的な定めを人事院規則に委任したものと解するのが相当である。そして、その委任に基づいて定められた本規則も、このような同項の委任の範囲内において、公務員の職務の遂行の政治的中立性を損なうおそれが実質的に認められる行為の類型を規定したものと解すべきである。上記のような本法の委任の趣旨及び本規則の性格に照らすと、本件罰則規定に係る本規則6項7号、13号（5項3号）については、それぞれが定める行為類型に文言上該当する行為であって、公務員の職務の遂行の政治的中立性を損なうおそれが実質的に認められるものを当該各号の禁止の対象となる政治的行為と規定したものと解するのが相当である。……

そして上記のような規制の目的や政治的行為の内容等に鑑みると、公務員の職務の遂行の政治的中立性を損なうおそれが実質的に認められるかどうかは、当該公務員の地位、その職務の内容や権限等、当該公務員がした行為の性質、態様、目的、内容等の諸般の事情を総合して判断するのが相当である。具体的には、当該公務員につき指揮命令や指導監督等を通じて他の職員の職務の遂行に一定の影響を及ぼしうる地位（管理職的地位）の有無、職務の内容や権限における裁量の有無、当該行為につき、勤務時間の内外、国ないし職場の施設の利用の有無、公務員の地位の利用の有無、公務員により組織される団体の活動としての性格の有無、公務員による行為と直接認識され得る態様の有無、行政の中立的運営と直接相反する目的や内容の有無等が考慮の対象となるものと解される。」

堀越事件は法令審査の判断枠組みではなく処分審査（要件の解釈）の判断枠組みを提供したものとして着目すべきである。

政治活動の自由の重要性＋刑罰法規の構成要件となることでもって、「政治的行為」の文言を厳格に解釈し、「公務員の職務の遂行の政治的中立性を損なうおそれが、観念的なものにとどまらず、現実的に起こり得るものとして実質的に認められるもの」と、その適用対象を限定した。その後、限定された適用対象にあたるか否かについて考慮要素を挙げて、構成要件該当性について判断するという枠組みを採用した。

これは、処分の要件となる解釈を限定することが可能な思考方法であるから、しっかりと押さえておいた方がよい。

●戸別訪問禁止事件（最判昭56・7・21〔Ⅱ－158〕）

「戸別訪問の禁止は、意見表明そのものの制約を目的とするものではなく、意見表明の手段方法のもたらす弊害、すなわち、戸別訪問が買収、利害誘導等の温床になり易く、選挙人の生活の平穏を害するほか、これが放任されれば、候補者側も訪問回数等を競う煩に耐えられなくなるうえに多額の出費を余儀なくされ、投票も情実に支配され易くなるなどの弊害を防止し、もつて選挙の自由と公正を確保することを目的としているところ……、右の目的は正当であり、それらの弊害を総体としてみるときには、戸別訪問を一律に禁止することと禁止目的との間に合理的な関連性があるということができる。そして、戸別訪問の禁止によって失われる利益は、それにより戸別訪問という手段方法による意見表明の自由が制約されることではあるが、それは、もとより戸別訪問以外の手段方法による意見表明の自由を制約するものではなく、単に手段方法の禁止に伴う限度での間接的、付随的な制約にすぎない反面、禁止により得られる利益は、戸別訪問という手段方法のもたらす弊害を防止することによる選挙の自由と公正の確保であるから、得られる利益は失われる利益に比してはるかに大きいということができる。」

▼論証例：戸別訪問の禁止における判断枠組み

【原告側の主張】

戸別訪問の禁止は、憲法21条1項によって保障される政治活動という内容に着目してなされる規制であることから、内容着目規制であり、厳格審査が妥当する。

【被告側の反論】

戸別訪問の禁止は、意見表明そのものの制約を目的とするものではなく、意見表明の手段方法のもたらす弊害に着目して規制するものであるから、内容中立規制であり、厳格審査は妥当しない。

【私見】

戸別訪問の禁止が内容着目規制か、内容中立規制か形式的に判断するのではなく、表現の自由の保障根拠に対する毀損の度合いによって、判断枠組みを構築しなければならない。本件において、戸別訪問を禁止したとしても、他の手段を用いて自己の政治的信条を、選挙権者に対して伝えることは十分可能であるから、他に表現媒体が存在しており、当該メッセージそのものを自由市場から排除するわけではなく特定の内容の見解が民主政の過程に顕出されないことにもならない。そして、戸別訪問の禁止は、戸別訪問が買収、利害誘導等の温床になり易く、選挙人の生活の平穏を害するほか、これが放任されれば、候補者側も訪問回数等を競う煩に耐えられなくなるうえに多額の出費を余儀なくされ、投票も情実に支配され易くなるなどの戸別訪問という行為自体のもたらす弊害に着目した規制であることから、表現内容自体が国家に不当なものであると評価されたことにはならず、人格価値の毀損の恐れが小さく、外形的行為のもたらす弊害の有無は客観的な判断になじみやすいことから、公権力の恣意が働きにくいといえる。したがって、表現の自由の保障根拠に重大な毀損を生じさせるものではないことから、厳格審査基準は妥当せず、厳格な合理性の基準で判断する。

カ　ビラ配布

(ア)　憲法上の権利の制約

●立川ビラ投函事件（最判平20・4・11〔Ⅰ－58〕）

「確かに、表現の自由は、民主主義社会において特に重要な権利として尊重されなければならず、被告人らによるその政治的意見を記載したビラの配布は、表現の自由の行使ということができる。」

●吉祥寺駅ビラ配布事件・伊藤正己裁判官補足意見（最判昭59・12・18〔Ⅰ－57〕）

「一般公衆が自由に出入りすることのできる場所においてビラを配布することによって自己の主張や意見を他人に伝達することは、表現の自由の行使のための手段の一つとして決して軽視することのできない意味をもっている。特に、社会における少数者の持つ意見は、マス・メディアなどを通じてそれが受け手に広く知られるのを期待することは必ずしも容易ではなく、それを他人に伝える最も簡便で有効な手段の一つが、ビラ配布であるといってよい。」

(イ)　判断枠組み

a　権利の重要性

伊藤正己裁判官補足意見による考えによれば、ビラ配布を行った場所がパブリックフォーラムであることを論証し、パブリックフォーラムにおける情報流通の機会を十分に保障する必要性が高いことを理由に、権利の重要性を高めるという議論をすることが可能である。なお、パブリックフォーラム論については、集会の自由で詳しく説明する。

●吉祥寺駅ビラ配布事件・伊藤正己裁判官補足意見（最判昭59・12・18〔Ⅰ－57〕）

「ある主張や意見を社会に伝達する自由を保障する場合に、その表現の場を確保することが重要な意味をもっている。特に表現の自由の行使が行動を伴うときには表現のための物理的な場所が必要となってくる。この場所が提供されないときには、多くの意見は受け手に伝達することができないといってもよい。一般公衆が自由に出入りすることができる場所は、それぞれその本来の利用目的を備えているが、それは同時に、表現のための場として役立つことが少なくない。道路、公園、広場などは、その例である。これを『パブリックフォーラム』と呼ぶことができよう。このパブリックフォーラムが表現の場所として用いられるときには、所有権や、本来の利用目的のための管理権に基づく制約を受けざるをえないとしても、その機能にかんがみ、表現の自由の保障を可能な限り配慮する必要がある。」

b　制約の強度

ビラ配布に伴う弊害防止を目的とする規制となると内容中立規制と評価され厳格な合理性の基準で判断することとなろう。

●立川ビラ投函事件（最判平20・4・11〔Ⅰ－58〕）

「本件では、表現そのものを処罰することの憲法適合性が問われているのではなく、表現の手段すなわちビラの配布のために『人の看守する邸宅』に管理権者の承諾なく立ち入ったことを処罰することの憲法適合性が問われているところ……」

上記判例は、ビラ配布「行為」の制約から、たまたまビラ配布の自由が制約されてしまったにすぎず、表現内容規制ではないことを明確に示している。

(3)　情報受領の自由

ア　知る自由

(ア)　憲法上の権利の制約

●レペタ事件（最大判平元・3・8〔Ⅰ－72〕）

「各人が自由にさまざまな意見、知識、情報に接し、これを摂取する機会をもつことは、その者が個人として自己の思想及び人格を形成、発展させ、社会生活の中にこれを反映させていく上において欠くことのできないものであり、民主主義社会における思想及び情報の自由な伝達、交流の確保という基本的原理を真に実効あるものたらしめるためにも必要であって、このような情報等に接し、これを摂取する自由は、右規定の趣旨、目的から、いわばその派生原理として当然に導かれるところである」

●よど号ハイジャック事件（最大判昭58・6・22〔Ⅰ－14〕）

「およそ各人が、自由に、さまざまな意見、知識、情報に接し、これを摂取する機会をもつことは、その者が個人として自己の思想及び人格を形成、発展させ、社会生活の中にこれを反映させていくうえにおいて欠くことのできないものであり、また、民主主義社会における思想及び情報の自由な伝達、交流の確保という基本的原理を真に実効あるものたらしめるためにも、必要なところである。それゆえ、これらの意見、知識、情報の伝達の媒体である新聞紙、図書等の閲読の自由が憲法上保障されるべきことは、思想及び良心の自由の不可侵を定めた憲法19条の規定や、表現の自由を保障した憲法21条の規定の趣旨、目的から、いわばその派生原理として当然に導かれるところであ」る。

(イ)　判断枠組み

a　権利の重要性

情報受領はそれによって自己の人格形成の基礎となり（根拠C)、個人の政治的決定のための源泉としての知識を得る機会を確保することとなり（根拠A、B)、要保護性は強い。ただし、青少年の場合、成人と同様の保障強度を持っているとは限らない。

●岐阜県青少年保護育成条例事件・伊藤正己裁判官補足意見（最判平元・9・19〔I－50〕）

「青少年の享有する知る自由を考える場合に、一方では、青少年はその人格の形成期であるだけに偏りのない知識や情報に広く接することによって精神的成長をとげることができるところから、その知る自由の保障の必要性は高いのであり、そのために青少年を保護する親権者その他の者の配慮のみでなく、青少年向けの図書利用施設の整備などのような政策的考慮が望まれるのであるが、他方において、その自由の憲法的保障という角度からみるときには、その保障の程度が成人の場合に比較して低いといわざるをえないのである。すなわち、知る自由の保障は、提供される知識や情報を自ら選別してそのうちから自らの人格形成に資するものを取得していく能力が前提とされている、青少年は、一般的にみて、精神的に未熟であって、右の選別能力を十全には有しておらず、その受ける知識や情報の影響をうけることが大きいとみられるから、成人と同等の知る自由を保障される前提を欠くものであり、したがって青少年のもつ知る自由は一定の制約をうけ、その制約を通じて青少年の精神的未熟さに由来する害悪から保護される必要があるといわねばならない。」

b　制約の強度

情報受領の禁止は受動的なものであり、規制がなされる理由として当該情報を見せるのはパターナリズムの観点からよろしくない等の表現が持つ伝達効果（communicative impact）に着目しているものであれば国家が表現の価値を設定していることとなり、国家の思想的中立性に反するとともに、個人の自律、自己実現を阻害するものとなることから厳格審査基準で判断することとなる。当該事案で摂取の禁止が、当該情報それ自体の害悪ではなく、情報受領行為から生じる害悪に着目してなされるものであると認定されれば、厳格な合理性の基準で判断することとなろう。

●岐阜県青少年保護育成条例事件（最判平元・9・19〔I－50〕）

「有害図書が一般に思慮分別の未熟な青少年の性に関する価値観に悪い影響を及ぼし、性的な逸脱行為や残虐な行為を容認する風潮の助長につながるものであって、青少年の健全な育成に有害であることは、既に社会共通の認識」、「自動販売機による有害図書の販売は売手と対面しないため心理的に購入が容易」「昼夜を問わず購入ができる」「収納された有害図書が街頭にさらされているため購入意欲を刺激しやすい」と述べるも、立法事実について踏み込んだ審査をしていない。

▼論証例：判断枠組み（内容規制・青少年の知る自由の特性）

【原告側の主張】

本件条例は表現の内容に着目した規制である。内容着目規制については、思想の自由市場をゆがめると同時に、個人の自律を阻害するものであることから、その合憲性判断は厳しくなされなければならない。

したがって、本件条例は、目的がやむにやまれぬ利益のためにあり、手段がその目的を達成するために必要不可欠といえなければ、違憲となる。

【被告側の反論】

青少年の知る自由は、青少年が人格形成段階であることから、成人の知る自由の保護の必要性程高くなく、権利の重要性が認められないことから、原告の判断枠組みは妥当しない。

【私見】

知る自由の保障は、提供される知識や情報を自ら選別してそのうちから自らの人格形成に資するものを取得していく能力が前提とされているところ、青少年は、一般的にみて、精神的に未熟であって、上記の選別能力を十全には有していないといえることから、成人と同等の知る自由を保障される前提を欠く。

よって、被告の反論が妥当する。

(4)　情報収集の自由

ア　取材をする自由・取材源の秘匿

(ア)　憲法上の権利の制約

●博多駅テレビフィルム事件（最大決昭44・11・26〔I－73〕）

「報道機関の報道は、民主主義社会において、国民が国政に関与するにつき、重要な判断の資料を提供し、国民の『知る権利』に奉仕するものである。したがつて、思想の表明の自由とならんで、事実の報道の自由は、表現の自由を規定した憲法21条の保障のもとにあることはいうまでもない。また、このような報道機関の報道が正しい内容をもつためには、報道の自由とともに、報道のための取材の自由も、憲法21条の精神に照らし、十分尊重に値いするものといわなければならない。」

●NHK記者証言拒否事件――取材源秘匿（最決平18・10・3〔I－71〕）

「報道関係者の取材源は、一般に、それがみだりに開示されると、報道関係者と取材源となる者との間の信頼関係が損なわれ、将来にわたる自由で円滑な取材活動が妨げられることとなり、報道機関の業務に深刻な影響を与え以後その遂行が困難になると解されるので、取材源の秘密は職業の秘密に当たるというべきである。……取材の自由の持つ上記のような意義に照らして考えれば、取材源の秘密は、取材の自由を確保するために必要なものとして、重要な社会的価値を有するというべきである。」

●接見制限と取材の自由（東京高判平7・8・10）

「本来一般人が自由に立ち入ることを許されていない施設である拘置所に在監中の被勾留者に報道関係者が直接面会して取材を行う自由や被勾留者が報道関係者と直接面会して接触を持つ自由といったものまでが、憲法21条の趣旨に照らして保障されているものとすることは困難である」

上記裁判例の通り、取材の自由は、憲法上の権利と考えるとしても、情報が本来公開されるべきでない形で秘匿されている情報を収集するほどの力は有していない。ありていに言えば、お前が大事に隠している情報を出せ、という主張はできない。したがって、収集対象となっている情報の秘匿性に関する評価を加えた上で取材の自由の制約が認められるかどうか検討する必要がある。

(イ)　判断枠組み

a　権利の重要性

報道が国民の知る権利に仕えるためには、正確な取材が行われなければならないのであって、取材の自由は報道の自由にとって不可欠なものといえることから重要な権利であるといえる。

b　制約の強度

取材の自由はあくまで報道の自由の確保のために保護されなければならない自由であるところ、報道の自由の保障根拠は、国民の知る自由を充足する点にあることから、取材者個人の自己実現や個人の自律を保護する点ではないため、個人の自律や自己実現を直接阻害するものではなく、あくまで間接的に国民の個人の自律や自己実現を阻害するものに過ぎないとして、制約の強度が低くなると考えることができる。

規制趣旨が、取材行為の弊害を規制する趣旨であれば内容中立規制の方向に働く。規制趣旨が、取材対象となる情報の内容に関して明かしたくない等のものであれば内容着目規制の方向に働く。当該取材行為を断念せざるを得ないのか、それとも他の手段で情報を収集することができるのか、事案を評価した上で規制趣旨を検討する必要があろう。

●博多駅テレビフィルム事件（最大決昭44・11・26〔Ⅰ－73〕）

「公正な刑事裁判の実現のために、取材の自由に対する制約が許されるかどうかが問題となるのであるが、公正な刑事裁判を実現することは、国家の基本的要請であり、刑事裁判においては、実体的真実の発見が強く要請されることもいうまでもない。このような公正な刑事裁判の実現を保障するために、報道機関の取材活動によって得られたものが、証拠として必要と認められるような場合には、取材の自由がある程度の制約を蒙ることとなってもやむを得ないところというべきである。しかしながら、このような場合においても、一面において、①審判の対象とされている犯罪の性質、態様、軽重および②取材したものの証拠としての価値、ひいては、③公正な刑事裁判を実現するにあたっての必要性の有無を考慮するとともに、他面において、④取材したものを証拠として提出させられることによって報道機関の取材の自由が妨げられる程度および⑤これが報道の自由に及ぼす影響の度合その他諸般の事情を比較衡量して決せられるべきであり、これを刑事裁判の証拠として使用することがやむを得ないと認められる場合においても、それによって受ける報道機関の不利益が必要な限度をこえないように配慮されなければならない。」公正な刑事裁判の実現の要請から取材の自由も一定の制約を受ける。

上記の５つの要素は暗記事項である。しかし、よく考えてみると、①②③は公益性（目的）の観点からのものであり、他方、④⑤は取材の自由の保障根拠（報道の自由の保障）へのインパクトと位置付けられるともいえる。そう考えると、この比較衡量は、いつもの思考と何ら変わるものではない。

●ＮＨＫ記者証言拒否事件――取材源秘匿（最決平 18・10・3〔Ｉ－71〕）

「①当該報道が公共の利益に関するものであって、②その取材の手段、方法が一般の刑罰法令に触れるとか、取材源となった者が取材源の秘密の開示を承諾しているなどの事情がなく」（取材の自由からの要請）、「しかも、③当該民事事件が社会的意義や影響のある重大な民事事件であるため、当該取材源の秘密の社会的価値を考慮してもなお公正な裁判を実現すべき必要性が高く、そのために当該証言を得ることが必要不可欠であるといった事情が認められない場合（公正な裁判からの要請）には、取材源秘匿の自由は 21 条１項によって保護に値する。」

●外務省秘密電文漏洩事件（最決昭 53・5・31〔Ｉ－75〕）

「報道機関が公務員に対し根気強く執拗に説得ないし要請を続けることは、それが真に報道の目的からでたものであり、その手段・方法が法秩序全体の精神に照らし相当なものとして社会観念上是認されるものである限りは、実質的に違法性を欠き正当な業務行為というべきである。」

上記事案は違憲性を導くための判断枠組みではなく、構成要件該当事実が認められることを前提に、当該事実が表現の自由、今回だと取材の自由を根拠とするものであるから違法性は阻却されるものである、との結論を導くための判断枠組みである。

イ　政府情報開示請求権

いわゆる「知る権利」の積極的側面である政府情報開示請求権は、抽象的権利であって、法律がないと行使できない。情報公開法や情報公開条例で法律として具体化されている。

情報収集の自由として制度上保障された場合にのみ、情報収集を認めないことが憲法上の制約を構成することになる。

⑸　文化助勢

ア　国家による表現の自由に対する援助

国家がある特定の表現を行う場合に、当該表現活動に金銭的援助等を行うものである。これは、ある特定の表現を国家が賞賛することを前提としているため、内容着目的な給付にならざるを得ず､内容中立的な給付という事態は考えがたい。

この問題の本質は、表現の自由の根拠Ｃ（表現行為による個人の自律の達成）に関わる問題である。すなわち、国家が価値ある表現を決定することは、それ以外の表現を相対的に低い価値のものとしてみなすという意味で、表現の自由の根拠Ｃや思想良心の自由から導かれる、国家の思想的中立性という原則に反するのではないかとの問題である。

国家が価値ある表現を決定してはならないという原則からすれば、国家以外の主体が価値ある表現を決定する体制を整えれば、上記問題はクリアされる。したがって、国家とは独立した機関、具体的には賞賛すべき表現内容はどのようなものなのか決定する能力のある専門家集団に、賞賛すべき表現を決定してもらえばよい、という帰結を導く。もっとも、名ばかり専門家集団であり、実質的に国家の傀儡となることは十分あり得るため、当該専門家集団が真に国家と独立しているのかを、専門家集団の選任手続等が独立性確保のため合理的なものとなっているのか検討する必要がある。

一度文化活動に対して助成金を交付した上で、その助成金の交付を取り消したことが問題となった最高裁判例では､助成金の交付の取消しの要件が不明確となってしまうと、助成を得ようとする者の表現行為に萎縮効果が生じることを理由に、一般的な公益が害されることを消極的に考慮事情として、重視し得るのは「当該公益が重要なものであり、かつ、当該公益が害される具体的な危険がある場合に限られるものと解するのが相当である」とし、その要件を厳格に解釈した。

●宮本から君へ事件（最判令5・11・17）

「もっとも、本件助成金は、公演、展示等の表現行為に係る活動を対象とするものであるところ（振興会法14条1項1号）、芸術的な観点からは助成の対象とすることが相当といえる活動につき、本件助成金を交付すると当該活動に係る表現行為の内容に照らして一般的な公益が害されることを理由とする交付の拒否が広く行われるとすれば、公益がそもそも抽象的な概念であって助成対象活動の選別の基準が不明確にならざるを得ないことから、助成を必要とする者による交付の申請や助成を得ようとする者の表現行為の内容に萎縮的な影響が及ぶ可能性がある。このような事態は、本件助成金の趣旨ないし被上告人の目的を害するのみならず、芸術家等の自主性や創造性をも損なうものであり、憲法21条1項による表現の自由の保障の趣旨に照らしても、看過し難いものということができる。そうすると、本件助成金の交付に係る判断において、これを交付するとその対象とする活動に係る表現行為の内容に照らして一般的な公益が害されるということを消極的な考慮事情として重視し得るのは、当該公益が重要なものであり、かつ、当該公益が害される具体的な危険がある場合に限られるものと解するのが相当である。」

7　憲法21条　集会・結社の自由

定義：「集会」＝特定または不特定の多数人が共通の目的をもって、一定の場所に一時的に集まること
「結社」＝特定の多数人が共通の目的をもって継続的に結合すること

集会、結社の活動は、集合・結合を通じて集団としての意思を形成し、それを外部に示すことを含むのであるから、集会・結社の自由は表現の自由と密接な関連があり、広い意味での表現の自由の一部と解されよう。

(1)　集会の自由

ア　憲法上の権利の制約：日本の判例上のパブリックフォーラム論

●泉佐野市民会館事件（最判平７・３・７〔Ⅰ－81〕）

「被上告人の設置した本件会館は、地方自治法 244 条にいう公の施設に当たるから、被上告人は、正当な理由がない限り、住民がこれを利用することを拒んではならず（同条２項）、また、住民の利用について不当な差別的取扱いをしてはならない（同条３項）。本件条例は、同法 244 条の２第１項に基づき、公の施設である本件会館の設置及び管理について定めるものであり、本件条例７条の各号は、その利用を拒否するために必要とされる右の正当な理由を具体化したものであると解される。

そして、地方自治法 244 条にいう普通地方公共団体の公の施設として、本件会館のように集会の用に供する施設が設けられている場合、住民は、その施設の設置目的に反しない限りその利用を原則的に認められることになるので、管理者が正当な理由なくその利用を拒否するときは、憲法の保障する集会の自由の不当な制限につながるおそれが生ずることになる。したがって、本件条例７条１号及び３号を解釈適用するに当たっては、本件会館の使用を拒否することによって憲法の保障する集会の自由を実質的に否定することにならないかどうかを検討すべきである。」

防御権としての表現の自由・集会の自由は、公権力によって妨げられないことの保障であり、本来は、国や自治体が所有する物品・施設等を利用させろという請求権を含むものではない。市民会館で集会を行うのは、権利ではなく反射的利益の問題にすぎず、自治体が利用を拒否した結果、集会が開催できなかったとしても、自治体は場所を提供するという積極的な措置を行わなかっただけであり、集会を妨げたことにはならないと考えることができる。そうすると、上記判例のように公の施設の利用不許可は集会の自由を制約するものではないことになる。

しかし、上記判例は、「本件会館の使用を拒否することによって憲法の保障する集会の自由を実質的に否定することにならないかどうかを検討すべきである」として、利用不許可が集会の自由の制約となることがあり得ることを論証している。

このような理論構成を正当化する理論が“パブリックフォーラム論”である。泉佐野市民会館事件で問題になった市民会館は、指定的パブリックフォーラムに該当する。指定的パブリックフォーラムということになれば、その施設は国家の財産管理の対象となるのではなく、いわば「誰のものでもなくなる」ことになり、開かれた空間を演じることとなる。その結果、公衆が施設を利用できることが原則になるため、施設利用不許可処分は集会の自由の制約となる。

イ　判断枠組み

(ア)　権利の重要性

●成田新法事件（最大判平4・7・1〔Ⅱ－109〕）

「現代民主主義社会においては、集会は、国民が様々な意見や情報等に接することにより自己の思想や人格を形成、発展させ、また、相互に意見や情報等を伝達、交流する場として必要であり、さらに、対外的に意見を表明するための有効な手段であるから、憲法21条1項の保障する集会の自由は、民主主義社会における重要な基本的人権の一つとして特に尊重されなければならないものである。」

集会の自由は、①集会は、国民が様々な意見や情報等に接することにより自己の思想や人格を形成、発展させ、また、相互に意見や情報等を伝達、交流する場として必要である点、②対外的に意見を表明するための有効な手段である点の2つの性質を有する。表現の自由の保障根拠との関係でいえば、①は根拠A・C、②は根拠Bに関連する。ここから権利の重要性を考える。

また、表現行為の一種であれば、表現の自由と同様に考えれば足りる。

(イ)　制約の強度

●泉佐野市民会館事件（最判平7・3・7〔Ⅰ－81〕）

「集会の用に供される公共施設の管理者は、当該公共施設の種類に応じ、また、その規模、構造、設備等を勘案し、公共施設としての使命を十分達成せしめるよう適正にその管理権を行使すべきであって、これらの点からみて利用を不相当とする事由が認められないにもかかわらずその利用を拒否し得るのは、利用の希望が競合する場合のほかは、施設をその集会のために利用させることによって、他の基本的人権が侵害され、公共の福祉が損なわれる危険がある場合に限られるものというべきであり、このような場合には、その危険を回避し、防止するために、その施設における集会の開催が必要かつ合理的な範囲で制限を受けることがあるといわなければならない。そして、右の制限が必要かつ合理的なものとして肯認されるかどうかは、基本的には、基本的人権としての集会の自由の重要性と、当該集会が開かれることによって侵害されることのある他の基本的人権の内容や侵害の発生の危険性の程度等を較量して決せられるべきものである。本件条例７条による本件会館の使用の規制は、このような較量によって必要かつ合理的なものとして肯認される限りは、集会の自由を不当に侵害するものではなく、また、検閲に当たるものではなく、したがって、憲法 21 条に違反するものではない。……

そして、このような較量をするに当たっては、集会の自由の制約は、基本的人権のうち精神的自由を制約するものであるから、経済的自由の制約における以上に厳格な基準の下にされなければならない。

本件条例７条１号は、『公の秩序をみだすおそれがある場合』を本件会館の使用を許可してはならない事由として規定しているが、同号は、広義の表現を採っているとはいえ、右のような趣旨からして、ｉ本件会館における集会の自由を保障することの重要性よりも、本件会館で集会が開かれることによって、人の生命、身体又は財産が侵害され、公共の安全が損なわれる危険を回避し、防止することの必要性が優越する場合をいうものと限定して解すべきであり、その危険性の程度としては、前記各大法廷判決の趣旨によれば、ⅱ単に危険な事態を生ずる蓋然性があるというだけでは足りず、明らかな差し迫った危険の発生が具体的に予見されることが必要（ 侵害発生の蓋然性 ）であると解するのが相当である。……そう解する限り、このような規制は、他の基本的人権に対する侵害を回避し、防止するために必要かつ合理的なものとして、憲法 21 条に違反するものではなく、また、地方自治法 244 条に違反するものでもないというべきである。

そして、右事由の存在を肯認することができるのは、そのような事態の発生が許可権者の主観により予測されるだけではなく、客観的な事実に照らして具体的に明らかに予測される場合でなければならないことはいうまでもない。

なお、右の理由で本件条例７条１号に該当する事由があるとされる場合には、当然に同条３号の『その他会館の管理上支障があると認められる場合』にも該当するものと解するのが相当である。」

▼論証例：泉佐野市民会館事件を意識した判断枠組み

> 集会の自由という重要な権利の制約は、限定的なものでなければならない。具体的には
> ⅰ　本件会館における集会の自由を保障することの重要性よりも、本件会館で集会が開かれることによって、人の生命、身体又は財産が侵害され、公共の安全が損なわれる危険を回避し、防止することの必要性が優越する場合をいうものと限定して解すべきである。
> ⅱ　そして、その危険性の程度としては、単に危険な事態を生ずる蓋然性があるというだけでは足りず、明らかな差し迫った危険の発生が具体的に予見されることが必要であり、
> ⅲ　危険の発生が客観的な事実に照らして具体的に明らかに予測される場合でなければならない。

金沢市庁舎前広場事件（最判令5・2・21）では、金沢市長駅前広場において集会を行うために許可申請をしたところ、不許可処分を受けたことについて集会の自由の侵害となるか問題となった。

●金沢市庁舎前広場事件（最判令5・2・21）

「普通地方公共団体の庁舎（その建物の敷地を含む。以下同じ。）は、公務の用に供される過程において、住民等により利用される場面も想定され、そのことを踏まえた上で維持管理がされるべきものである。もっとも、普通地方公共団体の庁舎は、飽くまでも主に公務の用に供するための施設であって、その点において、主に一般公衆の共同使用に供するための施設である道路や公園等の施設とは異なる。」

集会を行おうとした施設の性格だけをもって、集会の自由の制約を直ちに否定したものではないものの、不許可処分の正当化の説明の過程において「主に一般公衆の共同使用に供するための施設である道路や公園等の施設とは異な」り、「飽くまでも主に公務の用に供するための施設」として、施設のパブリックフォーラム性について評価を加えている。したがって、施設がどのような性格を有しているのかを評価し、パブリックフォーラムとして機能するのか否かを判断枠組みの

定立において説明することが求められる。その際には具体的な法令の定めだけに留まらず、問題となった施設がどのような施設として位置付けられているのかを評価していくことが求められる。

(2)　集団行動の自由

ア　憲法上の権利の制約

まず集団行動の自由が何によって保障されるのかを確定する必要がある。

> デモ行進の自由が憲法上保障されていることについては、異論がない。ただし、その憲法上の位置付けに関して、憲法第21条第1項の解釈の仕方と関わって、学説は大きく2つの見解に分かれる。そのいずれの見解によるのかを、理由も述べつつ、明らかにする必要がある。
>
> （平成25年司法試験出題趣旨）

ここでいう2つの見解とは、①動く「集会」として捉える見解、②「その他一切の表現活動」と捉える見解である。どちらで考えても特に問題はない。

イ　判断枠組み

(ア)　権利の重要性

パブリックフォーラム論を用いて、権利の性質を論じることもできなくはない。これは伊藤正己裁判官補足意見でのパブリックフォーラム論によるものであろう。

	伝統的 パブリックフォーラム	指定的 パブリックフォーラム	非パブリックフォーラム
範囲	道路、歩道、広場など伝統的に表現行為の用に供された場所	公民館など、国ないし地方公共団体が自発的に表現活動の場所としてその利用に供してきた場所	左記以外の場所（公立学校など）
効果	権利の重要性が高まる。	権利の重要性が高まる。当該施設が開かれた空間になるため、集会の自由は防御権だからという理由で施設利用の拒否をすることができなくなる。	場合によっては、表現の自由の重要性が低下する。

(イ)　制約の強度

●新潟県公安条例事件（最大判昭 29・11・24〔Ⅰ－82〕）

「行列行進又は公衆の集団示威運動（以下単にこれらの行動という）は、公共の福祉に反するような不当な目的又は方法によらないかぎり、本来国民の自由とするところであるから、条例においてこれらの行動につき単なる届出制を定めることは格別、そうでなく一般的な許可制を定めてこれを事前に抑制することは、憲法の趣旨に反し許されないと解するを相当とする。しかし、これらの行動といえども公共の秩序を保持し、又は公共の福祉が著しく侵されることを防止するため、特定の場所又は方法につき、合理的かつ明確な基準の下に、予じめ許可を受けしめ、又は届け出をなさしめてこのような場合にはこれを禁止することができる旨の規定を条例に設けても、これをもって直ちに憲法の保障する国民の自由を不当に制限するものと解することはできない。けだしかかる条例の規定は、なんらこれらの行動を一般に制限するのではなく、前示の観点から単に特定の場所又は方法について制限する場合があることを認めたに過ぎないからである。さらにまた、これらの行動について公共の安全に対し明らかな差迫った危険を及ぼすことが予見されるときは、これを許可せず又は禁止することができる旨の規定を設けることも、これをもって直ちに憲法の保障する国民の自由を不当に制限することにはならないと解すべきである。」

●東京都公安条例事件（最大判昭 35・7・20〔Ⅰ－A 8〕）

「およそ集団行動は、学生、生徒等の遠足、修学旅行等および、冠婚葬祭等の行事をのぞいては、通常一般大衆に訴えんする、政治、経済、労働、世界観等に関する何等かの思想、主張、感情等の表現を内包するものである。この点において集団行動には、表現の自由として憲法によつて保障さるべき要素が存在することはもちろんである。ところでかような集団行動による思想等の表現は、単なる言論、出版等によるものとはことなつて、現在する多数人の集合体自体の力、つまり潜在する一種の物理的力によつて支持されていることを特徴とする。かような潜在的な力は、あるいは予定された計画に従い、あるいは突発的に内外からの刺激、せん動等によつてきわめて容易に動員され得る性質のものである。この場合に平穏静粛な集団であつても、時に昂奮、激昂の渦中に巻きこまれ、甚だしい場合には一瞬にして暴徒と化し、勢いの赴くところ実力によつて法と秩序を蹂躙し、集団行動の指揮者はもちろん警察力を以てしても如何ともし得ないような事態に発展する危険が存在すること、群集心理の法則と現実の経験に徴して明らかである。従つて地方公共団体が、純粋な意味における表現といえる出版等についての事前規制である検閲が憲法21条2項によつて禁止されているにかかわらず、集団行動による表現の自由に関するかぎり、いわゆる「公安条例」を以て、地方的情況その他諸般の事情を十分考慮に入れ、不測の事態に備え、法と秩序を維持するに必要かつ最小限度の措置を事前に講ずることは、けだし止むを得ない次第である。」

集団暴徒化理論を打ち出した判例である。

●吉祥寺駅ビラ配布事件（最判昭59・12・18〔Ⅰ－57〕）

「以上のように、ビラ配布という手段は重要な機能をもっているが、他方において、一般公衆が自由に出入りすることのできる場所であっても、他人の所有又は管理する区域内でそれを行うときには、その者の利益に基づく制約を受けざるをえないし、またそれ以外の利益（例えば、一般公衆が妨害なくその場所を通行できることや、紙くずなどによってその場所が汚されることを防止すること）との調整も考慮しなければならない。ビラ配布が言論出版という純粋の表現形態でなく、一定の行動を伴うものであるだけに、他の利益との較量の必要性は高いといえる。したがって、所論のように、本件のような規制は、社会に対する明白かつ現在の危険がなければ許されないとすることは相当でないと考えられる。」

伝統的パブリックフォーラムでは、明白かつ現在の危険の法理を明確に否定。なぜなら、伝統的パブリックフォーラムは不特定多数の一般人が移動のために用いる場所であり、そこで集団行動がなされれば、不特定多数の一般人に対して危害が加わる可能性があるためである。

伝統的パブリックフォーラムでは、不特定多数者に対する危険が生じることが内在的な集団行動の自由の制約正当化根拠となり得る。

一方指定的パブリックフォーラムでは、不特定多数者に対する危険が生じる可能性は低いため、そこでの集会の自由によって不特定多数者に危害を生じさせる可能性は一般的に低いことから、制約正当化の判断枠組みとしては社会に対する明白かつ現在の危険が要求されることとなる。

(3) 結社の自由

結社の自由の保護範囲には、まず個人の結社する自由、結社しない自由が含まれる。

結社の構成員が自律的に結社の意思を決定すること、そしてその意思を実施すること、さらには構成員に決定の遵守を求め、違反に対して懲戒を行って結社の規律を維持することも結社の自由に含まれる。

結社の目的には政治芸術社交等様々なものがあるが、あらゆる結社が憲法上保護されるわけではない。例えば、犯罪を行うことそれ自体を目的とする結社は、憲法上の保護を受けないと考えられる。

★表現の自由の問題の検討のポイント★

従来批判されてきたように、自己実現・自己統治の価値があるため重要な権利であると論証し、本件は内容規制であるから厳格な審査基準に服するといった観念的抽象的な論証を繰り広げるのではなく、問題となっている表現行為の規制が、表現の自由のどの保障根拠をどの程度毀損しようとしているのかを具体的に論じ、事案に即した「判断枠組み」を定立することが必要となります。上記に記載した議論はあくまで一般論ですが、事案の分析のための視点にはなると思います。上記議論を参考に詳細な事案分析を行ってください。

8　憲法23条　学問の自由・大学の自治

(1)　学問の自由

ア　憲法上の権利の制約

条文：憲法23条「学問の自由は、これを保障する。」
定義：学問とは、真理探究を目的として行われる精神的営為のことをいう
保障根拠：真理を探究する上で学問の自律性・独立性を担保しなければならない点
そして、自律的な研究活動から生み出される知識は、民主的政治過程に適切な知見を提供すること、研究による技術革新によって経済活動の発展を促すことができる等社会全体の利益をもたらすため、学問の自由は特に社会全体の発展のために保障する必要性がある
保護範囲：
i　学問研究の自由――何を研究するか、どのように研究するかを研究する者が決める自由――要素として真理の発見・探究を目的とする
ii　研究発表の自由――研究の結果を発表することができないならば研究自体が無意味になるので、23条で保障
iii　教授の自由――研究と教育は一体であることから教育の一内容たる教授の自由も23条で保障
※何が「学問」にあたるかどうかが問題となりうるが、真理の発見・探究を目的とする営為であれば、基本的に学問にあたると判断してよいと思われる。特に大学に所属する教授の研究内容については、大学という本来的研究機関に属する者の研究であるから、学問にあたると推定される
※また、学問の自由の享有主体としては、大学教員その他の研究者に限らず、学問活動を行う主体であれば保障される

▼論証例

～は真理の発見・探究を目的とする研究活動であることから、学問研究の自由として憲法23条によって保障される。

イ　判断枠組み

(ア)　権利の重要性

表現の自由の特別法的位置づけにあるため、基本的に表現の自由に妥当する保障根拠から権利の重要性が認められる。

また、研究による社会の発展を促すことができるという意味で、表現の自由とは異なった権利の重要性を基礎づける保障根拠が存在する。

(イ)　制約の強度

学問の自由は、表現の自由の特別法的立ち位置にあるため、基本的に内容着目規制、内容中立規制と同じ議論が妥当する。

伝統的に学問の自由についてイメージされた「学問」である、古典的な精神的活動の人文・社会科学に関する研究の規制は内容規制にあたりやすく、その場合厳格審査で判断されることとなる。

自然科学の分野における研究、特に先端技術研究（遺伝子研究・生殖医療研究・ヒトクローン技術研究等）については、その特殊性を特に意識しなければならない。

すなわち、このような自然科学の研究については、研究によって人間や環境に重大かつ予測不可能な不可逆的影響を与えるおそれがあるため、このような自然科学の研究は、表現内容に着目したものではなく、研究によって生じる危険に着目した内容中立規制にあたる可能性が高くなる。そのような場合については、厳格な合理性の基準で判断することとなろう。

それに加えて、特に、当該研究行為によって生じる危険性が不可逆的な損害を生じさせるおそれがあるものである場合、予測的な規制の必要性が高く、立法事実の存在なくして手段の合理性を検討する合理性の基準が親和的な審査基準となると考えられる。

地裁判決であるが、大飯原発差止訴訟（福井地判平 26・5・21 判例時報 2228 号 72 頁）において、「生命を守り生活を維持する利益は人格権の中でも根幹部分をなす根源的な権利ということができる。本件ではこの根源的な権利と原子力発電所の運転の利益の調整が問題となっている。原子力発電所は、電気の生産という社会的には重要な機能を営むものではあるが、原子力の利用は平和目的に限られているから（原子力基本法２条）、原子力発電所の稼動は法的には電気を生み出すための一手段たる経済活動の自由（憲法22条1項）に属するものであって、憲法上は人格権の中核部分よりも劣位に置かれるべきものである。しかるところ、大きな自然災害や戦争以外で、この根源的な権利が極めて広汎に奪われるという事態を招く可能性があるのは原子力発電所の事故のほかは想定し難い。かような危険を抽象的にでもはらむ経済活動は、その存在自体が憲法上容認できないというのが極論にすぎるとしても、少なくともかような事態を招く具体的危険性が万が一でもあれば、その差止めが認められるのは当然である。」とし、失われる利益の大きさからすれば、危険発生の可能性が小さくともそれを阻止する必要があり、一定程度予測的な規制を許容する考え方を採用している。

⑵　大学の自治

大学の自治は、大学における学問の自律性を保障するための制度的保障であると考えられている。

大学の自治の内容としてポポロ事件は、ⅰ大学の教授その他の研究者の人事の自治、ⅱ大学の施設と学生の管理の自治をあげている。

●ポポロ事件（最大判昭38・5・22〔Ⅰ－86〕）

「大学における学問の自由を保障するために、伝統的に大学の自治が認められている。この自治は、とくに大学の教授その他の研究者の人事に関して認められ、大学の学長、教授その他の研究者が大学の自主的判断に基づいて選任される。また、大学の施設と学生の管理についてもある程度で認められ、これらについてある程度で大学に自主的な秩序維持の権能が認められている。」

「大学における学生の集会も、右の範囲において自由と自治を認められる」。

「学生の集会が真に学問的な研究またはその結果の発表のためのものでなく、実社会の政治的社会的活動に当る行為をする場合には、大学の有する特別の学問の自由と自治は享有しない」

大学の施設を利用できるのは、「大学の教授その他の研究者の有する特別な学問の自由と自治の効果としてである」。

学生の大学施設利用権が制約されるような問題が出題された場合、学生の大学施設利用権は大学の自治の効果として派生的に生じるにすぎないということになるため、大学の施設利用権を制約するものとして違憲であるとの主張は困難なものとなってくる。

★学問の自由の問題の検討のポイント★

基本的には表現の自由の問題と同じように考えてよいでしょう。表現の自由と異なる点としては、科学技術等の研究に際してはそれによって生じる客観的な害悪が想定しやすいという特殊性があるため、その点をしっかり検討することが求められてきます。それに加えて特殊な問題としては、学問の自由と大学の自治が衝突する場面が考えられます。たとえば、大学がその大学の所属教授に研究をやめるよう求めるような事案については、学問の自由と大学の自治が衝突する場面です。このような場合については、大学の自治の趣旨が学問の自律性を保障しようというものであり、学問の自由を手段的に保護するための制度であるのだから、一概に大学の自治が優位すると考えるのではなく、当該事案で最も学問の自由を保護することになる帰結はどういったものなのかを考えてそれを表現することができれば十分評価される答案になるでしょう。

9　憲法22条　職業の自由

⑴　職業の自由総説

条文：憲法22条1項「何人も、公共の福祉に反しない限り、居住、移転及び職業選択の自由を有する。」
定義：職業選択の自由は、自己の従事する職業を決定する自由を意味する
保障根拠：職業の選択や営業活動を通じて、個人の自己実現、自己充足、自律を図る点。自由な経済活動を保障することが社会全体の利益を促進するという点。社会の存続、発展に寄与する点
保護範囲：職業選択の自由、職業遂行の自由

⑵　憲法上の権利の制約

●薬事法違憲判決（最大判昭50・4・30〔I－92〕）
「職業は、ひとりその選択、すなわち職業の開始、継続、廃止において自由であるばかりでなく、選択した職業の遂行自体、すなわちその職業活動の内容、態様においても、原則として自由であることが要請されるのであり、したがって、右規定は、狭義における職業選択の自由のみならず、職業活動の自由の保障をも包含している。」

▼論証例：「職業」の自由の保障範囲

憲法22条1項は「職業選択の自由」を保障するところ、職業の遂行をすることができないと、実質的に職業選択の自由を保障したことにはならないことから、職業遂行の自由も保障される。

職業の自由の中には、職業選択と遂行が区別される。職業を「選択」する自由とは、職業の開始、継続、廃止の自由である。職業「遂行」の自由は、その職業活動の内容、態様において自由である。

そして、職業遂行の自由の中には、狭義の職業遂行の自由と営業の自由に分けられる。狭義の職業遂行の自由は、人格的価値を有している。他方で、営業の自

由は、単なる営利を目的とする自主的・継続的活動の自由である。人格的価値があるか否かが区別の基準であるが、理解が難しいようであれば、「職業遂行の自由」という言葉でまとめてしまっても問題はない。

(3)　判断枠組み

薬事法違憲判決を活かした判断枠組みの定立をすることが求められる。薬事法違憲判決では、立法裁量があることを前提に「事の性質」による裁量の幅を狭めるという検討をしている。では、「事の性質」としてどのような点に着目すべきか。

ア　権利の重要性

●薬事法違憲判決（最大判昭 50・4・30〔Ⅰ−92〕）

「職業は、人が自己の生計を維持するためにする継続的活動であるとともに、分業社会においては、これを通じて社会の存続と発展に寄与する社会的機能分担の活動たる性質を有し、各人が自己のもつ個性を全うすべき場として、個人の人格価値とも不可分の関連を有する」

ⅰ　人が自己の生計を維持するためにする継続的活動—収入面
ⅱ　社会の存続と発展に寄与する社会的機能分担—社会のため
ⅲ　各人が自己のもつ個性を全うすべき場として、個人の人格価値とも不可分の関連—個人の自己実現、自己充足、自律

この３つの側面がある。最も重要なのは、人格的価値と言われている。なお、薬事法違憲判決では権利の重要性は前提とされているため、判断枠組みの定立以前の議論となっているが、この点も関わっていると考えられる。

イ　制約の強度

●薬事法違憲判決（最大判昭50・4・30〔Ⅰ－92〕）

「一般に許可制は、単なる職業活動の内容及び態様に対する規制を超えて、狭義における職業の選択の自由そのものに制約を課するもので、職業の自由に対する強力な制限である」

事前規制に当たり、実質的に職業選択の自由そのものに対する制約と評価できるかがポイントとなる。

●薬事法違憲判決（最大判昭50・4・30〔Ⅰ－92〕）

「薬局の開設等の許可における適正配置規制は、設置場所の制限にとどまり、開業そのものが許されないこととなるものではない。しかしながら、薬局等を自己の職業として選択し、これを開業するにあたつては、経営上の採算のほか、諸般の生活上の条件を考慮し、自己の希望する開業場所を選択するのが通常であり、特定場所における開業の不能は開業そのものの断念にもつながりうるものであるから、前記のような開業場所の地域的制限は、実質的には職業選択の自由に対する大きな制約的効果を有するものである。」

主観的条件：当人の努力・意思で達成することのできる条件
客観的条件：当人の努力・意思で達成することのできない条件

客観的条件は、個人の根源的平等性を否定する側面があることから、人格的価値を毀損する度合いが大きく厳格に審査される。

ウ　規制目的二分論

規制目的二分論とは、規制目的を消極国家における規制目的、すなわち国民の生命及び健康に対する危険の防止や最低限の秩序維持の目的と、積極国家において登場した規制目的、すなわち積極的な社会経済政策目的に二分して、それぞれ厳格度の異なる審査基準を適用するというものである。

その理由としてよくあげられるのが、裁判所の審査能力や国会との役割分担を考慮した結果であるというものである。すなわち、消極目的の規制については伝統的な警察比例の原則が妥当することから目的適合的な手段は限られており、裁判所の審査に適しているのに対し、社会経済政策については達成手段が複数考えられる以上、比例原則を妥当させることが困難であり、国会の判断に委ねるべきであるから、審査基準は緩やかになると説明されている。

> 問題となっている条例の規制目的は複合的である。したがって、その違憲性（合憲性）判断の根幹は、規制目的をいわゆる消極目的と見るのか、積極目的と見るのかという点にあるのではない。規制目的が複合的である場合に、その違憲性（合憲性）をどのように判断するのかという点にある。したがって、単純に原告側主張で消極目的の条例とし、被告側主張で積極目的の条例として論じることは、問題の核心を見誤っている。その意味において、本年の問題では、単純に規制目的二分論を用いて答えを導きだすことはできない。
>
> （平成 26 年司法試験出題趣旨）

出題趣旨を見てみると、規制目的二分論はそこまで重要視されていないようにも思えるが、あくまで「根幹は」規制目的二分論にあるわけではないと述べているにすぎず、検討する必要はないとまではいっていない。

> 審査基準を検討するに当たっては、小売市場事件判決が積極目的規制について立法府の広い裁量を認めていることに留意する必要がある。その際、積極目的・消極目的の二分論に従わないのであれば、そのための論証が必要であろう。一方、この目的二分論に従う場合にも、二分論を採らなかった判例や学説における二分論の機械的適用に対する批判を考慮することが望ましい。
>
> （令和２年司法試験採点実感（公法系科目第１問））

上記の採点実感でも、「小売市場事件判決が積極目的規制について立法府の広い裁量を認めていることに留意する必要がある」とされている以上、規制目的二分論を採用するにせよ、採用しないにせよ、規制目的二分論自体を検討する必要はある。問題を解く際には、問題となっている規制の強度を検討し、その後積極目的規制にあたるとされた場合に判断枠組みを緩やかにする、といった運用をすることが考えられる。

▼論証例：薬事法違憲判決を利用した判断枠組みの定立の冒頭

> 職業の多様性に応じて、その規制を要求する目的も多様であり、また規制手法も多様であることから、立法裁量が認められる。これより、憲法上是認されるかどうかは一律に論ずることができず、具体的な規制措置について、規制目的、必要性、内容、これによって制限される職業の自由の性質、内容及び制限の程度を検討し、これらを比較考量したうえで決定すべきである。
>
> もっとも、事の性質上、立法裁量の範囲については広狭がありうるのであって、裁判所は具体的な規制目的、対象、方法等の性質と内容に照らして、これを決すべきである。

★職業の自由の問題の検討のポイント★

職業の自由の問題で、原告が消極目的規制を主張し、被告が積極目的規制を主張し、私見で規制目的二分論は放棄された等と論じる答案は評価しないとされています。規制目的二分論だけではなく、職業の自由の保障根拠たる、職業活動を通じての個人の自律や生計の確保という点にどれだけインパクトをあたえる規制なのか、事案を具体的に検討し、薬事法違憲判決などを参考に、その評価を原告、被告で争わせる等といったことを行いましょう。

10　憲法29条　財産権

(1)　財産権総説

条文：憲法29条1項「財産権は、これを侵してはならない。」
憲法29条2項「財産権の内容は、公共の福祉に適合するやうに、法律でこれを定める。」
定義：財産権とは、財産的価値を有するすべての権利を意味し、所有権その他物権、債権のほか、著作権・特許権などの無体財産権、鉱業権、漁業権などの特別法上の権利も含む
保護範囲：①個人の現に有する具体的な財産上の権利の保障、②個人が財産権を享有しうる法制度、つまり私有財産制という制度保障
保障根拠：個人が自律した生を全うするためには、個人の物的資源の享有が必要である点
社会の複雑化に応じ、私人の予測可能性を確保して行動の自由を保障する点

保護範囲からわかるように、**①既得権型の問題**と**②制度形成型の問題**に分類することができる。①既得権型の問題では、すでに権利が存在することから制約を認定できるのに対し、②制度形成型の問題では、制約の認定ができない。つまり、**具体的自由への制約の認定ができるか否か**が分岐である。①の問題は国有農地特措法事件を、②の問題は森林法違憲判決や証券取引法事件を参照することになる。

(2)　既得権型の問題の思考―国有農地特措法事件を読む

●国有農地特措法事件（最大判昭53・7・12〔I－99〕）
「憲法29条1項は、「財産権は、これを侵してはならない。」と規定しているが、同条2項は、「財産権の内容は、公共の福祉に適合するやうに、法律でこれを定める。」と規定している。したがつて、法律でいつたん定められた財産権の内容を事後の法律で変更しても、それが公共の福祉に適合するようにされたものである限り、これをもつて違憲の立法ということができないことは明らかである。そして、右の変更が公共の福祉に適合するようにされたものであるかどうかは、

いつたん定められた法律に基づく財産権の性質、その内容を変更する程度、及びこれを変更することによつて保護される公益の性質などを総合的に勘案し、その変更が当該財産権に対する合理的な制約として容認されるべきものであるかどうかによつて、判断すべきである。

本件についてこれをみると、改正前の農地法80条によれば、国が買収によつて取得し農林大臣が管理する農地について、自作農の創設等の目的に供しないことを相当とする事実が生じた場合には、当該農地の旧所有者は国に対して同条2項後段に定める買収の対価相当額をもつてその農地の売払いを求める権利を取得するものと解するのが相当である（最高裁昭和42年（行ツ）第52号同46年1月20日大法廷判決・民集25巻1号1頁参照）。ところで、昭和46年4月26日公布され同年5月25日施行された特別措置法は、その附則4項において、右農地法80条2項後段を削り、その2条において、売払いの対価は適正な価額によるものとし、政令で定めるところにより算出した額とする旨を規定し、これを承けて、特別措置法施行令1条1項は、同法2条の売払いの対価はその売払いに係る土地等の時価に10分の7を乗じて算出するものとする旨を定め、更に同法附則2項は、同法はその施行の日以後に農地法80条2項の規定により売払いを受けた土地等について適用する旨を規定している。したがつて、特別措置法2条、同法施行令1条、同法附則2項は、旧所有者が農地法80条2項により国に対し買収農地の売払いを求める場合の売払いの対価を、買収の対価相当額から当該土地の時価の7割に相当する額に変更したものであることは明らかである。

そこで、以下、右のような売払いの対価の変更が権利の性質等前述した観点からみて旧所有者の売払いを求める権利に対する合理的な制約として容認されるべきものであるかどうかについて、判断する。……このように特別措置法による売払いの対価の変更は公共の福祉に適合するものであるが、同法の施行前において既に自作農の創設等の目的に供しないことを相当とする事実の生じていた農地について国に対し売払いを求める旨の申込みをしていた旧所有者は、特別措置法施行の結果、時価の7割相当額の対価でなければ売払いを受けることができなくなり、その限度で買収の対価相当額で売払いを受けうる権利が害されることになることは、否定することができない。しかしながら、右の権利は当該農地について既に成立した売買契約に基づく権利ではなくて、その契約が成立するためには更に国の売払いの意思表示又はこれに代わる裁判を必要とするような権利なのであり、その権利が害されるといつても、それは売払いを求める権利自体が剥奪されるようなものではなく、権利の内容である売払いの対価が旧所有者の不利益に変

> 更されるにとどまるものであつて、前述のとおり右変更が公共の福祉に適合するものと認められる以上、右の程度に権利が害されることは憲法上当然容認されるものといわなければならない。」

ア　憲法上の権利の制約

当該事案において、個人の現に有する財産上の権利は、“国に対して農地売払いを求める権利”である。そして、この農地売払いを求める権利について、売払いの対価が変更されたことから、同権利の制約を認めた。この権利が財産権に該当する旨の検討は必要であろう。

ここで売払いの対価が変更された時期が、既得権型か制度形成型かを分けるポイントとなる。①事後法が制定される前から農地を有しており、国に対して売渡請求をしていた、②事後法が制定される前から農地を有していたが、事後法が制定された後に、国に対して売渡請求をした、③事後法が制定された後に農地を取得し、事後法に基づいて国に対して売渡請求をした、という3つのパターンが考えられる。まず③の場合、事後法が制定される前に国に対する農地売払いを求める権利を有していたわけではないから個人の現に有する財産上の権利が制約されたものとはいえない。次に、②の場合も、事後法制定前から売払いを求める権利を有していたわけではないから、個人の現に有する財産権が制約されたものとはいえない。したがって、個人の現に有する財産権が制約された場合といえるのは、①の場合に限られることとなる。

イ　判断枠組み

大きな判断枠組みは、「いったん定められた法律に基づく財産権の性質、その内容を変更する程度、及びこれを変更することによって保護される公益の性質などを総合的に勘案し、その変更が当該財産権に対する合理的な制約として容認されるべきものであるかどうかによって、その合憲性を判断すべきである」である。「財産権の性質」とは権利の重要性、「その内容を変更する程度」とは制約の重大性、「保護される公益の性質」は目的に相当するものである。

まず、「**財産権の性質**」については、自己の設定した“具体的自由”と保障根拠との距離感を測る。すなわち、保障根拠①からすれば、**当該自由がどれだけ個人の**

生活に重要かがポイントになる。また、保障根拠②からすれば、**どれだけ具体的に獲得された権利であるか**がポイントになろう。後者について、判決では「右の権利は、当該農地について既に成立した売買契約に基づく権利ではなくて、その契約が成立するためには更に国の売払いの意思表示又はこれに代わる裁判を必要とするような権利」であるとして、意思表示のない段階では、具体的に獲得された権利ではないと考えているようである。

次に、「その内容を変更する程度」については、「権利自体が剥奪されるようなものではなく、その権利の内容である売払いの対価が旧所有者の不利益に変更されるにとどまるもの」と判断している。つまり、**剥奪 or 変更**がポイントであり、変更については**変更の程度**に着目することになろう。

上記のポイントを踏まえれば、下位規範となる判断枠組みを定立することは可能である。裸の比較衡量を嫌うのであれば、下位規範となる判断枠組みを定立し、個別的具体的検討として「保護される公益の性質」を検討するのが良いだろう。

▼論証例：既得権型の冒頭

憲法 29 条 1 項は「財産権」として具体的な個人の現に有する財産上の権利を保障している。

本件法律の内容変更によって遡及的に剥奪することは財産権の制約にあたる。

そして、いったん定められた法律に基づく財産権の性質、その内容を変更する程度、及びこれを変更することによって保護される公益の性質などを総合的に勘案し、その変更が当該財産権に対する合理的な制約として容認されるべきものであるかどうかによって、その合憲性を判断すべきである。

(3)　制度形成型の問題の思考―森林法違憲判決を読む

ア　大前提となる判断枠組み

「財産権は、それ自体に内在する制約がある外、その性質上社会全体の利益を図るために立法府によって加えられる規制により制約を受けるものである」として、「公共の福祉」による規制の余地を論じている。そして、この規制は、「財産権の種類、性質等は多種多様であり、また、財産権に対する規制を必要とする社会的理由ないし目的も……多岐にわたるため、種々の態様のものがあり得る」とした。このような財産権の種類・性質の多様性及び規制目的・態様の多様性から、公共の福祉に反するか否かを「規制目的、必要性、内容、その規制によって制限される財産権の種類、性質及び制限の程度を比較考量して決すべき」との規範を定立している。

証券取引法事件（最大判平14・2・13〔Ⅰ－97〕）が緩やかな比例原則のデフォルトであるとすると、森林法共有林事件は、かなり踏み込んだ審査をしている。この差がどこから生じているのかを探求する必要があるだろう。

イ　審査密度の確定における個別事情

森林法違憲判決を読み、分析してみる。なお、森林法違憲判決では、上記③の場面の問題であったため、個人の現に有する財産上の権利が制約されたものではない（森林を取得した時点ですでに制限されていた。）。

●森林法違憲判決（最大判昭62・4・22〔Ⅰ－96〕）

「森林法186条は、共有森林につき持分価額2分の1以下の共有者（持分価額の合計が2分の1以下の複数の共有者を含む。以下同じ。）に民法256条1項所定の分割請求権を否定している。

そこでまず、民法256条の立法の趣旨・目的について考察することとする。共有とは、複数の者が目的物を共同して所有することをいい、共有者は各自、それ自体所有権の性質をもつ持分権を有しているにとどまり、共有関係にあるというだけでは、それ以上に相互に特定の目的の下に結合されているとはいえないものである。そして、共有の場合にあっては、持分権が共有の性質上互いに制約し合う関係に立つため、単独所有の場合に比し、物の利用又は改善等において十分配慮されない状態におかれることがあり、また、共有者間に共有物の管理、変更等をめぐって、意見の対立、紛争が生じやすく、いったんかかる意見の対立、紛争が生じたときは、共有物の管理、変更等に障害を来し、物の経済的価値が十分に実現されなくなるという事態となるので、同条は、かかる弊害を除去し、共有者に目的物を自由に支配させ、その経済的効用を十分に発揮させるため、各共有者はいつでも共有物の分割を請求することができるものとし、しかも共有者の締結する共有物の不分割契約について期間の制限を設け、不分割契約は右制限を超えては効力を有しないとして、共有者に共有物の分割請求権を保障しているのである。このように、共有物分割請求権は、各共有者に近代市民社会における原則的所有形態である単独所有への移行を可能ならしめ、右のような公益的目的をも果たすものとして発展した権利であり、共有の本質的属性として、持分権の処分の自由とともに、民法において認められるに至ったものである。
　したがって、当該共有物がその性質上分割することのできないものでない限り、分割請求権を共有者に否定することは、憲法上、財産権の制限に該当し、かかる制限を設ける立法は、憲法 29 条2項にいう公共の福祉に適合することを要するものと解すべき」である。

森林法違憲判決では、「財産権の種類、性質」として共有物分割請求権が単独所有の原則という**私法の根幹をなす法制度**に関するものであると考えている。そして、「制限の程度」として、共有物分割請求権を認めないことは**当該制度を否定する**ものである（その意味で、制度に対する制約があると評価できる。）。つまり、「財産権の種類、性質」として、問題となっている法制度が**私法の根幹をなす法制度**（契約法や相続法など）なのか、そして、「制限の程度」とでは、根本となる法制度（ベースライン）との**乖離度合い**はどの程度なのかを検討しているといえる。
森林法違憲判決のように審査密度が高まると、立法事実に踏み込んだ検討をすることができる。なお、森林法違憲判決の検討の順番は目的手段の側面からであるが、ここでも不利益性（財産権の種類、性質及び制限の程度）を先に検討し、下位規範となる判断枠組みを定立することでいつも通りの展開ができると思われる。

▼論証例：制度形成型の冒頭

憲法 29 条 1 項は、「財産権」として、個別の財産上の権利だけでなく、現在の私有財産制度の基礎となる法制度をも保障している。もっとも、その内容は法律により定められる（同 29 条 2 項）が、「公共の福祉」に反してはならない。「公共の福祉」に反するか否かは、財産権の種類・性質が多種多様であり、それに対応した法制度の設計も多岐にわたることになることから、規制目的、必要性、内容、その規制によって制限される財産権の種類、性質及び制限の程度を比較考量して決すべきである。

(4) 損失補償

> 条文：憲法29条3項「私有財産は、正当な補償の下に、これを公共のために用いることができる。」
>
> 趣旨：①29条1項で財産権を保障していることから必然的に生じるものとしての収用前後を通じた財産価値の保障する点、②特定の個人の犠牲のもとに社会全体が利益を得るのは公平に反することから社会全体の負担の公平を図る点

ア　損失補償の要否―「特別の犠牲」の意義

損失補償請求は、趣旨②からすれば、「特別の犠牲」にあたらなければ請求することができない。特別の犠牲にあたるかどうかについては、**ⓐ侵害行為が広く一般人を対象とするものか、あるいは特定の個人ないし集団を対象とするものか（形式的要素）、ⓑ侵害行為が財産権に内在する社会的制約として受忍すべき限度内か否か**、の2点を基準として総合的に判断すべきである（なお、ⓑが中心的な議論になる。）。

イ　「公共のために用いる」の意義

この文言が問題となるのは、収用された財産権が最終的に個人によって使用される場合である。例えば、公共住宅に用いるとすると、そこに居住する特定の私人のためのものでもあり、「公共」のためとは言えないのではないかという問題が生じる。

趣旨②からすれば、特定人でなく社会一般が利益を享受している場合には、損失補償の必要があり、「公共」のために用いたといえる。具体的には、利益の帰属先や収用目的といった事情を考慮することになる。

ウ　「正当な補償」の意義

趣旨①からすれば、市場価格を基準として収用時の価格を完全に賠償するのが妥当である。なお、農地改革事件（最大判昭28・12・23〔Ⅰ－100〕）では「相当な額」での補償としていると判断している。

★財産権の問題の検討のポイント★

当該事案が既得権型なのか、制度形成型なのかを、当事者の具体的自由が制約されているか否かで判断することから始めます。既得権型であれば、防御権と同様の展開ができるので、国有農地特措法事件を参考に論じていきます。他方、制度形成型であれば、判例で述べられている大前提となる判断枠組みを示した上で、森林法違憲判決を参考に審査密度を検討し、目的手段審査に持ち込むことになります。

11　憲法 25 条　生存権

(1)　生存権に絡む論点

生存権は防御権ではなく、国家が行動することを求める積極的権利であり、給付請求権の性質を有している。そのため、防御権と同様に三段階審査を採用することはできない。そこで、生存権は、「健康で文化的な最低限度の生活」を下回っているか否かで違憲性の有無を判断すればよい。したがって、普通の法律における要件解釈の問題という側面が強い。

ア　「二重の未確定性」とは何か。

生存権には、「二重の未確定性」という問題がはらむ。二重の未確定性とは、①国が国民に対してどのような手段をすればいいのかが決まっていない（手段・仕組みの未確定性 / what の問題）、②国がどこまですればいいのかが決まっていない（内容・程度の未確定性 / how の問題）の 2 つの点のことである。そこで、「健康で文化的な最低限度の生活」に関しては国民の代表者が決めたラインがそれにあたる。すなわち、国が裁量に基づいて決めるものである。したがって、裁量権を逸脱濫用しているかどうかで最低限度のラインを判断しなければならない。

イ　「抽象的権利説」とは何か。

現在の多数説である抽象的権利説とは、25 条 1 項の法規範性を肯定しつつも、直接 25 条 1 項を根拠として国の立法や行政の不作為の違憲性を裁判で主張することができず、具体的な法律の存在を前提にしなければならないとするものである。

抽象的権利説によれば、生存権は具体的な権利ではなく、立法などにより具体化される権利であるということになる。すなわち、立法裁量が認められるのである。

(2)　生存権に絡む裁量―堀木訴訟を読む

上記の通り、生存権の性質からすれば、立法裁量が認められることは明らかである。裁量があるとして、それはどれくらい広いものなのかを考えてみると、堀木訴訟判決が参考になる。

●堀木訴訟判決（最大判昭 57・7・7〔Ⅱ－132〕）

「このように、憲法 25 条の規定は、国権の作用に対し、一定の目的を設定しその実現のための積極的な発動を期待するという性質のものである。しかも、右規定にいう『健康で文化的な最低限度の生活』なるものは、きわめて抽象的・相対的な概念であつて、その具体的内容は、その時々における文化の発達の程度、経済的・社会的条件、一般的な国民生活の状況等との相関関係において判断決定されるべきものであるとともに、右規定を現実の立法として具体化するに当たつては、国の財政事情を無視することができず、また、多方面にわたる複雑多様な、しかも高度の専門技術的な考察とそれに基づいた政策的判断を必要とするものである。したがつて、憲法 25 条の規定の趣旨にこたえて具体的にどのような立法措置を講ずるかの選択決定は、立法府の広い裁量にゆだねられており、それが著しく合理性を欠き明らかに裁量の逸脱・濫用と見ざるをえないような場合を除き、裁判所が審査判断するのに適しない事柄であるといわなければならない。」

生存権の性質に加えて、堀木訴訟の判旨では、ⓐ抽象的・相対的な概念であること、ⓑ国の財政事情が関わること、ⓒ専門的考察とそれに基づいた政策的判断を必要とするものであること、を踏まえて、「立法府の広い裁量」を認めている。

堀木訴訟は、旧児童扶養手当法4条3項3号（併給禁止。現行法には対応規定なし）所定の要件が問題となる立法裁量の場面であった。しかし、生存権が絡む裁量には、①立法裁量、②行政立法に関する裁量、③行政処分に関する裁量の場面がある。そのため、上記ⓐからⓒの要素が②や③の場面でも妥当するかを丁寧に考えていかなければならない。例えば、③の場面ではⓑの要素はほぼない。

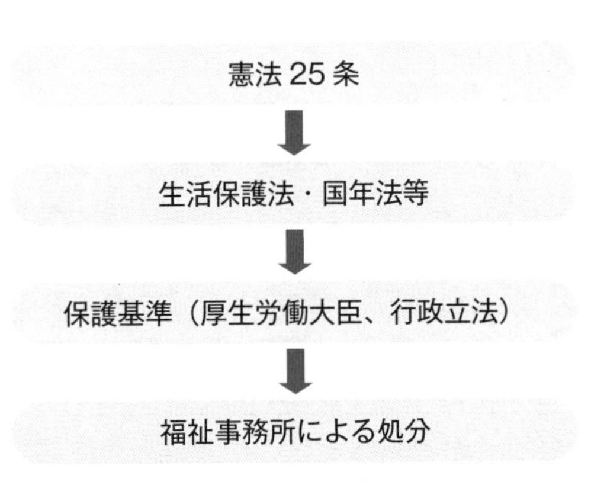

(3)　生存権に絡む裁量の統制手法

そこで、「最低限度」か否かの検討は、上記で認定された裁量の逸脱・濫用の検討となる。しかし、幅の広い裁量であれば合憲になりやすい。そこで、裁量の幅を狭める手法が展開されてきた。

ア　結果に着目する手法－裁量に「枠」をつける

生存権の裁量統制の基本的な手法は、裁量に「枠」をつけることである。どういう枠かというと、**憲法25条の趣旨**や生活保護法等の制度趣旨という枠である。枠をはめたら、この趣旨と一貫しているか否かという点で審査をし、趣旨に反する場合は裁量権の逸脱濫用とみなされる。

イ　過程に着目する手法－審査対象を拡大させる

上記の手法は、結果として定められた法律などが、憲法25条の趣旨に適合するかという審査である。しかし、近年、行政裁量の違法性審査に、**判断過程審査**（考慮すべきものを考慮し、考慮すべきでないものを考慮してしまっていないか、考慮した事項の評価に明白な過誤はないかを審査する手法）が用いられてきている。下記の判決では、社会情勢や立法事実の変化等の要素を考慮すべきものとして、その検討をしている。

●老齢加算廃止違憲訴訟（最判平24・2・28〔Ⅱ－135〕）

「そして、老齢加算の減額又は廃止の要否の前提となる最低限度の生活の需要に係る評価や被保護者の期待的利益についての可及的な配慮は、前記(2)及び(3)のような専門技術的な考察に基づいた政策的判断であって、老齢加算の支給根拠及びその額等については、それまでも各種の統計や専門家の作成した資料等に基づいて高齢者の特別な需要に係る推計や加算対象世帯と一般世帯との消費構造の比較検討がされてきたところである。これらの経緯等に鑑みると、老齢加算の廃止を内容とする保護基準の改定は、①当該改定の時点において70歳以上の高齢者には老齢加算に見合う特別な需要が認められず、高齢者に係る当該改定後の生活扶助基準の内容が高齢者の健康で文化的な生活水準を維持するのに足りるものであるとした厚生労働大臣の判断に、最低限度の生活の具体化に係る判断の過程及び手続における過誤、欠落の有無等の観点からみて裁量権の範囲の逸脱又はその濫用があると認められる場合、あるいは、②老齢加算の廃止に際し激変緩和等の措置を採るか否かについての方針及びこれを採る場合において現に選択した措置が相当であるとした同大臣の判断に、被保護者の期待的利益や生活への影響等の観点からみて裁量権の範囲の逸脱又はその濫用があると認められる場合に、生活保護法3条、8条2項の規定に違反し、違法となる。」

なぜ、判断過程審査のように一歩踏み込んだ審査が認められたのか。制度後退に関する事例では、一度決められたラインが最低限度の生活となるわけであるが、それを切り下げるとなると、なぜ一度決められたラインから切り下げても最低限度の生活を割らなくて済むのか**説明責任**が生じることとなる。どうしてこのような制度になったのかの説明を検証することは、どのような判断がなされたかの検証をしていることになる。このような理由から、判断過程に踏み込んだ審査が認められたといえる。

制度後退に関する事案以外の場合でも、朝日訴訟の奥野裁判官補足意見が参考になり得る。この意見では、厚生大臣は、保護基準の設定にあたって、客観的に存在する最低限度の生活水準の内容を合理的に探究して具現化しなければならない責務があるとしている。この責務は、憲法25条2項が「努めなければならない」と規定していることを根拠としている。そうすると、本当に適当な探求をしていたのかを審査の対象とすることができ、判断過程への審査が可能となる。

▼論証例：生存権の冒頭

生存権の法的性質は、法律によって初めて具体化されるものである。

このように、憲法25条は、国家に積極的な活動を求めるものであり、「健康で文化的な最低限度の生活」とは抽象的・相対的な概念にすぎない。また、国の財政事情を無視することはできず、しかも高度の専門技術的な考察とそれに基づいた政策的判断が必要となる。よって、立法府に広汎な裁量が認められる。

もっとも、①かかる裁量は憲法25条1項の趣旨に少なくとも適合していなければならない。また、②憲法25条2項は、「最低限度の生活水準の内容」を探求する努力義務を定めていることから、かかる努力義務が全うされているか、すなわち、判断の過程や手続等から審査するべきである。

(4) 自由権的側面

ある個人が国家から税金を課されてお金を取られた結果、自己の生活水準が低下した場合には、生存権の自由権的側面の侵害の問題となる。

生活保護等による給付を与える場面ではなく、国家が国民から生活の糧を奪っていくという場面であるから、生存権は具体的権利か否かという議論は不要である。なぜなら、立法に対して給付を請求する場面ではないからである。

もっとも、当該課税措置等によって国民が最低限度の生活を割ったのかどうかという点は、依然として客観的に確定できない以上、裁量権の逸脱濫用があったかどうかの審査にならざるを得ない。生存権の性質が考えられる自由権や平等の問題は、裁量の根拠として堀木訴訟判決の論理を展開させるとよい。

●総評サラリーマン税金訴訟（最大判昭 60・3・27〔I－31〕）

「憲法 25 条にいう『健康で文化的な最低限度の生活』なるものは、きわめて抽象的・相対的な概念であって、その具体的内容は、その時々における文化の発達の程度、経済的・社会的条件、一般的な国民生活の状況等との相関関係において判断決定されるべきものであるとともに、右規定を現実の立法として具体化するに当たっては、国の財政事情を無視することができず、また、多方面にわたる複雑多様な、しかも高度の専門技術的な考察とそれに基づいた政策的判断を必要とするものである。したがって、憲法 25 条の規定の趣旨にこたえて具体的にどのような立法措置を講ずるかの選択決定は、立法府の広い裁量にゆだねられており、それが著しく合理性を欠き明らかに裁量の逸脱・濫用と見ざるを得ないような場合を除き、裁判所が審査判断するのに適しない事柄であるといわなければならない」「そうだとすると、上告人らは、前記所得税法中の給与所得に係る課税関係規定が著しく合理性を欠き明らかに裁量の逸脱・濫用と見ざるを得ないゆえんを具体的に主張しなければならないというべきである。」

▼論証例

課税によって、「最低限度の生活」を下回るか検討する。
「健康で文化的な最低限度の生活」の内容が客観的に確定できないことから最低限度の生活を下回るか否かの判断は立法府や行政の裁量に委ねられるべきである。加えて、租税政策については、多方面にわたる複雑多様な、しかも高度の専門技術的な考察とそれに基づいた政策的判断を必要とするものである。したがって、ある施策を採用することによって「最低限度の生活」を下回らせたかについての判断については、立法府、行政の広い裁量に委ねられる。
そこで、課税措置が著しく合理性を欠き明らかに裁量の逸脱濫用と認められる場合にのみ、違憲となる。

★生存権に関する問題の検討のポイント★

「憲法上の権利の制約」、「判断枠組み」、「個別的具体的検討」という流れではなく、「最低限度の生活」を割るかどうかという規範に事実をあてはめていく問題であることを意識しないと、議論が明後日の方向に進んでしまうため、この点を意識して問題を解くようにしましょう。
そして、生存権の性質から裁量があることを、その上で、裁量の幅についての議論を展開する。いかにこの裁量を統制するかが最大のポイントです。判例を分析して、自分のものとしましょう。

12　憲法 15 条　選挙権

(1)　憲法上の権利の制約

条文：憲法 15 条 1 項「公務員を選定し、及びこれを罷免することは、国民固有の権利である。」
憲法 15 条 3 項「公務員の選挙については、成年者による普通選挙を保障する。」
保護範囲：選挙権
立候補の自由は、選挙権の自由な行使と表裏の関係にあり、自由かつ公正な選挙を維持するうえで、極めて重要であるから、15 条 1 項により保障される（三井美唄労組事件）
保障根拠：国民主権原理の下、国民の国政への参加の機会の保障の必要性

選挙権は、立法者による選挙制度の形成に依存する権利である。そのため、立法裁量が認められ、この裁量をどのように統制していくかがポイントである。統制の類型として、**権利性を強調する論理**（権利制限の論理）と**制度準拠性を強調する論理**（制度形成の論理）がある。前者は在外国民選挙権訴訟、後者は衆議院小選挙区制合憲判決が模範となる判例である。

2つの論理の区別は、明確にわかる場合もあれば、そうでない場合もある。1つの目安としては、権利制限の論理は、**プレイヤーとしての選挙に参加できるかどうか**に関する規制の場面である。他方、制度形成の論理は、プレイヤーが競い合う「**ゲームのルール**」としての制度に関する規制の場面である。いずれの論理を採用するかが争点となる。

(2)　権利制限の論理の思考

選挙権そのものの規制や選挙権行使の機会の剥奪となるような規制の場合、選挙に参加できるかどうかが問題となるため、権利制限の論理が採用される。在外国民選挙権訴訟を読んでみる。

●在外国民選挙権訴訟（最大判平 17・9・14〔Ⅱ－147〕）

憲法前文及び1条、43条1項、15条1項、同条3項、ならびに44条ただし書によれば「憲法は、国民主権の原理に基づき、両議院の議員の選挙において投票をすることによって国の政治に参加することができる権利を国民に対して固有の権利として保障しており、その趣旨を確たるものとするため、国民に対して投票をする機会を平等に保障している」

「自ら選挙の公正を害する行為をした者等の選挙権について一定の制限をすることは別として、国民の選挙権又はその行使を制限することは原則として許されず、国民の選挙権又はその行使を制限するためには、そのような制限をすることがやむを得ないと認められる事由がなければならない」。「そして、そのような制限をすることなしには選挙の公正を確保しつつ選挙権の行使を認めることが事実上不能ないし著しく困難であると認められる場合でない限り、上記のやむを得ない事由があるとはいえず、このような事由なしに国民の選挙権の行使を制限することは」、上記憲法の各条項に違反する。

この原則一例外の論理に目が行きがちだが、当該判断枠組みにはもう一つの例外が存在する。それは、「自ら選挙の公正を害する行為をした者等」については一定の制限を認め、別途検討の余地を求めているのである。判旨では、「自ら選挙の公正を害する行為をした者」、すなわち、公職選挙法違反者を例に挙げているが、この「等」にいかなる者が含まれるかは検討することになろう。

(3)　制度形成の論理の思考

制度形成の論理の場合、選挙制度の合憲性を判断することになるため、立法裁量の統制をいかにするかが重要となってくる。

●衆議院小選挙区制合憲判決（最大判平 11・11・10〔Ⅱ－152①〕）

「代表民主制の下における選挙制度は、選挙された代表者を通じて、国民の利害や意見が公正かつ効果的に国政の運営に反映されることを目標とし、他方、政治における安定の要請をも考慮しながら、それぞれの国において、その国の実情に即して具体的に決定されるべきものであり、そこに論理的に要請される一定不変の形態が存在するわけではない。我が憲法もまた、右の理由から、国会の両議院の議員の選挙について、およそ議員は全国民を代表するものでなければならないという制約の下で、議員の定数、選挙区、投票の方法その他選挙に関する事項は法律で定めるべきものとし（43条、47条）、両議院の議員の各選挙制度の仕組みの具体的決定を原則として国会の広い裁量にゆだねているのである。このように、国会は、その裁量により、衆議院議員及び参議院議員それぞれについて公正かつ効果的な代表を選出するという目標を実現するために適切な選挙制度の仕組みを決定することができるのであるから、国会が新たな選挙制度の仕組みを採用した場合には、その具体的に定めたところが、右の制約や法の下の平等などの憲法上の要請に反するため国会の右のような広い裁量権を考慮してもなおその限界を超えており、これを是認することができない場合に、初めてこれが憲法に違反することになるものと解すべきである〔略〕」

「改正公選法は、前記のように政党等を選挙に深くかかわらせることとしてあるが、これは、第8次選挙制度審議会の答申にあるとおり、選挙制度を政策本位、政党本位のものとするために採られたと解される。前記のとおり、衆議院議員の選挙制度の仕組みの具体的決定は、国会の広い裁量にゆだねられているところ、憲法は、政党について規定するところがないが、その存在を当然に予定しているものであり、政党は、議会制民主主義を支える不可欠の要素であって、国民の政治意思を形成する最も有力な媒体であるから、国会が、衆議院議員の選挙制度の仕組みを決定するに当たり、政党の右のような重要な国政上の役割にかんがみて、選挙制度を政策本位、政党本位のものとすることは、その裁量の範囲に属することが明らかであるといわなければならない。そして、選挙運動をいかなる者にいかなる態様で認めるかは、選挙制度の仕組みの一部を成すものとして、国会がその裁量により決定することができるものというべきである。もっとも、このように選挙制度を政策本位、政党本位のものとすることに伴って、小選挙区選挙においては、候補者届出政党に所属する候補者とこれに所属しない候補者との間に、選挙運動の上で実質的な差異を生ずる結果となっていることは否定することができない。そして、被選挙権又は立候補の自由が選挙権の自由な行使と表裏の関係にある重要な基本的人権であることにかんがみれば、憲法は、各候補者が選挙運動の上で平等に取り扱われるべきことを要求しているというべきであるが、合理的理由に基づくと認められる差異を設けることまで禁止しているものではない。すなわち、国会が正当に考慮することのできる政策的目的ないし理由を考慮して選挙運動に関する規定を定めた結果……選挙運動の上で候補者間に一定の取扱いの差異が生じたとしても、国会の具体的に決定したところが、その裁量権の行使として合理性を是認し得ず候補者間の平等を害するというべき場合に、初めて憲法の要請に反することになると解すべきである。

この言及は、事情により変動し常に変わる以上、原則・例外関係を採ることはできないという意味を強調しているともいえる。

この広い裁量をどのように統制していくかが重要であるが、この判例は、**「政策本位、政党本位の選挙制度」という基本決定**をベースラインとし、これと首尾一貫しているかを審査する方法を採った。このベースラインの設定は、基本的に立法者の意思ないし立法者の基本決定であるが、選挙制度の原則や「共通の土俵の上で、共通の手段・方法をもって……平等でなければならない」（最大判平 19・6・13 の田原裁判官の反対意見参照）などが考えられる。

そもそもベースラインが妥当なものか、それに即した合理的な制度か否かという検討をしていくことになろう。

▼論証例：権利制限の vs 制度形成の論理

【原告主張】

憲法は、前文及び１条において、国民主権を宣言し、43 条１項において、国会議員は全国民を代表するとし、15 条１項において、公務員を選定し、及びこれを罷免することは、国民固有の権利であると定め、44 条ただし書において、平等選挙を定めている。したがって、憲法は、国民主権の原理に基づき、両議院の議員の選挙において投票をすることによって国の政治に参加することができる権利を国民に対して固有の権利として保障し、その趣旨を確たるものとするため、国民に対して投票をする機会を平等に保障しているものと解するのが相当である。

したがって、国民の選挙権又はその行使を制限することは原則として許されず、国民の選挙権又はその行使を制限するためには、そのような制限をすることがやむを得ないと認められる事由がなければならない。そして、そのような制限をすることなしには選挙の公正を確保しつつ選挙権の行使を認めることが事実上不能ないし著しく困難であると認められる場合でない限り、上記のやむを得ない事由があるとはいえない。

【反論】
議員の定数、選挙区、投票の方法その他選挙に関する事項は法律で定めるべきものとし、両議院の各選挙制度の仕組みの具体的決定を原則として国会の裁量にゆだねている。したがって、広範な裁量に基づく選挙制度の仕組みの具体的決定として、選挙権の制限を行うことは許容されるとの反論が想定される。
【私見】
各選挙制度の仕組みの具体的決定について、国会に広い裁量権が認められるとはいえ、選挙制度の仕組みの設計にあたっての根本である国民の選挙権それ自体を否定すると評価される場合は、厳格に判断されるべきであり、広範な裁量の範囲内として許容されないと考えるべきである。

⑷　付随論点としての立法不作為を理由とする国家賠償請求

いわゆる立法不作為の違法性については、在宅投票廃止事件（最判昭 60・11・21〔Ⅱ－191〕）や在外国民選挙権訴訟で判断枠組みが示されていた。その後、再婚禁止期間違憲訴訟（最大判平 27・12・16〔Ⅰ－28〕）で一般論的な判断基準を整理して示したとされる。

再婚禁止期間違憲訴訟では、国賠法１条１項が「職務上の法的義務」に違反した場合に責任を負うことを確認した上で、「国会議員の立法行為又は立法不作為が同項の適用上違法となるかどうかは、国会議員の立法過程における行動が個々の国民に対して負う職務上の法的義務に違反したかどうかの問題であり、立法内容の違憲性の問題とは区別されるべきものである」とした。すなわち、**“立法内容の違憲性”と“立法行為の違法性”を別の問題と位置付けた**。そして、両者の関係性について、立法内容が違憲であっても、立法行為は「原則として国民の政治的判断」に委ねられるべきものとして、立法内容が違憲であっても直ちに立法行為が違法になるという関係ではないことを述べた。

では、立法行為の違法性はどのように考えるのか。この点について、「**①法律の規定が憲法上保障され又は保障されている権利利益を合理的な理由なく制約するものとして憲法の規定に違反するものであることが明白であるにもかかわらず、②国会が正当な理由なく長期にわたってその改廃等の立法措置を怠る場合など**」においては、「職務上の法的義務」に違反するものとして、「例外的に」その立法不作為は違法となるとした。なお、この判断基準は「など」という言葉をつけていることから、例示に過ぎない。

▼論証例：立法行為の違法性

国家賠償法1条1項は職務上の法的義務に違反した場合に責任を負うことを規定したものであり、国会議員の立法行為又は立法不作為が同項の適用上違法となるかどうかは、国会議員の立法過程における行動が個々の国民に対して負う職務上の法的義務に違反したかどうかの問題であり、立法内容の違憲性の問題とは区別されるべきである。

国会議員の立法行為又は立法不作為が職務上の法的義務に違反するといえる場合とは、法律の規定が憲法上保障され又は保障されている権利利益を合理的な理由なく制約するものとして憲法の規定に違反するものであることが明白であるにもかかわらず、国会が正当な理由なく長期にわたってその改廃等の立法措置を怠る場合である。

★選挙権に関する問題の検討のポイント★

選挙権は、権利制限の論理 or 制度形成の論理が一番の争いになります。一見、明らかに権利制限の論理のように見えて実は制度形成の論理とも捉えられる事例もあります。事案の本質に迫った検討が重要です。論理が特定された後は、判例をベースに論述をしていくことになります。制度形成型の問題は書き方が難しいかもしれませんが、裁量を認定した上で、ベースラインを根拠とともに明示することが重要です。

13　憲法26条　教育を受ける権利

⑴　総説

条文：憲法26条1項「すべて国民は、法律の定めるところにより、その能力に応じて、ひとしく教育を受ける権利を有する。」
憲法26条2項「すべて国民は、法律の定めるところにより、その保護する子女に普通教育を受けさせる義務を負ふ。義務教育は、これを無償とする。」
定義：教育は、「子どもが将来一人前の大人となり、共同社会の一員としてその中で生活し、自己の人格を完成、実現していく基礎となる能力を身に着けるための必要不可欠な営みであり、それはまた、共同社会の存続と発展のためにも欠くことのできないもの」（旭川学テ）
保護範囲：①学習権（一個人として、また、一市民として、成長、発達し、自己の人格を完成、実現するために必要な学習をする固有の権利）、②国によって誤った知識や一方的な観念の植え付けの禁止、③特定の思想等の不当な注入からの自由
保障根拠：教育は、個人が人格を形成し、社会において有意義な生活を送るため不可欠なものである点

⑵　憲法上の権利の制約

教育権については、その権利主体の議論が注目される。しかし、その前提として、子どもの権利であることを忘れてはならない。

ア　子どもの教育権

憲法26条1項の教育を受ける権利は、子どもが「学習要求を充足するための教育を自己に施すことを大人一般に対して要求する権利」という社会権である。また、その前提として、「**一個人として、また、一市民として、成長、発達し、自己の人格を完成、実現するために必要な学習をする固有の権利**」を有している。

この前提となる「固有の権利」を満たすためには、子どもの教育に関わる当事者（親・教師・国家）の裏側からの支えが不可欠であるが、各当事者の担当範囲（権利の範囲）は明文で規定されておらず、解釈に委ねられている。これが教育

権の帰属をめぐる議論の出発点である。これについては、旭川学テ事件を分析する。

●旭川学テ事件（最大判昭51・5・21〔Ⅱ－136〕）

「**親**は、子どもに対する自然的関係により、子どもの将来に対して最も深い関心をもち、かつ、配慮をすべき立場にある者として、子どもの教育に対する一定の支配権、すなわち子女の教育の自由を有すると認められるが、このような親の教育の自由は、主として家庭教育等学校外における教育や学校選択の自由にあらわれるものと考えられるし、また、私学教育における自由や前述した**教師**の教授の自由も、それぞれ限られた一定の範囲においてこれを肯定するのが相当であるけれども、それ以外の領域においては、一般に社会公共的な問題について国民全体の意思を組織的に決定、実現すべき立場にある**国**は、国政の一部として広く適切な教育政策を樹立、実施すべく、また、しうる者として、憲法上は、あるいは子ども自身の利益の擁護のため、あるいは子どもの成長に対する社会公共の利益と関心にこたえるため、必要かつ相当と認められる範囲において、教育内容についてもこれを決定する権能を有するものと解さざるをえず、これを否定すべき理由ないし根拠は、どこにもみいだせないのである。」

イ　親の教育権

親の教育権の範囲は、「子女の教育の自由」、具体的には、「**家庭教育等学校外における教育や学校選択の自由**」などである。つまり、家庭での教育や学校選択については、他者による介入は原則として許されないことになる。

ウ　教師の教育権

教師の教育権の範囲は、**教授の具体的な内容及び方法につき一定の範囲における教授の自由**である。「学問の自由は、……普通教育の場においても、例えば教師が公権力によって特定の意見のみを教授することを強制されない」自由を含んでおり（23条）、また、「子どもの教育が、教師と子どもとの間の直接の人格的接触を通じ、子どもの個性に応じて弾力的に行われなければならず、そこに教師の自由な創意と工夫の余地が要請される」こと（26条）が理由である。

この理由からすれば、完全な教授の自由が認められるはずである。しかし、判例は「一定の範囲」と制限を付けている。この理由は、大学と異なり、普通教育の児童生徒には批判能力が乏しく、教師が児童生徒に対して強い影響力、支配力を有するものであることや教育の機会均等を図るために全国的に一定の教育水準を確保する必要があること、といわれている。

教師の教育権と国家の教育権は、教育基本法16条1項の「不当な支配」にあたるかがポイントになる。

エ　国家の教育権

国家の教育権の範囲は、親の教育権と教師の教育権以外の領域である。この領域の中においては、「**必要かつ相当と認められる範囲において、教育内容……を決定する権能**」を有している。

しかし、判例は「殊に個人の基本的自由を認め、その人格の独立を国政上尊重すべきものとしている憲法の下においては、子どもが自由かつ独立の人格として成長することを妨げるような国家的介入、例えば、誤つた知識や一方的な観念を子どもに植えつけるような内容の教育を施すことを強制するようなことは、憲法26条、13条の規定上からも許されない」としている。

違憲か否かは、①他の当事者の権利ではないか、②国家の権利としての限定にあたるかどうか、③あたらないとしても必要かつ相当と認められるかを検討することになる。

★教育権に関する問題の検討のポイント★

問題となっている教育権の主体が誰なのかを確定し、その主体の教育権がどの範囲で認められているのか、上記判例を参考に保護範囲を確定させ、教育権の制約の有無の検討を行うこととなるでしょう。国家による個人の教育権に対する制約が認められた場合、その制約が正当化されるかどうかについては、保障根拠を踏まえて、「子どもの利益のため又は子どもの成長に対する社会公共の利益」がどれだけ図れるかどうかという観点から目的手段審査や比較衡量を行って判断することが考えられます。

短文事例問題で
判断枠組みの構築を学ぼう

——司法試験・予備試験の論文対策としての
旧司法試験論文過去問を解く

I　憲法上の権利の制約を中心に考えさせるタイプ

1　信教の自由・学問の自由・表現の自由・政教分離（旧司平成 10 年度第 1 問）

公立Ａ高校で文化祭を開催するに当たり、生徒からの研究発表を募ったところ、キリスト教のある宗派を信仰している生徒Ｘらが、その宗派の成立と発展に関する研究発表を行いたいと応募した。これに対して、校長Ｙは、学校行事で特定の宗教に関する宗教活動を支援することは、公立学校における宗教的中立性の原則に違反することになるという理由で、Ｘらの研究発表を認めなかった。

〔設問１〕　あなたがＸの訴訟代理人として行う憲法上の主張を述べなさい。（なお、訴訟選択は述べなくてよい。）

〔設問２〕　設問１における憲法上の主張に関するあなた自身の見解を、被告側の反論を想定しつつ、述べなさい。

出題の意図

公立学校における生徒Xの自由と政教分離原則が対立する事例において、憲法上の権利の制約としてどの権利を選択するのがベストなのか、憲法上の権利の制約がそもそも認められるのか、深く考えてもらいたく、本問を出題しました。入口の特定において、非常に難しい事例です。私自身も悩みながら書いていますから、一緒に悩み、自分なりの考えを持つ練習になると思います。

解説

1　入口の特定

さて、今までの"合格思考"を実践していきます。まず、入口の特定、すなわち、当事者の生の主張から特定された違憲の対象の選択、具体的自由の設定、権利と条文の選択をします。

本問では、**研究発表を認めなかったこと**が違憲の対象です。また、Xの不満は、研究発表できないことですから、具体的自由としては、**"特定の宗派の成立と発展に関する研究発表をする自由"**となります。さて、この具体的な自由が何条のどんな権利により保障されると考えるのがよいのでしょうか。

(1)　信教の自由

まずは、今回の研究発表の内容が宗教に関するものであるから、信教の自由の制約が認められる、と考えることが可能です。信教の自由に関しては、一般的に①信仰の自由②宗教的行為の自由③宗教的結社の自由が保護範囲として保障されると整理されています。今回保護範囲として①②③どれを選ぶかというと内心関係に関わる不利益措置ではないことから①は外れ[1]、結社などをしているわけではないので③も外れるので、②を選択することが考えられます。

では宗教的行為の自由として保障されることを前提に議論を進めていきましょう。

---

[1] 当該宗派が気に食わないから発表を禁じたという事情がないためです。今回の宗教的中立性に反するというのは建前であって、本音は当該宗派が気に食わなかったということを基礎づける事実が問題文中に記載されていれば話は変わってきます。

……とすることが果たして得策でしょうか？

ここで原告としては、大きな悩みが生じます。というのは、今回の研究発表の拒否の目的は、当該研究発表を禁止することによる、宗教的中立性の確保ですよね。ここで被告側は強力な反論を打ち出すことが可能となります。宗教的行為の自由として保障される当該研究発表を文化祭で行わせることは、まさに特定の宗教を援助することにつながるのであるから、宗教的中立性の確保の要請から当該研究発表をさせなかったことは正当化されるというものです。確かに、宗教的行為の自由として保障される行為を学校行事で行わせたことで、直ちに、政教分離に反することにはなりませんが、それでも被告を有利にすることには変わりませんので、正当化までの見通しを見ると、なかなか主張しづらいところではあります[2]。

⑵　学問の自由・表現の自由

次に、研究発表の問題ですから、学問の自由として保障されると主張することが考えられます。学問の自由は一般的に①学問研究の自由、②研究発表の自由、③教授の自由が保護範囲として保障されると整理されています。今回はまさに②研究発表の自由の問題ですね。

ただ、発表だから表現の自由（憲法21条1項）で保障されると考えた人もいると思います。競合する基本権が一般法と特別法の関係にある場合には、特別法を優先させるのが法律のルールです。これを前提にすると、研究発表の自由は表現の自由の特別法的位置づけにあるので、研究発表の自由を優先させるべきです[3]。

---

[2] おそらく、当事者の目線に立った時に、『宗教的な気持ちになった』人が多数派だと思います。しかし、そもそも宗教的行為の自由とは、「信仰に関して、個人が単独で、または他の者と共同して、祭壇を設け、礼拝や祈禱を行うなど、宗教上の祝典、儀式、行事その他布教等を任意に行う自由」（芦部167頁）をいうわけであり、宗教家という立場からではなく、高校生という立場から宗教を研究発表することは当該宗派の教義の中で、他者に当該宗派を紹介しなければならないという教義が含まれていない限り、本来的な意味での宗教的行為にはなりえないので、やはり信教の自由で攻めることは困難でしょう。剣道受講拒否事件（最判平8・3・8〔Ⅰ－41〕）の事案では、原告が「自己の信仰にかかわるものだから」、と自己の信仰を理由とした学校教育（剣道の受講）の拒否を行ったという場面の問題であるから端的に信教の自由の問題（信仰の自由の問題）として検討することができました。しかし、今回のような、宗派の研究発表は、自己の信仰を理由として行う意味合いが希薄であり（研究発表が布教活動のためと問題文に記載されていれば別ですが）、意味合いが異なります。したがって、単純に剣道受講拒否事件の話を書けばよいという問題でもありませんので、判例を想起する場合は判例との問題の相違点を意識してから検討をしましょう。

[3] 小山剛『「憲法上の権利」の作法　第3版』32 頁に、「競合する基本権が一般法と特別法の関係にある場合には、後者のみが適用される。」との記載があります。これを前提にすると、本文の検討になります。

2　憲法上の権利の制約

(1)　保障範囲―高校生の学問の自由

以上の検討から、Xらの具体的自由が研究発表の自由（憲法23条）により保障されると考えて、検討をしていきます。

今回のXらの研究発表の自由が、学問の自由の研究発表の自由として保障されるかを確認します。「学問」とは、真理探究を目的として行われる精神的営為のことでした。今回の研究発表の内容は、特定の宗派の成立と発展に関するものであり、宗教に関する真理の探究・発見を目的とした営為といえることから、学問の自由として保障されることになるでしょう[4]。

今回の研究発表の内容に関して、「学問」にあたることを確認できました。では、研究発表の主体が高校生であっても、それは果たして学問の自由として保障されるのでしょうか？そもそも、憲法23条が保障されるに至った経緯は、戦前における学問への弾圧（美濃部達吉天皇機関説事件、滝川事件等々、ちなみに二人とも法律学者）への反省にあります。そうだとすると、学問の自由というのは、本来的には大学の教授が研究や研究発表する上でそれを国家が妨げてはならないという意味合いで理解すべきであって、大学生、ましてや高校生の勉強を発表することが学問の自由として保障されるわけではないと考えることができます[5]。じゃあ、

---

[4] しかし、立ち止まってみると、ここでも悩みが生じます。そもそも学問とはなんぞや？という悩みです。
　例えば、憲法学の研究をすることを学問にあたらないという人はなかなかいないと思います。では、ホメオパシーという医学的に確立していない自然療法を研究発表することはどうでしょう（『判例から考える憲法』第12章参照）。大学のアニメ研究会において廃校の危機を救うために立ち上がったスクールアイドルに関するアニメで誰が一番かわいいのかを研究しブログで発表することも学問として保障されるのでしょうか？たぶん学問としては保障されないんじゃないか？という疑問を有しますよね。じゃあなぜ学問じゃないのか？学問にあたるためにはどういう要素が必要なのか？ということを明らかにして、今回の研究発表が学問にあたるのかを認定していく必要がありそうです。とはいえ、何が学問にあたるか否かを決定する自由を研究者にあたえないと現状批判的性格を有する学問の発展は促せないと考えると、自分が研究したいと考えるものは学問にあたるというべきであるとするのが穏当な気がします（アニメ研究に関しても学問の自由として保障されてしまいますが、まあいいんじゃないでしょうか？サブカルチャー研究も十分学問分野の一つとして確立されているのが現状ですから。）。学問の概念については、渡辺康行ほか『憲法Ⅰ　基本権』（2016年、日本評論社）201－202頁を見ておくとよいです。

[5] 参考までに、学問の自由を大学人にのみ保障すべきとの考え方を紹介しておきます。学問の自由はアメリカ合衆国憲法には規定されておらず、ドイツの憲法である、1850年のプロイセン憲法20条、1919年のワイマール憲法142条から受容したものであると考えられています。そして、19世紀ドイツで学問の自由を保障しようとした趣旨は、大学及び大学教授に特権を与えるという点が強く、市民一般に学問の自由を保障する趣旨はなかったとされています（詳細は石川健治『自由と特権の距離〔増補版〕』）。ドイツの大学の歴史的経緯という本来の学問の自由の沿革を辿っていくと、学問の自由は学者にのみ保障される権利であるという立論が導けるわけです。とはいえ、日本国憲法はそれ独自で解釈する必要があるわけで、ドイツの沿革に引っ張られすぎる必要もないわけです。

高校生の研究発表の自由は全く認められないのか、というとそうは言ってなく、例えば教育の自由（26条）から導き出される学習権の一つとしては保障されるにとどまると考えることができます。

さて、これに対して何が言えるでしょうか？ポポロ事件（最大判昭38・5・22〔I－86〕）では、「学問の自由は、学問的研究の自由とその研究結果の発表の自由とを含むものであつて、同条が学問の自由はこれを保障すると規定したのは、一面において、広くすべての国民に対してそれらの自由を保障する」としています。かの有名な佐々木惣一博士は、学問の自由の保障根拠を、人間の自然の欲求として子供に備わる真理追究の要求の存在にあるとし、単に学問を業務とするいわゆる学者のみに保障されるものではないことを強調しています。そうすると、高校生や中学生にも学問の自由の保障が及ぶことになりますね[6]。というわけで、学問の自由の制定された経緯からすれば一見すると大学人の研究を保障するものと思えるけど、実際には一般国民の研究をも保障するものなんだ、と考えていただければ十分だと思います。したがって、今回の研究発表も、主体が高校生だからといって、保障されないことにはなりませんね[7]。

(2)　制約─給付と制限

学校側としては、教室を利用させるか否かは学校が決定することなので、そもそも教室を自由に利用することはできないのだから、それを拒否したとしても、制約にならないと反論してくるでしょう。

これに対してどう考えればいいでしょうか。原則として利用できるのか否かが問題ですから、原則形態を考えます。なかなか、文化祭で研究発表をする自由を原則形態として描くことは難しいですが、以下のような議論は考えられます。すなわち、学校がわざわざ自ら研究発表を募るということは、学校教育の一環として応募してきた学生の研究発表をさせることが原則形態として観念され、応募されたものは原則研究発表を許可しなければならず、例外的に不許可が許される場

[6] 子供の学習権（26条）と、学問の自由（23条）の関係はどう整理すればいいのかまた悩みが生じますが、ここでは詳説を控えます。

[7] 学問の自由の議論について非常にまとまっている文献として、小山剛「憲法上の権利」各論14 学問の自由(1)『法学セミナー』2015/02/no.721 を挙げておきます。非常に勉強になるので、是非読んでみてください。

合は、施設利用の競合が生じるなど物理的に許可が困難となった場合に限られる、という論法です。なお、泉佐野市民会館事件（最判平7・3・7〔Ⅰ－81〕）を思い出して検討した人もいると思いますが、高校はパブリックフォーラムではありません。ただ、パブリックフォーラム論の本質は、何が原則形態なのかを分析するということです。そういう意味では、パブリックフォーラム論の考え方を応用できることになります。

3　判断枠組みの定立と個別的具体的検討

権利の重要性は保障根拠との距離感です。具体的自由が保障根拠にどれだけ合致するかを検討しましょう。また、今回は発表の内容がいけないとして制約がなされているので内容規制にあたるので、保障根拠へのインパクトは大きいです。したがって、厳格審査基準が妥当することになります。

最後に、個別的具体的検討についてです。目的手段審査の枠組みを前提に、学校側は政教分離原則を達成するために必要なものなのだから正当化されるだろう、と主張していくことが考えられます。つまり、学校側は、本件の研究発表を許容することが政教分離原則（憲法20条3項）に反すると言っているので、当該主張が正当なものなのか検討しましょう。政教分離の原則に反するか否かは、その目的が宗教的意義を持ち、効果が特定の宗教を援助、助長、促進又は圧迫、干渉となる場合に当たるか否かで判断します。具体的な事情としては、当該研究発表の内容がどういうものなのか、文化祭での発表というのがどういう意味合いを持つのか、当該研究発表を行うXらの意図はどこにあるのか等を評価して、一般人が当該研究発表許可に対してどういった印象を抱くのかといった点を検討して、結論を導き出してください。具体的な検討過程の一例としては以下の解答例で確認してください。

参考答案

第1　設問1

1　結論

Yが、Xらの研究発表を認めなかったことは、Xらの文化祭でキリスト教の宗派の成立と発展を発表する自由を侵害するものとして違憲違法である。

2　理由

⑴　憲法上の権利の制約

学問の自由（憲法23条）は研究発表の自由を含む。また、「学問」とは真理探究を目的として行われる精神的営為である。キリスト教の宗派の成立と発展は、キリスト教の歴史に対する真理探究を目的として行われる研究であるといえ、「学問」にあたる。そのため、文化祭でキリスト教の宗派の成立と発展を発表する自由は憲法23条により保障される。

本件では、Yの、Xらの研究発表を認めなかったこと（以下「本件措置」という。）により、Xらは文化祭においてキリスト教宗派の成立と発展に関する研究発表をすることができなかった。

したがって、Yの本件措置は、Xらの研究発表の自由を制約している。

⑵　判断枠組み

学問の自由の保障根拠は、真理の探究による自己の人格形成に加えて、社会のよりよき発展を促す点にある。

Yが、Xの研究発表を許さなかった理由は、学校行事で特定の宗教に関する宗教活動を支援することはできない、というもので、研究内容に着目してなされた規制である。加えて、Xらは、上記研究発表の自由を制約されることにより、研究活動の成果を公開できず、社会の発展を促すことができなかったのであるから、その制約の強度は強い。

したがって、Yの本件措置は、やむにやまれぬ利益保護のためという目的があり、その目的達成のために必要不可欠な措置であった場合でない限り、違憲違法である。

⑶　個別的具体的検討

Yの本件措置は、Xらの研究発表を認めることで、公立学校における宗教的中立性の原則（憲法20条3項）に違反する可能性があるという点を理由とする。

本件の研究発表は、単に宗派の成立と発展に関する研究発表を行うもので、宗派の教義など核心に迫るものではなく、また、当該宗派を布教しようとするものでもない。したがって、本件の研究発表は、宗教の一般的な教養を高めるものにすぎず、本件措置の目的である中立性確保につき、やむにやまれぬ利益があるとはいえない。

よって、手段の必要不可欠性を考慮するまでもなく、違憲違法である。

第２　設問２

１　憲法上の権利の制約

(1)　学問の自由と宗教的活動

ア　被告側の反論

本件の、キリスト教宗派の成立と発展に関する研究発表は、宗教的活動であり、学問の自由として保障されるものではないとの反論が想定される。

イ　私見

確かに、本件研究発表の内容は、宗教に関わるものである。しかし、学問は社会の有する当然の前提に対する疑問から生じるものであって、歴史的にも現在学問として確立している分野に関しても過去に学問ではないと弾圧を受けた過去が存在することから、当該研究が学問に当たるか否かについては、当該分野について個人が研究したいという性質を有するのであれば、広く学問として保障しないと、十分に学問の自由を保障することができない。したがって、本件研究発表の内容は、宗教に関わるものとしても、Ｘが研究したいという動機を有して行っているものであるから、学問の自由として保障される。

(2)　高校生の研究発表の自由

ア　被告側の反論

キリスト教宗派の成立と発展に関する研究発表は、その内容自体学問とは評価しうるものの、大学での研究ではないことから、Ｘら高校生はもっぱら教育を受ける権利（憲法 26 条）の反射的効果として、研究発表をすることができるにすぎないため、学問の自由としては保障されないとの反論が想定される。

イ　私見

そもそも、学問の自由の保障根拠は、人間の自然の欲求としての真理追究の要求の存在という、まさに人格的自律を保つためにあるのであるから、大学での研究者でなくとも、学問の自由は保障される。したがって、被告の反論は失当である。

(3) 制約と給付

ア　被告側の反論

文化祭での研究発表は原則として自由に行えるものではなく、学校の許可を得て初めて行えるものであり、当該許可を拒むことは、いわゆる給付をしなかったにすぎず、自由権の制限にはあたらないため、制約は認められないとの反論が想定される。

イ　私見

本来与えなくてもいいものを与えられなかったからといって、それを憲法上の権利の制約と評価することはできない。そして、本件措置は、文化祭という学校が独自に利用者を募集する手続きでなされたものであり、文化祭での出し物は、学校の施設をどう配分するかという学校の施設管理の問題であり、学生が自由に使える場面ではないので、制約がないとも思える。

しかし、学校がわざわざ自ら研究発表を募るということは、学校教育の一環として応募してきた学生の研究発表をさせることが原則形態として観念できる。

そうだとすれば、応募されたものは原則研究発表を許可し、施設を利用させなければならないのであり、学校が自ら研究発表を募ったのであるから、学生はそれに応募した場合、施設利用の競合等が生じない場合を除いて原則としてそれを行わせる義務が発生するのであるから、単にＹの施設管理の問題に還元できるものではなく、拒むためには例外的な正当化理由が必要となる。

したがって、研究発表の自由の制約は認められる。

2　個別的具体的検討

(1) 被告側の反論

本件研究発表を許すことは、文化祭に来る不特定多数者に対し、当該宗派の研究を知らしめることになるため、一般人にとって、学校が当該宗派を特別扱いしているような印象を与えることになり、政教分離に反する結果を招くことになるため、本件研究発表の不許可は、合理的かつ必要な制約といえる。

(2) 私見

当該研究発表を許すことが宗教的中立性の原則に反するか否かは、憲法20条３項が規定する政教分離の原則に反するか否かによって決すべきである。そして、政教分離の原則に反するか否かは、その目的が宗教的意義を持ち、効果が特定の宗教の援助、助長、促進又は圧迫、干渉となる場合に当たるか否かで判断する。

本件の研究発表は、単に宗派の成立と発展に関する研究発表を行うものに過ぎず、当該宗派を布教しようとするものではなく、もっぱら世俗的な動機に基づいた行為につき支援をするものにすぎない。そして、文化祭に参加する不特定多数者も、文化祭行事における教育活動の一環であると理解して、当該研究発表を観察するはずであるから、一般人にとって、学校が当該宗派を特別扱いしているような印象を与えることにはならない。

したがって、本件の研究発表は、宗教の一般的な教養を高めるものにすぎず、この研究発表を許すことが、宗教的意義を有するとは言えないし、当該宗教の援助、助長、促進又は他の宗教の圧迫、干渉となることにもならない。

よって、当該研究発表を許すことは、政教分離の原則に反せず、宗教的中立性の原則に反しない。

以上より、本件措置は違憲違法である。

以上

2　閲読の自由と知る権利（旧司平成14年度第1問）

A市の市民であるBは、A市立図書館で雑誌を借り出そうとした。ところが、図書館長Cは、「閲覧用の雑誌、新聞等の定期刊行物について、少年法第61条に違反すると判断したとき、図書館長は、閲覧禁止にすることができる。」と定めるA市の図書館運営規則に基づき、同雑誌の閲覧を認めなかった。これに対し、Bは、その措置が憲法に違反するとして提訴した。

⑴　あなたがBの訴訟代理人として訴訟を提起するとした場合、訴訟においてどのような憲法上の主張を行うか。

⑵　設問⑴における憲法上の主張に関するあなた自身の見解を、被告側の反論を想定しつつ、述べなさい。

出題の意図

公立図書館における雑誌の閲覧の自由がどのような形で憲法上保障されるのか、そして、閲覧の拒否がなぜ憲法上の権利を制約するのか、憲法上の権利の制約をどのようにして構成していけばいいのかという点を問うために出題しました。

法務省発表の出題趣旨

本問は、市民が、公立図書館において、その所蔵する雑誌を閲覧する権利は、憲法上保障されているか、保障されるとして、それを憲法上どのように位置付けるか、また、その市民の権利を制約することが正当化される事情はどのようなものかを問うとともに、設例の状況において、具体的にどのような方法によって解決が図られるべきかを問うものである。

解説

1　入口の特定

本問では、Bに対して同雑誌の閲覧を拒否していることから、当該拒否処分が違法であることを根拠として、取消訴訟又は国家賠償請求をすることが考えられます。

違憲の対象としては、図書館運営規則かそれに基づく処分が考えられます。図書館運営規則は解釈する余地のない程度に特定されていますから、規則が合憲ならそれに従った処分も基本的には合憲になるはずです。そこで、規則そのものを違憲の対象とする方がよいといえます。なお、処分違憲の場合、法令違憲もセットで検討すべきともいわれますが、実際そんな時間はありませんから、いずれかを選択する方がよいと思います。

具体的な自由としては、“当該雑誌を閲覧する自由”です。そして、憲法21条1項により保障されるであろうことは想定できます。

2　憲法上の権利の制約

(1)　問題の所在

本問では、図書館に所蔵する雑誌を閲覧することができなくなっています。そこで、図書館に所蔵する雑誌を閲覧する自由は憲法上保障されているかを論じなければなりません。構成としては、情報受領の自由（本問でいえば、知る自由、閲読の自由といったものとなりますが、以下解説の便宜上、情報受領の自由という用語を用いて検討します。答案では知る自由、閲読の自由という用語を用いていますが、どのような用語を用いても間違いにはならないと考えられます。判例上閲読の自由という用語が出ているため答案では情報受領の自由を閲読の自由まで絞り込んで記載しています。）として保障するか、情報収集の自由として保障するかの二つが考えられるところ、どちらで保障すべきかが問題となります。

(2)　受領 or 収集

表現の自由による情報受領の自由および情報収集の自由が保障されるのは、本書で論じたところです。それでは、今回の問題をどちらの問題としてとらえるのがベストなのか検討していきましょう。

まず、情報受領の自由は、情報の摂取活動を妨げられないという消極的自由としての性質を有しており、一方、情報収集の自由は、自ら情報を獲得しようとする積極的自由としての性質を有しています。情報収集の自由は制度依存的な権利になりますので、制度上情報収集請求ができないのであれば、情報収集の自由を制約しても憲法上の権利の制約を認定することは困難なことになります。

これを前提に考えてみると、A市の図書館運営規則によれば、「閲覧用の雑誌、新聞等の定期刊行物について、少年法第 61 条に違反すると判断したとき、図書館長は、閲覧禁止にすることができる。」とあることからすると、雑誌の閲覧をするためには、図書館所蔵の図書につき、自らが閲覧請求をすることが前提になっている点で、公権力に対して情報の開示を請求するという請求権的側面が認められると考えることができます。そうすると、制度上情報収集請求ができるものとなっていることから、情報収集の自由の制約として構成することが可能となります。

しかし、情報収集権はその性質上制度に依存する権利であることから、図書館の中での閲覧ルールの範囲でしか情報収集権が認められないことになります。本件では、「閲覧用の雑誌、新聞等の定期刊行物について、少年法第 61 条に違反すると判断したとき、図書館長は、閲覧禁止にすることができる。」と定めるA市の図書館運営規則という図書館の閲覧ルールに基づき、同雑誌の閲覧を認めなかったのであるから、制度上少年法 61 条に違反する内容の雑誌について情報収集権が憲法上保障されないこととなるため、憲法上の権利の制約を観念することができなくなってしまう可能性が出てくるのです。

現に本問の元となったと思われる裁判例である東京地判平 13・9・12 においては、「知る権利[8]」は、「あくまで消極的自由権として、国民が情報の受領に際して国家からこれを妨げられないことを保障しているにすぎず、同条の規定から直ちに、国及び地方公共団体が国民又は住民に情報を提供するための何らかの措置を採るべき義務を負ったり、国民又は住民が国や地方公共団体に対して、情報の提供等に係る何らかの措置を請求する権利を保障するものとまでは認められないものである。」とし、本件利用制限は「単に、地方公共団体が情報を提供するという積極的な措置を行わなかったものにすぎず、当該情報の流通することを妨げ、知る権利を侵害しているものとまではいえない」として、情報の提供等に係る何らかの措置を請求する権利という情報収集権の保障を認めず、結論として知る権利の制約を認めませんでした。したがって、原告としては情報収集権を根拠とする主張を避けるべきで、逆に被告としては情報収集権の保障は認められないといった反論をしていくことが考えられます。

すると、原告としては情報受領の自由として保障されると主張することになりますが、果たしてそれが理論的に可能であるかが問題となってきます。

ここで参考にすべきなのが、最判平 17・7・14〔Ⅰ－70〕です。

同判例によると「公立図書館は、住民に対して思想、意見その他の種々の情報を含む図書館資料を提供してその教養を高めること等を目的とする公的な場」であるとし、「公立図書館が、上記のとおり、住民に図書館資料を提供するための公的な場であるということは、そこで閲覧に供された図書の著作者にとって、その思想、意見等を公衆に伝達する公的な場でもあるということができる。したがっ

---

[8] 裁判例は、ここでいう知る権利とは情報受領権として保障されるにすぎないと考えています。ちなみに、判例や学説において「知る権利」、「知る自由」、「情報収集権」等々用語の中身が異なって使われることがあるため、注意が必要です。なお、平成 20 年新司法試験出題趣旨採点実感においては「知る権利」を情報収集権として捉えており、「知る権利」と「知る自由」を区別して論じています。

て、公立図書館の図書館職員が閲覧に供されている図書を著作物によってその思想、意見等を公衆に伝達する利益を不当に損なうものといわなければならない。」と、著作者の意見発表の場としての性質をも備えていると認定し、「公立図書館において、その著作物が閲覧に供されている著作者が有する上記利益は、法的保護に値する人格的利益であると解する」と著作者の思想意見等を公衆に伝達する利益を保障しています。

本問においても、情報受領の自由の制約として構成するために、上記判例を活用することが考えられます。

まず、第1の理論構成としては、公立図書館は、住民に対して思想、意見その他の種々の情報を含む図書館資料を提供してその教養を高めること等を目的とする公的な場であるのだから、図書館資料の利用という文字コミュニケーションを目的とした指定的・限定的パブリックフォーラムであるため、図書館にある図書については閲読することができることが原則形態（いわゆるベースライン論）であり、閲読を許さないというのは例外的な場面でしか正当化されないといえ、閲読不許可は情報受領の自由を実質的に制約するものであるとの構成です[9]。

次に、第2の理論構成としては、著作者が公立図書館において自己の思想、意見を公衆に伝達するためには、受け手としてもそれを自由に閲読することができることが前提であるところ、著作者が公立図書館を利用して著作物によってその思想、意見等を公衆に伝達する利益を有することの派生原理として、同著作物の情報受領の自由が認められるとの構成です。

---

[9] 小山剛『「憲法上の権利」の作法　第3版』200 頁では、「いったん公立図書館が設置された場合には、……地方公共団体の設置した図書館は地方自治法 244 条の規律に服することになり、また、パブリック・フォーラム論からも、閲読禁止に対して憲法上の限界が生じることになろう。」としています。また、松井茂記『図書館と表現の自由』26 頁～29 頁においても「地方公共団体の設置する公立図書館は、地方自治法にいう「住民の福祉を増進する目的をもつてその利用に供するための施設」としての公の施設」であり（地方自治法 244 条1項）、地方公共団体は、この利用において、「正当な理由がない限り、住民が公の施設を利用することを拒んではならない」とされ、さらに「住民が公の施設を利用することについて、不当な差別的取扱いをしてはならない」（同3項）とされている。これは、実質的に公立図書館を限定的なパブリックフォーラムとして認めたものと見ることができる。」、そして、「図書館がパブリックフォーラムと見られうるということは、図書館を利用し、閲覧ないし貸出に供される図書等を利用する利用者及び図書館に収集される図書の著者ないし出版社の双方にとって重要な意味をも持」ち、「図書館の利用者には、利用を希望する図書等を不当に排除され、その利用を不当に制限されない権利が認められ」、「利用を希望する図書等の収集が不当に否定されたり、不当に廃棄されたり、その利用が不当に制限された場合には、図書館の利用者は、このパブリックフォーラムとしての図書館を通してその利用を希望する図書等を利用する権利の侵害を主張できるとかんがえるべきであろう。」と論じています。

どちらの理論構成を取るにせよ、判例を前提にして、公立図書館という公的な場としての性質に着目した説得的な憲法上の権利の制約論証をすることが求められます。

3　判断枠組みの定立

内容規制、内容中立規制の枠組みから判断枠組みの構築について検討してみると、本問では、本件雑誌が少年法61条に違反すると判断された場合に閲読ができなくなる点、これは本件雑誌が少年法61条に反する内容であったかどうかに着目して行われているため、一見すると表現内容着目規制にあたると考えることができます。

しかし、そもそも少年法61条に反する内容につき閲読を許さないとする理由は当該閲覧行為により少年のプライバシー権が直接侵害されるからである点に着目すると、閲読によって生じる直接的な害悪に着目した規制であるといえ（根拠C）、表現内容自体が国家に不当なものであると評価されにくいものであり、人格価値の毀損の恐れが小さく、この弊害の有無は客観的な判断になじみやすいことから、公権力の恣意が働きにくい（根拠D）ことから厳格審査が妥当しないと考えることもできます。これはいわゆる間接的規制であるという考えです。

もっとも、表現によるプライバシー権侵害は、行為の外形によって生じた害悪に着目した規制ととらえることはできず、やはり内容着目規制にあたるとして、厳格審査が妥当すると考えることもできるでしょう。

類型のみで処理しようとするとうまくいきませんが、保障根拠へのインパクトを踏まえた検討をすることで、より事案に迫った検討が可能です。

判断枠組みを踏まえて、個別的具体的検討を行いましょう。

参考答案

第1　設問(1)について

1　憲法上の権利の制約

憲法21条1項は表現の自由を保障するところ、表現は受け手の存在を予定しているのであり、表現を受領するという知る自由もまた同条によって保障されている。そして、知る自由の一つとして著作物を媒体にして情報を摂取する閲読の自由が保障される。本件における図書館で当該雑誌を閲読する自由は憲法21条1項により保障される。

本問では、本件規則は当該雑誌の閲覧を禁止するものであるから、図書館での当該雑誌の閲読の自由に対する制約が認められる。

2　判断枠組み

閲読の自由はそれを通じてさまざまな意見、知識、情報に接することで、その者が個人として自己の思想及び人格を形成発展させ、社会生活の中にこれを反映させていくうえにおいて欠くことのできないものであることから、重要な権利といえる。

そして、少年法61条に違反する内容であることを理由にして、閲覧拒否処分をされていることから、表現内容着目規制であり、思想の自由市場を歪ませ、政府の恣意的な規制権限の濫用のおそれが強いことから、その制約の強度は強い。

したがって、厳格審査基準、すなわち、目的が必要不可欠で、手段が必要最小限度のものでなければ当該A図書館規則は違憲無効となり、それを根拠とした閲覧拒否処分は違憲違法となる。

3　個別的具体的検討

少年法61条は、「家庭裁判所の審判に付された少年又は少年のとき犯した罪により公訴を提起された者については、氏名、年齢、職業、住居、容ぼう等によりその者が当該事件の本人であることを推知することができるような記事又は写真を新聞紙その他の出版物に掲載してはならない。」とし、推知報道を禁止しもって少年のプライバシー権を保護しようとするものであり、A図書館規則は図書としての閲覧を制限することでさらに少年のプライバシー権の保護に資するものとしようとするものである。そうすると、目的は少年のプライバシー権（憲法13条後段）を保護し、社会復帰を容易にし、少年の健全な育成を図る点にあり、目的の必要不可欠性は否定できない。

しかし、少年法61条に該当するような雑誌に関しては市場に出回らず、図書館のみで閲覧を許可したとしても、それによって当該情報が広まる可能性は低いのであって、A図書館規則の目的達成のための実効性は低い。

したがって、必要最小限度の制約とはいえず、憲法21条1項に反し違憲である。

第2　設問(2)について

1　憲法上の権利の制約について

(1)　被告側の反論

本件閲覧請求は図書館が所有している図書につき、公権力に対して情報の開示を請求するという請求権的側面が認められることから、閲読の自由のような情報受領権では保障されないとの反論が想定される。

(2)　確かに、本件閲覧請求は請求権的側面を有することは否めず、制度に依存した情報収集権の範囲でしか保障されないとも思える。しかし、公立図書館は、住民に対して思想、意見その他の種々の情報を含む図書館資料を提供してその教養を高めること等を目的とする公的な場であるのだから、図書館にある図書については閲読することができることが原則形態であり、閲読を許さないというのは例外的な場面である。そうだとすれば、閲覧請求をすれば原則として閲読できることが前提であることから、情報収集権ではなく情報受領権としての閲読の自由として本件閲覧請求は保障されると考える。

したがって、被告の反論は失当である。

2　制約の強度

(1)　被告側の反論

本件閲覧請求の拒否の理由は、少年法61条に反する内容が閲読されることによって少年のプライバシー権が直接侵害されるという閲読によって直接的に生じる害悪に着目した規制であるといえ、間接的付随的規制に過ぎないとの反論が想定される。

(2)　私見

表現内容着目規制の制約の強度が強い理由は、思想の自由市場を歪ませ、政府の恣意的な規制権限の濫用のおそれが高い点にある。そうだとすれば、上記理由が妥当しない場合には厳格審査が妥当するような強度な制約とはいえない。

本件規制は少年のプライバシー権が直接侵害されるという閲読によって直接的に生じる害悪に着目した規制であり、害悪の発生が客観的に明らかであるから政府がよくない表現を規制する場面ではなく、政府の恣意的な規制権限の濫用がなされている可能性が低い。したがって、上記根拠の一つが妥当しない間接的付随的規制にすぎないといえ、制約の強度は低い。

したがって、目的が重要で、目的と手段の間に実質的関連性があれば合憲となる。

3　個別的具体的検討

⑴　被告側の反論

現代社会においては情報通信サービスが非常に発達しているのであり、図書館の閲覧でしか見ることができない情報であっても、情報が拡散される可能性が高いのであり、図書館での閲覧禁止は目的達成のための大きな関連性を有するとの反論が想定される。

⑵　私見

少年法 61 条に反するような図書や雑誌が図書館に置かれ、一般市民が自由に閲覧することができることとなると、当該一般市民がその情報を、ネットを通じて発信してしまえば非常に高速で情報が流通することになり、それを通じて少年のプライバシー権が侵害され、少年の社会復帰が困難となる可能性が高いことは否定できない。したがって、A 図書館規則の目的達成のための実効性を有するのであり、実質的関連性を有する。

よって、本件 A 図書館規則は合憲である。

以上

3　知る自由（旧司昭和 53 年度第 1 問）

Ｙ県では、自動販売機による有害図書類の販売を規制するため、次の条例（以下「本件条例」という。）を制定した。

「第５条

自動販売機には、青少年に対し性的感情を著しく刺激し又は残虐性をはなはだしく助長し、青少年の健全な育成を阻害するおそれがあると認めて知事が指定した文書、図画又はフィルムその他の映像若しくは音声が記録されているものを収納し又は陳列してはならない。

２　知事は、前項の規定に違反する業者に対し、必要な指示又は勧告をすることができ、これに従わないときは、撤去その他の必要な措置を命ずることができる。この命令に違反した業者は、３万円以下の罰金に処せられる。」

Ｘは、Ｙ県内において、ＤＶＤ等の販売機を設置し、同販売機に本件条例５条に基づくＹ県知事に指定されたＤＶＤ１枚を販売目的で収納していた。Ｙ県知事は、Ｘに対して、同ＤＶＤの撤去措置を命じたところ、Ｘはそれに従わなかったため、同条例違反により、起訴された。

〔設問１〕　あなたがＸの弁護人として行う憲法上の主張を述べなさい。

〔設問２〕　設問１における憲法上の主張に関するあなた自身の見解を、検察官側の反論を想定しつつ、述べなさい。

出題の意図

憲法上の権利の制約の検討段階で、制限されている表現主体が複数いるとき、誰のどういった権利を選択して憲法上の主張をしていくのがベストなのか、深く考えてもらいたく、本問を出題しました。

解説

1　入口の特定

Xは起訴されているので無罪主張をすることになります。違憲の対象としては本件条例5条1項が考えられます。これが違憲無効であるから、構成要件該当性が否定され無罪であるとの主張です。

具体的自由と憲法上の権利の部分については、いろいろ考えられるところです。次の項で検討することにします。

2　憲法上の権利の制約

本件条例5条1項によって何ができなくなっているかというと、「青少年に対し性的感情を著しく刺激し又は残虐性をはなはだしく助長し、青少年の健全な育成を阻害するおそれがあると認めて知事が指定した文書、図画又はフィルムその他……」（以下、「有害文書等」という。）を「収納し又は陳列」することができなくなっているわけです。このことができなくなっている主体はもちろん、販売機を持つ図書販売業者さんですね。したがって、図書販売業者さんの表現の自由が制約されている、と主張することにしましょう。

……と単純には話が進められない重大な問題が生じるんですね。

思想内容等を表明する自由を表現の自由と呼びますが、それが憲法上の権利として保障される根拠は、第1が、真理への到達が「思想の自由市場」によって可能になるとするいわゆる思想の自由市場論（根拠A）、第2が、表現の自由が民主主義的自己統治にとって不可欠であるとするもの（根拠B）、第3が、表現の自由は、個人の自律、自己実現、自己充足ないし自己決定の本質的要素であるとするもの（根拠C）、第4が、言論規制の領域における政府の能力に対する不信から、表現の自由は規制されるべきではないとするもの（根拠D）でした。

ここでポイント。根拠Bと根拠Cは、両者とも「自己」の思想内容等を表明することが重要な点になっているわけです。自分がこう思っているんだ！こうすべきだ！っていうことを表現することが大事だと。そうすると今回の販売業者はちょっと違ってくるんじゃないか？という疑問を抱かなければなりません。販売業者は、販売している図書の思想内容を表明する主体ではありません。あくまで、販売業者は表現を媒介する者としての役割しか担っていないわけです。じゃあ、他者の表明する思想内容等を自己が表明することは表現の自由に含まれないの？というと、そんなことはありません。他者の意見に同調する意見を述べることは思想内容の表明といえますからね。問題は、図書等の販売業者は一般的に、自分の考える思想内容等に近い意見を表明し、自律的な人生を送ろうとしているわけではなく、あくまで図書等を販売することで、生活の糧を得て営業を行おうとするために、図書等を販売しているわけです。本屋を想像してみてください。漫画、雑誌、ライトノベル、哲学書、物理学書、数学書、美術書 etc と本当にさまざまな分野の本が販売されているわけですが、本屋さんはこれらの表現物を販売することによって、その表現物の意見や思想等に同調しようとしているわけではないですよね。もっとも、本の販売自体が表現の自由に含まれないことは、自己が図書等を販売することによって自律的な人生を送ろうという意思を否定しているわけではありません。これは、職業選択の自由で保障されるものであって、表現の自由として保障されるわけではないということを言いたいわけです。

そうすると、販売業者の表現の自由で攻めると根拠B、根拠Cが妥当しない議論になってしまう。保障根拠に与えるインパクトの程度が小さいものとなってしまうことから、原告にとって特段有利な主張にはならないということがわかりました。

ではどうするか？

有害文書等を見たい者に視点を移してみると、有害文書等を見たい人たちが販売機での販売に対する規制によって、それを見ることができなくなっているという点で、見たい人の知る自由（情報受領の自由でもかまいません。採点実感を前提にすると知る権利と表現してしまうと情報収集の自由を指しているように聞こえるため避けるべきかもしれません。）を制約するものである、ということがわかります。そして、この場合、個人が情報を受領することによって、自律的な人生を送ったり、受領した情報を前提として自己の政治的意見の表明を行ったりすることができるようになるので、知る自由の制約は、根拠B、根拠Cに対してもインパクトを与えることになるという議論になってきます。

そこで、本条例によって制約されている権利は、成人や青少年の知る自由として、議論を進めていきましょう。

3　判断枠組みの定立

(1)　総論

知る自由などの表現の自由の規制の場面で判断枠組みを構築するための要素は、①制約されている権利が重要なものと言えるか、②制約が内容規制か内容中立規制かという点が非常に重要な要素になってきます。

レペタ事件（最大判平元・3・8〔Ⅰ－72〕）によれば、「各人が自由にさまざまな意見、知識、情報に接し、これを摂取する機会をもつことは、その者が個人として自己の思想及び人格を形成、発展させ、社会生活の中にこれを反映させていく上において欠くことのできないものであり、民主主義社会における思想及び情報の自由な伝達、交流の確保という基本的原理を真に実効あるものたらしめるためにも必要であって、このような情報等に接し、これを摂取する自由は、右規定の趣旨、目的から、いわばその派生原理として当然に導かれるところである。」としており、自己の人格形成の要素、民主政の維持の要素から、知る自由が一般的に重要な権利であることは否定できないでしょう[10]。

今回の問題は、成人の知る自由と青少年の知る自由の二つの権利が制約されています。それぞれについて検討していきましょう。

(2)　青少年の知る自由

岐阜県青少年保護育成条例事件（最判平元・9・19〔Ⅰ－50〕）の伊藤正己裁判官補足意見を見てみましょう。補足意見では、「青少年の享有する知る自由を考える場合に、一方では、青少年はその人格の形成期であるだけに偏りのない知識や

---

[10] この点、「派生原理」とあるから、保障強度はそれほど高いものではないという分析をすべきではないかとの議論もあります。

情報に広く接することによって精神的成長をとげることができるところから、その知る自由の保障の必要性は高いのであり、そのために青少年を保護する親権者その他の者の配慮のみでなく、青少年向けの図書利用施設の整備などのような政策的考慮が望まれるのであるが、**他方において、その自由の憲法的保障という角度からみるときには、その保障の程度が成人の場合に比較して低いといわざるをえないのである。すなわち、知る自由の保障は、提供される知識や情報を自ら選別してそのうちから自らの人格形成に資するものを取得していく能力が前提とされている、青少年は、一般的にみて、精神的に未熟であって、右の選別能力を十全には有しておらず、その受ける知識や情報の影響をうけることが大きいとみられるから、成人と同等の知る自由を保障される前提を欠く**ものであり、したがって青少年のもつ知る自由は一定の制約をうけ、その制約を通じて青少年の精神的未熟さに由来する害悪から保護される必要があるといわねばならない。」としており、青少年の知る自由の重要性は、成人のそれに比べて低いと明言しています。知る自由の保障根拠として、様々な情報を接取することにより自己の人格形成を図ることができるというものがありましたね。青少年にとっては、様々な情報を知ることはむしろ人格形成に悪影響を生じさせかねないことから、この根拠が一定程度妥当しない。だから、青少年の知る自由の重要性は成人のそれに比べて低いと。こういう論理構造になっています。

（一般論として）保障根拠が妥当するから重要な権利→（本問の特殊性から）今回は保障根拠が妥当しない→だから今回のは重要な権利じゃない、というステップを踏む流れは、あらゆる憲法事案の判断枠組み構築の場面で役に立つ思考方法なので、この手法はぜひ押さえておいてください。

(3)　成人の知る自由

成人の知る自由は、青少年の知る自由のところで論じたような保障根拠が妥当しないとの議論はできません。ではここでは何の議論を展開することができるか？それは、間接的付随的規制というやつです。間接的付随的規制の定義をどう捉えればよいのか議論は多々あるところですが、付随的規制というやつに着目してみましょう。付随的規制とは、特定の法益を保護するために、その法益を害するおよそあらゆる行為を禁止する規制が、表現行為や職業活動に対しても及ぶ場合をいいます。この場合、特定内容の表現に着目した規制ではないことから、厳格審査に服さないことになります。

今回だと、青少年の健全な育成を達成するために行うための規制が、たまたま成人の知る自由に対しても影響を及ぼしてしまったという点で、付随的規制であると評価することができます。その結果、成人の知る自由について内容着目規制ではなく、内容中立規制にあたることから、保障根拠へのインパクト度合いは小さく、判断枠組みとして厳格審査を採用しないという帰結を導けます。

4　個別的具体的検討

(1)　目的審査

原告側としては、今回掲げられた目的が科学的証明がなされていない等、立法事実が存在しないから目的審査をクリアしないんだと攻めていきましょう。これに対して被告の反論としては、科学的証明がなされている必要はないとの反論をすることが考えられますね。そこで、岐阜県青少年保護育成条例事件を見てみましょう。同判決は、「本条例の定めるような有害図書が一般に思慮分別の未熟な青少年の性に関する価値観に悪い影響を及ぼし、性的な逸脱行為や残虐な行為を容認する風潮の助長につながるものであって、青少年の健全な育成に有害であることは、既に社会共通の認識になっているといってよい。」として、目的については問題がないと言っています。伊藤正己裁判官補足意見でさらに詳しく論証がなされているので見てみると、「青少年保護のための有害図書の規制について、それを支持するための立法事実として、それが青少年非行を誘発するおそれがあるとか青少年の精神的成熟を害するおそれのあることがあげられるが、**そのような事実について科学的証明がされていないといわれることが多い**。たしかに青少年が有害図書に接することから、**非行を生ずる明白かつ現在の危険があるといえないことはもとより、科学的にその関係が論証されているとはいえないかもしれない**。しかし、青少年保護のための有害図書の規制が合憲であるためには、**青少年非行などの害悪を生ずる相当の蓋然性のあることをもって足りると解してよい**と思われる。」とあります。すなわち、目的審査をクリアする立法事実としては、青少年が有害図書を見ることで、精神的成熟を害するおそれにつき、科学的証明がなされている必要はなく、青少年非行などの害悪を生ずる相当の蓋然性が認められれば、立法事実の裏付けとしては十分であると論じています。

なぜ、害悪を生ずる相当の蓋然性で足りるのか、いろいろ議論はあり得るところだとは思いますが、個人的には青少年の知る自由の制約のインパクトの程度が小さいことと、当該害悪は一度生じたら回復することが困難である性質を有する点（害悪の除去の必要性の高さについては、害悪によって生じる不利益の程度×害悪の発生確率の掛け算で導かれる（泉佐野市民会館事件（最判平7・3・7〔Ⅰ－81〕参照））にあるのかなと思っています。それに加えて、自動販売機での販売は対面ではないことから心理的に購入が容易であり、昼夜を問わず購入することが可能であることからすれば、販売機に収納しないことの必要性は大きいと一言いい、販売機への収納の禁止の重要性を語れば完璧です。

(2) 手段審査

手段の適合性については、青少年に対して有害文書等を見せないことによって目的達成を促進させることは明らかなので厚く論じる必要はありませんね。

そこで、手段の必要性や相当性等を見ていきましょう。岐阜県青少年保護育成条例では、知事は、図書の内容が、著しく性的感情を刺激し、又は著しく残虐性を助長するため、青少年の健全な育成を阻害するおそれがあると認めるときは、当該図書を有害図書として指定するものとされ（6条1項）、右の指定をしようとするときには、緊急を要する場合を除き、岐阜県青少年保護育成審議会の意見を聴かなければならないとされています（9条）。ただ、有害図書のうち、特に卑わいな姿態若しくは性行為を被写体とした写真又はこれらの写真を掲載する紙面が編集紙面の過半を占めると認められる刊行物については、知事は、右6条1項の指定に代えて、当該写真の内容を、あらかじめ、規則で定めるところにより、指定することができるとされています（6条2項）。これを受けて、岐阜県青少年保護育成条例施行規則2条においては、右の写真の内容について、「1　全裸、半裸又はこれに近い状態での卑わいな姿態、2　性交又はこれに類する性行為」と定められ、さらに昭和54年7月1日岐阜県告示第539号により、その具体的内容についてより詳細な指定がされています。このように、本条例6条2項の指定の場合には、個々の図書について同審議会の意見を聴く必要はなく、当該写真が前記告示による指定内容に該当することにより、有害図書として規制されることになるのですから、実質的には知事が個別的に有害図書を選別して指定していく形の運用となっていないわけです。これを受けて、伊藤正己裁判官補足意見では、「有害図書の規制方式として包括指定方式をも定めている。この方式は、岐阜県青少年保護育成審議会（以下「審議会」という。）の審議を経て個別的に有害図書を指定することなく、条例とそのもとでの規則、告示により有害図書の基準を定め、これに該当するものを包括的に有害図書として規制を行うものである。一般に公正な機関の指定の手続を経ることにより、有害図書に当たるかどうかの判断を慎重にし妥当なものとするよう担保することが、有害図書の規制の許容されるための必要な要件とまではいえないが、それを合憲のものとする有力な一つの根拠とはいえる。包括指定方式は、この手続を欠くものである点で問題となりえよう。」と包括指定方式について、手段必要性の観点から問題意識を見せています。しかし、本件条例は、包括指定方式についての定めがないことから、岐阜県青少年保護育成条例よりも必要性を肯定しやすくなっているので、原告としては必要性がないと攻めていくことはなかなか難しいところであることがわかりますね[11]。

次に、手段の相当性ですが、今回の規制によって成人の知る自由も制約されていることから、手段が過剰にすぎるのではないか、という問題提起を原告側から提示していくことが考えられます。とはいえ、成人については、販売機を使わずとも店頭等で購入することは容易なのであるから、過剰な規制とまではいえないのではないか、という形で議論はおさまると。

あとは、付随的な論点として第三者の違憲主張適格というものがあります。要は、今回の訴訟の主体は販売者であるから、知る自由を制約されているわけではないので、それを主張していいのか？という話です。深入りするとかなり難しい議論になってしまう（違憲の主張は法律上の主張であるから第三者の権利を侵害することの主張をすることの何が問題なの？という話等様々な議論がある）ので、ここはさらっと当該権利侵害者と訴訟当事者とで特別の利害関係があればよいという規範をたて、それにあてはめて、認められる、としてしまえばよいです。

---

[11] 伊藤正己補足意見でも「他に選びうる手段をもっては有害図書を青少年が入手することを有効に抑止することができないのであるから、これをやむをえないものとして認めるほかはないであろう。私としては、次にみるように包括指定の基準が明確なものとされており、その指定の範囲が必要最少限度に抑えられている限り、成人の知る自由が封殺されていないことを前提にすれば、これを違憲と断定しえないものと考える。」と論じて包括的指定でさえも、必要性を肯定しています。

なお、検閲や明確性の議論を論じようと思った人もいると思います。それ自体論じても間違いはないのですが、本問ではそれほど重要とは思いません。従来は実体的権利を優先して書いていましたが、近年では明確性などについても書く必要があります。問題文の誘導との関係で書くか書かないかを決めるというスタンスをとるのがいいのかなと思います。

全体的にただひたすら岐阜県青少年保護育成条例事件判決をしっかりと読んでいますか？ということを問うている問題でしたね。これの応用の問題が平成20年新司法試験の憲法や平成30年新司法試験の憲法です。この問題を完璧に理解できていれば平成20年新司法試験憲法も解けると思いますので、復習だと思って是非2時間計って答案も8枚制限で書いてみてください。絶対に勉強になります。なお、平成20年新司法試験憲法の解説としては大島義則『憲法ガール Remake Edition』があります。

参考答案

第１　設問１

１　結論

本件条例は、憲法21条１項に反し違憲無効であるから、Xは本件条例５条の構成要件該当性が認められないため無罪である。

２　理由

⑴　憲法上の権利の制約

ア　知る自由総論

憲法21条１項は「その他一切の表現の自由」を保障するところ、表現の自由は受け手の存在を前提にしているのであるから、同条によって知る自由も保障される。

イ　青少年の知る自由

本件条例５条によって、自動販売機に、同条例が定める内容の文書、図画又はフィルムその他（以下、「文書等」という。）を収納し又は陳列することができなくなり、それによって青少年が販売機から文書等を購入し、それを閲覧することができなくなっている。

したがって、本件条例５条は青少年の知る自由を制約する。

また、同条例によって、成年であっても、販売機から文書等を購入し、それを閲覧することができなくなっていることから、成年の知る自由も制約する。

⑵　判断枠組み

本件条例５条は、青少年に対し性的感情を著しく刺激し又は残虐性をはなはだしく助長し、青少年の健全な育成を阻害するおそれがある（以下、「有害情報」という。）という表現の内容に着目した規制である。内容着目規制については、思想の自由市場をゆがめると同時に、個人の自律を阻害するものであることから、その合憲性判断は厳しくなされなければならない。

したがって、本件条例５条は、目的がやむにやまれぬ利益のためにあり、手段がその目的を達成するために必要不可欠といえなければ、違憲となる。

⑶　個別的具体的検討

本件条例の目的は、文書等を青少年の目に触れさせないことで、青少年の健全な育成に対する害悪が生じることを防止する点にあるが、文書等が青少年非行を誘発するおそれがあるとか青少年の精神的成熟を害するおそれのあるといった事実について科学的証明はない。したがって、目的を基礎づける立法事実を欠くことから、やむにやまれぬ利益のためにとはいえない。

よって、本件条例は違憲無効である。

第2　設問2

1　第三者の違憲主張適格

(1)　被告側の反論

Xには、本件条例は青少年や成人の知る自由を侵害するという主張をする適格が存在しない。

(2)　私見

第三者の違憲主張適格については、第三者の憲法上の権利の侵害と自己との間で特別の関係がない限り主張は許されない。

Xは、販売機に文書等を設置し、成人や青少年の情報の受領を容易にする点で、情報受領者と特別な利害関係が認められる。

したがって、Xの上記主張は許され、被告の反論は失当である。

2　判断枠組みについて

(1)　青少年の知る自由

ア　被告側の反論

青少年の知る自由は、青少年が人格形成段階であることから、成人の知る自由の保護の必要性程高くなく、権利の重要性が認められないことから、原告の判断枠組みは妥当しない。

イ　私見

知る自由の保障は、提供される知識や情報を自ら選別してそのうちから自らの人格形成に資するものを取得していく能力が前提とされているところ、青少年は、一般的にみて、精神的に未熟であって、上記の選別能力を十全には有していないといえることから、成人と同等の知る自由を保障される前提を欠く。

よって、被告の反論が妥当する。

(2)　成人の知る自由

ア　被告側の反論

成人は販売機を通じなくとも容易に文書等を購入し閲覧することが可能なのであるから、一部の入手手段の制約に過ぎず、制約の強度は小さいため、原告の判断枠組みは妥当しない。

イ　私見

成人は、販売機以外の方法で文書等を購入し閲覧することができるのであり、特定の態様による販売が事実上抑止されるにとどまるものであるから、保障根拠を著しく害するものではなく、制約の強度は小さい。

したがって、被告の反論が妥当する。

⑶　規制態様

ア　被告側の反論

本件条例の規制は、成年の知る自由の制約については付随的規制であるから、原告の判断枠組みは妥当しない。

イ　私見

本件条例の規制は、青少年に生じる害悪に着目した規制をしたところ、たまたま成人の知る自由についても制約してしまったものである以上、成人の知る自由の制約に関しては間接的付随的規制であり、内容規制ではない。したがって、被告の反論が妥当する。

⑷　まとめ

したがって、青少年の知る自由に関しては、その保護の必要性が低く、成人の知る自由については、その制約強度が小さいことから、両者の合憲性判断の判断枠組みとしては、原告の主張の枠組みではなく、目的が重要で、手段が目的達成のために実質的関連性を有すれば合憲であるとする枠組みを採用すべきである。

3　個別的具体的検討

ア　被告側の反論

本件条例の目的は、一度生じたら回復が困難な害悪を未然に防止するという点で、重要な目的といえる。また、自動販売機での販売を禁止すれば、青少年は店頭でも自動販売機でも文書等の購入ができなくなるため手段適合性が認められる。したがって、実質的関連性が認められる。

イ　私見

本件条例の目的は、文書等を青少年の目に触れさせないことで、青少年の健全な育成に対する害悪が生じることを防止する点にあるところ、健全な育成が一度害されたら回復することは困難であるから、それが生じる相当程度の蓋然性が認められれば重要な目的が認められる。そして、本件条例の文書等が一般に思慮分別の未熟な青少年の性に関する価値観に悪い影響を及ぼし、性的な逸脱行為や残虐な行為を容認する風潮の助長につながるものであって、青少年の健全な育成に有害であることは、既に社会共通の認識になっているといえ、上記害悪が生じる相当程度の蓋然性は認められるといえる。また、自動販売機での販売は対面ではないことから心理的に購入が容易であり、昼夜を問わず購入することが可能であることからすれば、販売機に収納しないことの必要性は大きいと言える。したがって、目的の重要性は認められる。

次に、自動販売機による文書等の購入を禁止すれば、青少年は文書等を見る機会が減少する直接的な因果関係が認められるため、被告の反論の通り手段適合性は認められる。

よって、本件条例は憲法21条1項に反せず、合憲である。

以上

Ⅱ　判断枠組みを中心に考えさせるタイプ

1　営業の自由（旧司平成22年度第1問）

理容師法は、「理容師の資格を定めるとともに、理容の業務が適正に行われるように規律し、もつて公衆衛生の向上に資することを目的」（同法第1条）として制定された法律である。同法第12条第4号は、理容所（理髪店）の開設者に「都道府県が条例で定める衛生上必要な措置」を講ずるよう義務付け、同法第14条は、都道府県知事は、理容所の開設者が上記第12条の規定に違反したときには、期間を定めて理容所の閉鎖を命ずることができる旨を規定している。

A県では、公共交通機関の拠点となる駅の周辺を中心に、簡易な設備（洗髪設備なし）で安価・迅速に散髪を行うことのできる理容所が多く開設され、そこでの利用者が増加した結果、従来から存在していた理容所の利用者が激減していた。そのような事情を背景に、上記の理容師法の目的を達成し、理容師が洗髪を必要と認めた場合や利用者が洗髪を要望した場合等に適切な施術ができるようにすることで理容業務が適正に行われるようにするとともに、理容所における一層の衛生確保により、公衆衛生の向上を図る目的で、A県は、同法第12条第4号に基づき、衛生上必要な措置として、洗髪するための給湯可能な設備を設けることを義務付ける内容の条例を制定した。

Xは、簡易な設備で安価・迅速に散髪を行うことのできる理容所を営業していたところ、本件条例の制定により洗髪設備を設置せざるをえなくなったが、設置してしまえばコストがかかることから設置を行わなかった。その結果、理容師法第14条により、閉鎖命令が下された。

なお、法律と条例の関係については論ずる必要はない。

⑴　あなたがXの訴訟代理人として訴訟を提起するとした場合、訴訟においてどのような憲法上の主張を行うか。

⑵　設問⑴における憲法上の主張に関するあなた自身の見解を、被告側の反論

を想定しつつ、述べなさい。

なお、条例制定行為自体の違憲違法性については論ずる必要はない。

【参照条文】理容師法

第1条　この法律は、理容師の資格を定めるとともに、理容の業務が適正に行われるように規律し、もつて公衆衛生の向上に資することを目的とする。

第1条の2　この法律で理容とは、頭髪の刈込、顔そり等の方法により、容姿を整えることをいう。

② この法律で理容師とは、理容を業とする者をいう。

③ この法律で、理容所とは、理容の業を行うために設けられた施設をいう。

第12条　理容所の開設者は、理容所につき左に掲げる措置を講じなければならない。

一　常に清潔に保つこと。

二　消毒設備を設けること。

三　採光、照明及び換気を充分にすること。

四　その他都道府県が条例で定める衛生上必要な措置

出題の意図

職業選択の自由の制約の型、規制目的二分論の理解を前提にした判断枠組みの構築、構築後の個別的具体的検討について深く検討してほしく、本問を出題しました。

法務省発表の出題趣旨

条例による理容所の規制につき、一見すると公衆衛生上の観点からの営業態様に関する規制について、その実態が競争制限的で既存業者保護となる効果を持ち、かつ、違反者に対しては理容所の閉鎖という法律上の効果を伴う点で、単なる営業態様規制ではなく、開業規制とも考え得る点を、憲法第 22 条第 1 項の職業選択の自由との関係でどのように考えることができるのかを問うことを意図したものである。

解説

1　入口の特定

Xは、簡易な設備で安価・迅速に散髪を行いたいのにそれができず、逆らったことで閉鎖命令を下されてしまいました。Xの不満の根本は、洗髪設備の設置義務です。そのため、違憲の対象は、理容師法ではなく、本件条例です。

具体的な自由としては、理容店を営業する自由……では足りません。Xの不満は、簡易な設備で安価・迅速に散髪できる理容店を営業できないことなのですから、"簡易な設備で安価・迅速に散髪できる理容店を営業する自由"となります。これは職業に関するものですから、憲法 22 条 1 項により保障され得ると考えられます。

なお、訴訟提起としては、当該閉鎖命令につき処分の取消訴訟を提起することが考えられます。取消訴訟の本案の訴訟物は処分の違法性一般ですから、処分の根拠となった本件条例が違憲無効であるから処分も違法であることを主張していくことになります。

2　憲法上の権利の制約

憲法22条1項は職業選択の自由を保障しているところ、職業遂行の自由については明文で規定されていないものの、同条によって保障されるとのことでした。単なる営業ではなく、職業遂行として保障されるためには、人格的価値を読み込む必要があります。

洗髪設備を取り付けるか、取り付けないかという判断は自社の予算や経営方針に応じて選択決定するという経営判断に属するものです。そのため、その選択は人格的価値を有することになります。よって、上記の具体的自由は職業遂行の自由として憲法22条1項で保障されます。そして、洗髪設備の設置義務は、簡易な設備で安価・迅速に散髪することができなくなることから、制約となります。

ところで、仮に、具体的自由を“理容店を営業する自由”とした場合、洗髪設備を取り付ければ営業できるのですから、営業への制約はないことになります。この点も踏まえて、上記のように丁寧に特定しておくことが重要です。

3　判断枠組みの定立

薬事法違憲判決（最大判昭50・4・30〔Ⅰ－92〕）を意識して書く場合、大枠での判断枠組みを示した上で、制約の強度や規制目的二分論を検討していく方がよいです。

(1)　制約の強度

本問のような洗髪設備の義務付けによる営業の自由の制約の強度はどの程度のものなのか評価する必要があります。原告側からすればなるべく厳しいものであると評価する必要があります。営業の自由に関する制約の強度として考慮すべき要素は、①事前規制であるか（実質的に職業選択の自由そのものに対する制約といえるか）、②客観的条件といえるかというものです。そこで、①、②の観点から検討してみましょう。

本問条例は、理容所に給湯可能な設備を設けることを義務づけることを内容としており、当該設備を設けない場合には、理容師法14条により、理容師法12条違反を根拠に、「期間を定めて理容所の閉鎖を命」ぜられることとなり、理容所を閉鎖せざるを得ないことになります。下記の説明でわかりますが、具体的自由の設定の段階で“簡易な設備で安価・迅速に散髪できる”と読み込むことで、より詳細な検討が可能です。

ア　①事前規制であるかについて

確かに、本問条例は理容所に給湯可能な設備を設けることを許可のための条件としているわけではないため、許可制ではありません。しかし、当該給湯可能な設備を設けなければ、「閉鎖を命」ぜられ、営業をすることができなくなるのであるから、実質的な事前規制であると評価することができます。

イ　②客観的条件であるかについて

確かに、給湯設備を設けることによって生じる負担は、経済的負担にすぎず、金銭をその分出せば理容所を営業することができるため、主観的条件のようにも思えます。

しかし、「A県では、公共交通機関の拠点となる駅の周辺を中心に、簡易な設備（洗髪設備なし）で安価・迅速に散髪を行うことのできる理容所が多く開設され、そこでの利用者が増加した結果、従来から存在していた理容所の利用者が激減していた。」とあり、洗髪設備を設けないことによるコスト削減によって、「安価・迅速に散髪を行う」というビジネスモデルが確立できたのであって、給湯設備を設置することによってその分の経済的負担が増えてしまえば、上記ビジネスモデルでもって理容所を運営することができなくなってしまう可能性があります。経済的負担が増えることによって、「安価・迅速に散髪を行う」ことができなくなることは、普遍的な経済理論上生じるものであって、経済的負担を受けつつ上記ビジネスモデルを達成することは、本人の努力ではいかんともしがたいものといえます。とはいえ、このような普遍的な経済理論上生じるといった社会科学的限界については、問題となっている本人以外の人も平等に乗り越えることができないものなのであるから、個人の人格価値を毀損するようなものではなく、規制強度が強まるとはいえないでしょう。したがって、本件給湯設備の設置の義務付けが形式的に客観的条件であるとしても、規制強度が強いとはいえないという結論が穏当です。

(2)　規制目的二分論

ア　本問の分析

「A県では、公共交通機関の拠点となる駅の周辺を中心に、簡易な設備（洗髪設備なし）で安価・迅速に散髪を行うことのできる理容所が多く開設され、そこでの利用者が増加した結果、従来から存在していた理容所の利用者が激減していた。」とし、「**そのような事情を背景に**」本問条例が制定されたことに鑑みると、

> 「A県では、公共交通機関の拠点となる駅の周辺を中心に、簡易な設備（洗髪設備なし）で安価・迅速に散髪を行うことのできる理容所が多く開設され、そこでの利用者が増加した結果、従来から存在していた理容所の利用者が激減していた。」

という部分が立法事実であることが考えられます。すなわち、立法事実から考えられる本件規制の目的は、従来の理容所の経済的保護という積極目的であると評価できます。一方で、掲げられた目的は、「理容師が洗髪を必要と認めた場合や利用者が洗髪を要望した場合等に適切な施術ができるようにすることで理容業務が適正に行われるようにするとともに、理容所における一層の衛生確保により、公衆衛生の向上を図る目的」としており、消極目的であると評価できます。そうすると、掲げられた目的と立法事実とのズレが生じていることになります。

この立法事実と、掲げられた規制目的とのズレについて的確に評価していくことが本問のポイントであると考えられます。そこで、規制目的が複数存在した場合の目的の認定について検討していきます。

イ　目的の認定

本件では、立法事実からすると積極目的ですが、規制において掲げられた目的は消極目的です。そうすると、どちらの目的が真の目的であるのか、もしくは両目的を併有したものといえるのかを認定していく必要があります。では、どのようにして目的を認定すべきでしょうか。その方法としては、①薬事法違憲判決の思考、②公衆浴場判決の思考が考えられます。

(ア)　①薬事法違憲判決（最大判昭 50・4・30〔Ⅰ－92〕）

まず、薬事法違憲判決を見てみると、「適正配置規制は、主として国民の生命及び健康に対する危険の防止という消極的、警察的目的のための規制措置であり、そこで考えられている薬局等の過当競争及びその経営の不安定化の防止も、それ自体が目的ではなく、あくまで不良医薬品の供給の防止のための手段であるにすぎないものと認められる。」としており、目的が「国民の生命及び健康に対する危険の防止という消極的、警察的目的」と「薬局等の過当競争及びその経営の不安定化の防止」と2つ見受けられるとき、主たる目的を消極的、警察的目的として、目的手段審査を行っています。

薬事法違憲判決に従えば本問においても主たる目的がどちらなのかを認定して、一つの目的を設定し目的手段審査を行えば足りることとなります。

次に主たる目的の認定はどのようにすべきかが問題となります。薬事法違憲判決を見てみると、「薬事法6条2項、4項の適正配置規制に関する規定は、昭和38年7月12日法律第135号「薬事法の一部を改正する法律」により、新たな薬局の開設等の許可条件として追加されたものであるが、右の改正法律案の提案者は、その提案の理由として、一部地域における薬局等の乱設による過当競争のために一部業者に経営の不安定を生じ、その結果として施設の欠陥等による不良医薬品の供給の危険が生じるのを防止すること、及び薬局等の一部地域への偏在の阻止によつて無薬局地域又は過小薬局地域への薬局の開設等を間接的に促進することの二点を挙げ、これらを通じて医薬品の供給（調剤を含む。以下同じ。）の適正をはかることがその趣旨であると説明しており、薬事法の性格及びその規定全体との関係からみても、この二点が右の適正配置規制の目的であるとともに、その中でも前者がその主たる目的をなし、後者は副次的、補充的目的であるにとどまると考えられる。……小企業の多い薬局等の経営の保護というような社会政策的ないし経済政策的目的は右の適正配置規制の意図するところではなく、また、一般に国民生活上不可欠な役務の提供の中には、当該役務のもつ高度の公共性にかんがみ、その適正な提供の確保のために、法令によって、提供すべき役務の内容及び対価等を厳格に規制するとともに、更に役務の提供自体を提供者に義務付ける等の強い規制を施す反面、これとの均衡上、役務提供者に対してある種の独占的地位を与え、その経営の安定をはかる措置が執られる場合があるけれども、薬事法その他の関係法令は、医薬品の供給の適正化措置として右のような強力な規制を施してはおらず、したがって、その半面において既存の薬局等にある程度の独占的地位を与える必要も理由もなく、本件適正配置規制にはこのような趣旨、目的はなんら含まれていないと考えられるのである」としており、下線部を見ると、改正の提案理由、薬事法や関係法令の仕組み解釈から適正配置規制の目的は小企業の多い薬局等の経営の保護というような社会政策的ないし経済政策的目的にあるわけではないと認定していることからすれば、提案理由、すなわち立法事実及び法令の仕組み解釈によって、目的を認定することになります。

これを本問に照らし合わせて考えてみると、確かに法令の仕組み解釈としては、理容師法は1条によって、「理容の業務が適正に行われるように規律し、もつて公衆衛生の向上に資することを目的」としており、本件条例は理容師法の委任条例であるとすると、法令それ自体からは従来の理容所の保護目的を読み取ることは困難です。しかし、問題文には、「A県では、公共交通機関の拠点となる駅の周辺を中心に、簡易な設備（洗髪設備なし）で安価・迅速に散髪を行うことのできる理容所が多く開設され、そこでの利用者が増加した結果、従来から存在していた理容所の利用者が激減していた。」と記載され、「そのような事情を背景に」本問条例が制定されたことに鑑みると、本問条例の規制の理由は明らかに従来の理容所の利用者を増加させることにあると認定することが可能です。

したがって、本問条例の規制の主たる目的は、従来から存在していた理容所の経営保護目的という積極目的にあると認定することができます。

(イ)　公衆浴場事件判決（最判平元・3・7）

公衆浴場事件判決には2つの最高裁判決があります。1つ目は平成元年1月20日判決であり、薬事法と同様に主たる目的を認定しつつ、目的を1つに絞って目的手段審査を行いました。2つ目は平成元年3月7日判決です。同判決によれば「おもうに、法2条2項による適正配置規制の目的は、国民保健及び環境衛生の確保にあるとともに、公衆浴場が自家風呂を持たない国民にとって日常生活上必要不可欠な厚生施設であり、入浴料金が物価統制令により低額に統制されていること、利用者の範囲が地域的に限定されているため企業としての弾力性に乏しいこと、自家風呂の普及に伴い公衆浴場業の経営が困難になっていることなどにかんがみ、既存公衆浴場業者の経営の安定を図ることにより、自家風呂を持たない国民にとって必要不可欠な厚生施設である公衆浴場自体を確保しようとすることも、その目的としているものと解されるのであり、前記適正配置規制は右目的を達成するための必要かつ合理的な範囲内の手段と考えられるので、……憲法 22 条 1 項に違反しないと解すべき」としており、適正配置規制の目的は、「国民保健及び環境衛生の確保にあるとともに」、「既存公衆浴場業者の経営の安定を図ることにより、自家風呂を持たない国民にとって必要不可欠な更生施設である公衆浴場自体を確保しようとすることも、その目的としているもの」と、前者の消極目的、後者の積極目的両目的が併存していると認定しています。この判例からすれば、主たる目的をどちらか認定しにくい場面においてはこのように両目的につきそれぞれ目的手段審査を行うということも許されるでしょう。もっとも、同判例は続けて「前記適正配置規制は右目的を達成するための必要かつ合理的な範囲内の手段と考えられるので、……憲法 22 条 1 項に違反しないと解すべき」としており、積極目的、消極目的を問わず、「右目的を達成するための必要かつ合理的な範囲内の手段」と 1 つの審査基準で簡単に合憲判断を下している点で、規制目的二分論の趣旨に適っている判断を下したかどうかは不明瞭ではあります。答案では、規制目的二分論の理解を示すためにも、積極目的の場合は緩やかに、消極目的の場合は厳格に審査をするといった形で、目的に応じて審査基準を変動させるべきでしょう。

4　個別的具体的検討

本問条例の目的を、理容師が洗髪を必要と認めた場合や利用者が洗髪を要望した場合等に適切な施術ができるようにすることで理容業務が適正に行われるようにするとともに、理容所における一層の衛生確保により、公衆衛生の向上を図る目的として検討してみましょう。

目的自体は、人の健康を保護する目的にあるので重要なものとはいえるでしょう。もっとも、理容師法は 12 条 1 号から 3 号まででで全国的に最低限度保たなければならない衛生確保手段を講じるべき義務を設け、それに付け加える形で 4 号においてその他都道府県が条例で定める衛生上必要な措置を設けることができるとしていますが、この 4 号の趣旨は、都道府県の各地域の特性上特に必要と認められる場面において衛生確保手段を講じることができるよう定めたものとして考えられます。そうすると、具体的な衛生確保手段を講じる必要性、すなわち、当該都道府県の衛生状況の特殊性から特別な衛生確保手段が必要となる理由（目的）が存在しない限り、目的の重要性を肯定することができないという立論をすることが考えられます。そして、本問ではそのような理由が存在しないことから目的の重要性が否定されることになります。

手段については、洗髪設備を設けることを義務付けているだけで、利用を義務付けているわけではなく、実効性を欠くものであるとして実質関連性を否定する主張をすることが考えられます。

続いて、目的が従来の理容所の保護という積極目的にあるとして考えてみると、目的の正当性は経済政策目的であることから、肯定されることになります。

手段については、確かに洗髪設備の設置の義務付けがなされれば、それによって生じる経済的負担により、駅の周辺の安価・迅速に洗髪を行うことのできる理容所は営業ができなくなるわけで、これによって、駅周辺の理容所が潰れてしまうことまでは想定できるでしょう。

しかし、そのような理容所が潰れることによって、従来の理容所に利用者が戻ってくるとは限らないのですから、ここには観念的抽象的関連性すら存在しないと結論づけることができます。

したがって、手段の合理性は認められないという主張が可能でしょう。

本問では規制目的二分論を主目的が何か？という点から検討してみましたが、複合目的として検討することもあり得ますし、そもそも規制目的二分論を採用しないということも考えられます。この点については、本書の、輸入の自由（旧司昭和60年度第1問）の問題及び平成26年司法試験の問題でも論じていますので、そちらも参照して経済的自由権に関する理解を深めてください。

参考答案

第１　(1)について

1　憲法上の権利の制約

憲法22条１項は「職業選択の自由」を保障するところ、職業の遂行をすることができないと、実質的に職業選択の自由を保障したことにはならないことから、職業遂行の自由も保障される。簡易な設備で安価・迅速に散髪することは経営者の判断に委ねられるものであり、経営方針等経営者の個性が出るところである。そのため、簡易な設備で安価・迅速に散髪する理容店を営業する自由は職業遂行の自由として憲法22条１項により保障される。

本問において、洗髪設備の設置を義務付けられてしまうと、洗髪設備をなくして営業をするような営業形態が認められなくなってしまうことから、本件条例は上記の自由を制約するものといえる。

2　判断枠組み

職業の多様性に応じて、その規制を要求する目的も多様であり、また規制手法も多様であることから、立法裁量が認められる。これより、憲法上是認されるかどうかは一律に論ずることができず、具体的な規制措置について、規制目的、必要性、内容、これによって制限される職業の自由の性質、内容及び制限の程度を検討し、これらを比較考量したうえで決定すべきである。

もっとも、事の性質上、立法裁量の範囲については広狭がありうるのであって、裁判所は具体的な規制目的、対象、方法等の性質と内容に照らして、これを決すべきである。

(1)　本問条例は、理容所に給湯可能な設備を設けることを義務づけることを内容としており、当該設備を設けない場合には、理容師法14条により、理容師法 12 条違反を根拠に、「期間を定めて理容所の閉鎖を命」ぜられることとなる。そうすると、理容所を閉鎖せざるを得なくなることから、実質的には許可制と同視でき、事前規制といえ制約の強度は強い。

(2)　本問条例の目的は、「理容師が洗髪を必要と認めた場合や利用者が洗髪を要望した場合等に適切な施術ができるようにすることで理容業務が適正に行われるようにするとともに、理容所における一層の衛生確保により、公衆衛生の向上を図る目的」という消極目的規制である。消極目的規制であれば、伝統的な警察比例の原則が妥当することから裁判所の審査に適しているため、上記権利の重要性と制約の強度に鑑みれば、合憲性判定基準としては厳格な合理性の基準が妥当する。すなわち、目的が重要で、手段が実質的関連性を有する場合でなければ違憲となる。

3　個別的具体的検討

本問条例の目的は、理容師が洗髪を必要と認めた場合や利用者が洗髪を要望した場合等に適切な施術ができるようにすることで理容業務が適正に行われるようにするとともに、理容所における一層の衛生確保により、公衆衛生の向上を図る目的にあり、これは、人の健康を保護する目的にあることから、重要とも思える。しかし、理容師法は 12 条 1 号から 3 号までで全国的に最低限度保たなければならない衛生確保手段を講じるべき義務を設け、それに付け加える形で 4 号においてその他都道府県が条例で定める衛生上必要な措置を設けることができるとしているが、この 4 号の趣旨は、都道府県の各地域の特性上特に必要と認められる場面において衛生確保手段を講じることができるよう定めたものであり、具体的な必要性、すなわち、当該都道府県の衛生状況の特殊性から特別な衛生確保手段が必要となる理由が存在しない限り、目的の重要性を肯定することができないといえる。そして、本問では、A 県が洗髪設備を設けなければ、公衆衛生を保つことができないといった理由が存在しない。

したがって、目的の重要性は認められない。

次に、仮に目的の重要性が肯定できたとしても、手段として洗髪設備を設けることを義務付けているだけで、利用を義務付けているわけではない。実際に設備があったとしても、利用をしなければ、何ら目的達成に役に立たないのであるから実質的関連性も存在しない。

よって、本問条例は憲法 22 条 1 項に反し違憲無効である。

第 2　(2)について

1　事前規制であるかについて

(1)　被告側の反論

本問条例は理容所に給湯可能な設備を設けることを許可のための条件としているわけではないことから、事前規制にはあたらないとの反論が想定される。

(2)　私見

確かに、給湯可能な設備を設けることを許可の条件としているわけではないものの、当該給湯可能な設備を設けなければ、結果的に「閉鎖を命」

ぜられ、営業をすることができなくなるのであるから、実質的には事前規制である。

したがって、被告の反論は失当である。

2　主観要件であるかについて

(1)　被告側の反論

給湯設備を設けることによって生じる負担は、経済的負担にすぎず、金銭をその分出せば理容所を営業することができるのであるから、当該義務は主観要件にすぎず、規制強度は弱まるとの反論が想定される。

(2)　私見

Ａ県の、公共交通機関の拠点となる駅の周辺を中心に、簡易な設備（洗髪設備なし）で安価・迅速に散髪を行うことのできる理容所では、洗髪設備を設けないことによるコスト削減によって、「安価・迅速に散髪を行う」というビジネスモデルが確立できたのであって、給湯設備を設置することによってその分の経済的負担が増えてしまえば、上記ビジネスモデルでもって理容所を運営することができなくなってしまう可能性がある。経済的負担が増えることによって、「安価・迅速に散髪を行う」ことができなくなることは、普遍的な経済理論上生じるものであって、経済的負担を受けつつ上記ビジネスモデルを達成することは、本人の努力ではいかんともしがたいものといえる。しかし、このような普遍的な経済理論上生じるといった社会科学的限界については、問題となっている本人以外の人も平等に乗り越えることができないものなのであるから、個人の人格価値を毀損するようなものではなく、規制強度が強まるとはいえない。したがって、本件給湯設備の設置の義務付けが形式的に客観的条件であるとしても、規制強度が強いとはいえない。

3　規制目的について

(1)　被告側の反論

本問条例は、立法事実を見るに従来の理容所の保護を目的とする積極目的規制であるため、立法の広い裁量に委ねられるべきであるから、判断基準は合理性の基準で決すべきであるとの反論が想定される。

(2)　私見

ア　営業の自由については、社会的相互関連性が強く規制の要請が強いことは否めない。そして、積極目的規制であれば、それを達成する手段は複数考えられることから、立法府の裁量に委ねるべきである。

そして、目的が二つ考えられる場面においては主たる目的がどちらの目的にあるか、法令の仕組み、立法事実等を考慮して決すべきである。

本問では、確かに法令の仕組み解釈としては、理容師法は 1 条によって、「理容の業務が適正に行われるように規律し、もつて公衆衛生の向上に資することを目的」としており、本件条例は理容師法の委任条例であるとすると、法令それ自体からは従来の理容所の保護目的を読み取ることは困難である。しかし、A 県では、公共交通機関の拠点となる駅の周辺を中心に、簡易な設備（洗髪設備なし）で安価・迅速に散髪を行うことのできる理容所が多く開設され、そこでの利用者が増加した結果、従来から存在していた理容所の利用者が激減していたとの立法事実の下で、本問条例が制定されたことに鑑みると、本問条例の規制の実質的な理由は従来の理容所の利用者を増加させることにあるといえる。

そうだとすれば、本問条例の規制の主たる目的は、従来から存在していた理容所の経営保護目的という積極目的にあるといえる。

したがって、合理性の基準で決すべきである。

イ　まず、目的については、従来の理容所の保護という積極目的は立法政策の目的であるため正当である。

次に、手段については、確かに洗髪設備の設置の義務付けがなされれば、それによって生じる経済的負担により、駅の周辺の安価・迅速に洗髪を行うことのできる理容所は営業ができなくなる。しかし、そのような理容所が潰れることによって、従来の理容所に利用者が戻ってくるとは限らないのであり、ここには観念的抽象的関連性すら存在しない。

したがって、手段の合理性は認められない。

よって、本問条例は憲法 22 条 1 項に反し違憲無効である。

以上

2　集会の自由（旧司平成８年度第１問）

団体Ａが、講演会を開催するためＹ市の設置・管理する市民会館の使用の許可を申請したところ、Ｙ市長は、団体Ａの活動に反対している他の団体が右講演会の開催を実力で妨害しようとして市民会館の周辺に押し掛け、これによって周辺の交通が混乱し市民生活の平穏が害されるおそれがあるとして、団体Ａの申請を不許可とする処分をした。

⑴　あなたが団体Ａの訴訟代理人として訴訟を提起するとした場合、訴訟においてどのような憲法上の主張を行うか。

⑵　設問⑴における憲法上の主張に関するあなた自身の見解を、被告側の反論を想定しつつ、述べなさい。

【参照条文】

地方自治法第244条

普通地方公共団体は、住民の福祉を増進する目的をもつてその利用に供するための施設（これを公の施設という。）を設けるものとする。

2　普通地方公共団体（次条第３項に規定する指定管理者を含む。次項において同じ。）は、正当な理由がない限り、住民が公の施設を利用することを拒んではならない。

出題の意図

処分審査における判断枠組みの定立方法について検討していただきたいと思い、この問題を出題しました。集会の自由の基本となる泉佐野市民会館事件を理解し、どのように利用するのかを体感してください。

解説

1　入口の特定

違憲の対象は法令か処分のどちらでしょうか。本件事案の構造としては、団体Aの不満は、不許可処分を下されたことです。そうすると、団体Aとしては何をすべきかというと、Y市長の不許可処分に対して、取消訴訟（行政事件訴訟法3条2項）を提起し、不許可処分の取消しを求めることです。

この訴訟において、処分の違法性を基礎づける事実として、本件では許可すべきであったのに、しなかったことから違法であると主張するわけです。具体的には、地方自治法244条2項によれば、「正当な理由」がない限り、市民会館の申請の不許可をすることが許されないのであるから、本問では「正当な理由」がないのにも拘らず申請不許可をしたことから違憲違法であると主張します。そう考えると本問は法令審査の問題ではなく、処分審査の問題であることがわかります。

憲法問題に取り組む上では、このように、当事者が望むものが何かを確定し、それを達成するためには何をすべきなのかを考え、その中に憲法の主張を位置づけるという作業をしないと検討があさっての方向に飛んで行く可能性があります。このように、しっかりと当事者意識を持った事案の検討を行うという思考方法の定着を図ってください。

具体的自由としては、市民会館で講演会をする自由です。そして、これが集会の自由（憲法21条1項）との関係で問題になることは想定できるでしょう。

2　憲法上の権利の制約

「集会」の定義から、市民会館で講演会をする自由は集会の自由として保障される。本件では、市民会館の利用申請に対して不許可処分がなされていますが、これが集会の自由の制約を構成するのかが非常に大きな問題となります。なぜなら、防御権としての表現の自由・集会の自由は、公権力によって妨げられないことの保障であり、本来は、国や自治体が所有する物品・施設等を利用させろという請求権を含むものではなく、市民会館で集会を行うのは、権利ではなく反射的利益の問題にすぎず、自治体が利用を拒否した結果、集会が開催できなかったとしても、自治体は場所を提供するという積極的な措置を行わなかっただけであり、集会を妨げたことにはならないと考えることができるからです。この点については、市民会館は指定的パブリックフォーラムにあたるため、その施設は国家の財産管理の対象となるのではなく、いわば「誰のものでもなくなる」ことになり、開かれた空間を演じることとなります。その結果、公衆が施設を利用できることが原則になるため、施設利用不許可処分は集会の自由の制約となるわけですね。

したがって、本問においても、Y市長の不許可処分により団体Aの集会の自由の制約を認めることができます。

3　判断枠組みの定立

本問では、地方自治法244条２項の「正当な理由」にあたるかどうかが問題となっているわけですから、この文言の解釈を行い、規範を定立していくことになります。

ここで、泉佐野市民会館事件（最判平７・３・７〔Ⅰ－81〕）をみてみると、「集会の用に供される公共施設の管理者は、……その利用を拒否し得るのは、利用の希望が競合する場合のほかは、施設をその集会のために利用させることによって、他の基本的人権が侵害され、公共の福祉が損なわれる危険がある場合に限られるものというべきであり、このような場合には、その危険を回避し、防止するために、その施設における集会の開催が必要かつ合理的な範囲で制限を受けることがあるといわなければならない。そして、右の制限が必要かつ合理的なものとして肯認されるかどうかは、基本的には、基本的人権としての集会の自由の重要性と、ｉ当該集会が開かれることによって侵害されることのある他の基本的人権の内容やⅱ侵害の発生の危険性の程度侵害の程度×侵害発生の蓋然性の視点等を較量して決せられるべきものである。本件条例7条による本件会館の使用の規制は、このような較量によって必要かつ合理的なものとして肯認される限りは、集会の自由を不当に侵害するものではな……い。」とし、集会の自由の重要性と、集会が開かれることにより生ずる危険性の程度を衡量すべきとしているため、集会の自由の重要性が考慮要素となっていることが読めます。

続いて「そして、このような較量をするに当たっては、集会の自由の制約は、基本的人権のうち精神的自由を制約するものであるから、経済的自由の制約における以上に厳格な基準の下にされなければならない。」としており、集会の自由の制約の強度が強いことを二重の基準論を前提にしつつ論証し、厳格な基準の下でなされなければならないと、要件解釈にあたっては厳格に判断すべきことを示しています。

次に、実際の条例の解釈にあたっては、本件条例7条1号は、「公の秩序をみだすおそれがある場合」を本件会館の使用を許可してはならない事由として規定していますが、同号は、広義の表現を採っているとはいえ、右のような趣旨からして、「ⅰ本件会館における集会の自由を保障することの重要性よりも、本件会館で集会が開かれることによって、人の生命、身体又は財産が侵害され、公共の安全が損なわれる危険を回避し、防止することの必要性が優越する場合をいうものと限定して解すべき侵害の強度であり、その危険性の程度としては、前記各大法廷判決の趣旨によれば、ⅱ単に危険な事態を生ずる蓋然性があるというだけでは足りず、明らかな差し迫った危険の発生が具体的に予見されることが必要侵害発生の蓋然性であると解するのが相当である。そう解する限り、このような規制は、他の基本的人権に対する侵害を回避し、防止するために必要かつ合理的なものとして、憲法21条に違反するものではなく、また、地方自治法244条に違反するものでもないというべきである。

そして、右事由の存在を肯認することができるのは、そのような事態の発生が許可権者の主観により予測されるだけではなく、客観的な事実に照らして具体的に明らかに予測される場合でなければならないことはいうまでもない。」とし、「ⅰ本件会館における集会の自由を保障することの重要性よりも、本件会館で集会が開かれることによって、人の生命、身体又は財産が侵害され、公共の安全が損なわれる危険を回避し、防止することの必要性が優越する場合をいうものと限定して解すべき」と危険性の程度を人の生命・身体又は財産が侵害される場合と限定解釈し、「ⅱ単に危険な事態を生ずる蓋然性があるというだけでは足りず、明らかな差し迫った危険の発生が具体的に予見されることが必要」であるとして、侵害発生の蓋然性が明らかに差し迫った危険の発生が具体的に予見される必要があると限定解釈していることがわかります。

それに加えて、本件では、団体Ａの活動に反対している他の団体が右講演会の開催を実力で妨害しようとして市民会館の周辺に押し掛けるおそれがあることを理由として、市民会館使用の不許可処分をしていますが、他の団体の危険性を理由とした不許可処分は許されるものなのか、疑問が出てきます。ここで、上尾市福祉会館事件（最判平８・３・15）をみてみると同判例では、「主催者が集会を平穏に行おうとしているのに、その集会の目的や主催者の思想、信条等に反対する者らが、これを実力で阻止し、妨害しようとして紛争を起こすおそれがあることを理由に公の施設の利用を拒むことができるのは、前示のような公の施設の利用関係の性質に照らせば、警察の警備等によってもなお混乱を防止することができないなど特別な事情がある場合に限られるものというべきである。ところが、前記の事実関係によっては、右のような特別な事情があるということはできない。」と判示しています。

したがって、上記の泉佐野市民会館事件を参考にした規範に加えて、「主催者が集会を平穏に行おうとしているのに、その表現の目的や主催者の思想、信条等に反対する者らが、これを実力で阻止し、妨害しようとして危険を生じさせるおそれがあることを理由に当該表現の規制をすることができるのは、警察の警備等によってもなお混乱を防止することができないなど特別な事情がある場合に限られるものというべきである」という規範も定立することが可能となります。

結局規範としては、

「正当な理由」がある場合とは、ⅰ本件会館における集会の自由を保障することの重要性よりも、本件会館で集会が開かれることによって、人の生命、身体又は財産が侵害され、公共の安全が損なわれる危険を回避し、防止することの必要性が優越する場合をいうものと限定して解すべきである。そして、ⅱその危険性の程度としては、単に危険な事態を生ずる蓋然性があるというだけでは足りず、明らかな差し迫った危険の発生が具体的に予見されることが必要であり、iii危険の発生が客観的な事実に照らして具体的に明らかに予測される場合でなければならない。加えて、主催者が集会を平穏に行おうとしているのに、その表現の目的や主催者の思想、信条等に反対する者らが、これを実力で阻止し、妨害しようとして危険を生じさせるおそれがあることを理由に当該表現の規制をすることができるのは、警察の警備等によってもなお混乱を防止することができないなど特別な事情がある場合に限られるものというべきである。

というものになるでしょう。なお、市民会館で講演会をする自由の性質は、一般に想定される集会の自由ですから、重要な権利といえますが、集会の内容によっては、必ずしも重要なものと言えない可能性もあります（大学の旅サークルと政治活動では性質が異なります。）。本問の具体的自由に沿った検討が求められます。この事案に迫った演習は、旧司法試験のような短い問題文では練習しにくいので、予備試験や新司法試験などを利用して検討していくことにします。

4　個別的具体的検討

本問では、Y市長は、不許可処分の理由の中で、本件集会により害されるおそれとして「市民生活の平穏」をあげていますが、これは抽象的な危険に過ぎず、人の生命、身体又は財産が侵害されるおそれを生じさせているものとはいえないと主張することが考えられます。

その上で、仮に、市民生活の平穏が害されることで、人の生命、身体又は財産が侵害されるおそれが生じるとしても、団体Aの活動に反対している他の団体が右講演会の開催を実力で妨害しようとして市民会館の周辺に押し掛けるという確実な情報は存在しないことから、明らかに差し迫った危険も生じていないと主張することが可能でしょう。加えて、確実に反対団体が実力で妨害しようとする可能性を把握していたとしても、それは反対団体を規制すべきであるのであり、団体Aの集会を規制してよい理由としては正当化されないと主張することが可能です。

参考答案

第１　設問(1)について

1　憲法上の権利の制約

憲法21条1項は「集会」という、特定または不特定の多数人が共通の目的をもって、一定の場所に一時的に集まることを憲法上の権利として保障している。

市民会館という場所に、講演を開く目的で、団体Ａや講演会に参加したい不特定の多数人が一時的に集まることは、「集会」にあたるため、集会の自由として保障される。そして、本件では、団体Ａは、Ｙ市長によって、市民会館の許可申請の不許可処分を受けることにより、講演会を開くことができなくなっているため、集会の自由の制約が認められる。

2　判断枠組み

本件不許可処分は、地方自治法第244条の「正当な理由」にあたるとして拒否されているが、集会の自由という重要な権利を制約しうる場面においては、「正当な理由」の要件を充たす範囲は限定的なものでなければならない。

具体的にはｉ本件会館における集会の自由を保障することの重要性よりも、本件会館で集会が開かれることによって、人の生命、身体又は財産が侵害され、公共の安全が損なわれる危険を回避し、防止することの必要性が優越する場合をいうものと限定して解すべきである。ⅱそして、その危険性の程度としては、単に危険な事態を生ずる蓋然性があるというだけでは足りず、明らかな差し迫った危険の発生が具体的に予見されることが必要であり、ⅲ危険の発生が客観的な事実に照らして具体的に明らかに予測される場合でなければならない。加えて、主催者が集会を平穏に行おうとしているのに、その表現の目的や主催者の思想、信条等に反対する者らが、これを実力で阻止し、妨害しようとして危険を生じさせるおそれがあることを理由に当該表現の規制をすることができるのは、警察の警備等によってもなお混乱を防止することができないなど特別な事情がある場合に限られるものというべきである。

3　個別的具体的検討

本問では、Ｙ市長は、不許可処分の理由の中で、本件集会により害されるおそれとして「市民生活の平穏」をあげているが、これは抽象的な危険に過ぎず、人の生命、身体又は財産が侵害されるおそれを生じさせているものとはいえない。

仮に、市民生活の平穏が害されることで、人の生命、身体又は財産が侵害されるおそれが生じるとしても、団体Ａの活動に反対している他の団体が右講演会の開催を実力で妨害しようとして市民会館の周辺に押し掛けるという確実な情報は存在しないことから、明らかに差し迫った危険も生じていない。また、Ｙ市長が主張する危険の内容は反対団体が実力で妨害しようすることに起因して生じるものであるから、不許可処分が正当化されるのは、警察の警備等によってもなお混乱を防止することができないなど特別の事情がある場合でなければならないところ、そのような特別の事情は認められない。

したがって、本件不許可処分は「正当な理由」なくなされたものであり、違憲違法である。

第２　設問⑵について

１　集会の自由の制約について

⑴　被告側の反論

本件不許可処分は、市民会館を使わせなかっただけであり、集会を禁止したものではないことから、集会の自由に対する制約を構成しないとの反論が想定される。

⑵　私見

確かに、防御権としての表現の自由・集会の自由は、公権力によって妨げられないことの保障であり、本来は、国や自治体が所有する物品・施設等を利用させろという請求権を含むものではなく、市民会館で集会を行うのは、権利ではなく反射的利益の問題にすぎず、自治体が利用を拒否した結果、集会が開催できなかったとしても、自治体は場所を提供するという積極的な措置を行わなかっただけであり、集会を妨げたことにはならないと考えることができる。しかし、市民会館は指定的パブリックフォーラムとしての性質を有し、公衆に対して指定的パブリックフォーラムたる市民会館の提供を続けている間は、その指定した設置目的に反しない限り、原則として公衆による利用を拒むことができない、という憲法上の原則を獲得することができる。

したがって、本問においても団体Ａは市民会館を利用できることが原則形態であり、不許可処分はその原則に対する例外としての正当化が要求されることになり、実質的な集会の自由の制約を認めることができる。

よって、本件不許可処分は集会の自由に対する侵害にあたり、違憲であることから「正当な理由」に基づくものではなく、違法である。　以上

3　プライバシー権（旧司平成 16 年度第 1 問）

13 歳未満の子供の親権者が請求した場合には、国は、子供に対する一定の性的犯罪を常習的に犯して有罪判決が確定した者で、請求者の居住する市町村内に住むものの氏名、住所及び顔写真を、請求者に開示しなければならないという趣旨の法律が制定されたとする。X は過去に性的犯罪を常習的に犯して有罪判決が確定した者である。X はあることをきっかけに、自己の氏名、住所及び顔写真が第三者に開示されたことを知った。

⑴　あなたがXの訴訟代理人として訴訟を提起するとした場合、訴訟においてどのような憲法上の主張を行うか。

⑵　設問⑴における憲法上の主張に関するあなた自身の見解を、被告側の反論を想定しつつ、述べなさい。

出題の意図

　プライバシー権の問題ですが、事案に応じてそのプライバシー権の内容や重要性、侵害の態様は変わってきます。プライバシー権が問題となった判例と事案との相違点を見極めて、適切な憲法上の権利の制約の認定、判断枠組みの構築をすることができるかどうか問うためにこの問題を出題しました。

法務省発表の出題趣旨

　前科に関する情報を公表されない個人の利益と子供の安全のためにその情報を得る利益が対抗関係に立つような法律が成立したと仮定して、当該法律の憲法上の問題点につき、それぞれの利益の性質やその重要性等を踏まえながら、その立法目的や具体的な利益調整手段の在り方を論理的に思考する能力を問うものである。

解説

1　入口の特定

　Xの不満は、自己の氏名、住所及び顔写真が第三者にみだりに公表されたことです。そして、これは法律に基づいて行われています。ここから、違憲の対象は当該法律です。具体的自由としては、“自己の氏名、住所及び顔写真がみだりに公表されない自由”となり、憲法13条後段のいわゆるプライバシー権の問題であると把握できます。

2　憲法上の権利の制約

　判例においては、プライバシー権侵害が問題となった場面は大きく分けて2つの場面が存在しました。①プライバシー情報の公開過程と②プライバシー情報の収集過程の2場面です。本問は開示される場面であることから、①のプライバシー情報公開過程の問題であることがわかります。そこで、プライバシー情報公開過程に関する判例を今一度検討してみましょう。

まずは、前科照会事件（最判昭 56・4・14〔Ⅰ－17〕）があげられます。ここでの問題は①前科を公表されない自由は憲法 13 条のプライバシー権として保障されるか、②保障されるとしてもその要保護性はどの程度のものであるかという点にありました。同判例において、「前科及び犯罪経歴は人の名誉、信用に直接かかわる事項であり、前科等のある者もこれをみだりに公開されないという法律上の保護に値する利益を有する」と認定しており、前科をみだりに公開されないという法律上の保護に値する利益を有することを認めています。

プライバシー権の保障根拠は私生活領域の保護にあるところ、前科は公的情報であるため、それを公表することは私生活領域を害することにはならないのではないだろうかという疑問がでてきます。この点については、刑事裁判で刑に処された当時においては公的情報といえるものも、時間の経過とともに、本人の同意なくしては公開されないことが合理的に期待されうる情報へと変化し、これを公表することは私生活領域を害することとなると考えることができます。

次に、②の要保護性については、同判例の伊藤補足意見が参考になります。伊藤補足意見によれば、「前科等は、個人のプライバシーの内でも最も他人に知られたくないものの一つであり」と認定しており、前科がみだりに公開されない権利は非常に重要な権利であると評価できます。

続いて、早稲田大学江沢民事件（最判平 15・9・12〔Ⅰ－18〕）を見てみましょう。ここでの問題は①学籍番号、氏名、住所、および電話番号を開示されない自由は憲法13条のプライバシー権として保障されるか、②保障されるとしてもその要保護性はどの程度のものであるかという点にありました。同判例において、「本件個人情報は、……早稲田大学が個人識別等を行うための単純な情報であって、その限りにおいては、秘匿されるべき必要性が必ずしも高いものではない。また、本件講演会に参加を申し込んだ学生であることも同断である。しかし、このような個人情報についても、本人が自己が欲しない他者にはみだりにこれを開示されたくないと考えることは自然なことであり、そのことへの期待は保護されるべきものであるから、本件個人情報は、上告人らのプライバシーに係る情報として法的保護の対象となる。」としており、①学籍番号、氏名、住所、および電話番号を開示されない自由は保障されるものの、②秘匿性が低いことから要保護性は低いと認定しています。

上記個人情報は単純な情報にすぎず、これが公表されたとしても私生活領域にそこまで重大なダメージを与えるものではないことから、要保護性は低いと認定したと考えられます。

では、本問ではどのように考えるべきでしょうか。

本問で公開される情報は、一見すると「請求者の居住する市町村内に住むものの氏名、住所及び顔写真」であるため、単純情報に過ぎず、プライバシー権として保障されるとしてもその要保護性は低いようにも思えます。しかし、上記氏名、住所及び顔写真を公開してしまうと、同情報によって同定できる人が性犯罪を犯したことまでも公開することになるのであるから、このような評価を行えば、事案としてはむしろ前科照会事件に近いものとなります。

この点について説得的な評価を加えることが本問のポイントとなるでしょう。

3　判断枠組みの定立

個人情報は、①個人の道徳的自律の存在に直接関わる情報と、②個人の道徳的自律に直接関わらない個別的情報とに区別されます。前者は「プライバシー固有情報」と呼ばれ、政治的・宗教的信条に関わる情報、心身に関する基本情報、犯罪歴に関わる情報等がこれに当たります。後者は「プライバシー外延情報」と呼ばれ、税に関する情報や単純な情報がこれに含まれます。

前者のプライバシー固有情報は、私生活の中心的なものですから、権利の重要性が高い一方、後者のプライバシー外延情報は要保護性がそれほど高くなく、権利の重要性は低いと考えられます。

前述の通り、前科照会事件の伊藤補足意見においては、「前科等は、個人のプライバシーの内でも最も他人に知られたくないものの一つであり」と認定しており、前科がみだりに公開されない権利は非常に重要な権利であると評価していました。一方で、早稲田大学江沢民事件においては、「本件個人情報は、……単純情報であって、その限りにおいては、秘匿されるべき必要性が必ずしも高いものではない。」としており、学籍番号、氏名、住所、および電話番号を開示されない自由は秘匿性が低いことから要保護性は低いと評価しています。

このように判例を見てみると、上記学説は判例と整合性を保つことができているといえるでしょう。

制約の強度に関しても定説はないものの、結局は私生活領域をどの程度侵害するかによって、認定が変わってくるでしょう。具体的には、前述のように、①公表過程の問題であれば制約は強度であり、②収集過程の問題では制約は弱くなると認定することができるでしょう。このとき、なぜ公表過程では制約が強度なのか一言理由を入れておくと、より説得的な論述になります。

本問では、前科情報はプライバシー固有情報であり重要な権利といえ、かつ、公表過程の問題であるから制約の強度は強いと考えることができます。

4　個別的具体的検討

本件法の目的は、再犯率が高いとされる性犯罪者から未成年者を保護するという点にあります。性犯罪者が再犯の可能性が高いという立法事実が問題文から読み取れないので、立法事実に基づく緊急性を基礎付けられないので、必要不可欠とまではいえないということができます。

次に、仮に目的が必要不可欠であるとしても、性犯罪者の住所等の情報を開示したとしても、それによって、どこに性犯罪者が住んでいるのか一定程度把握することができるようになるにすぎません。直接的に性犯罪者からの未成年者保護が図れるわけではないのでありますから、手段の実効性を欠くことになり、手段の必要最小限度性を充さないことになります。

この問題の元になった法律は、メーガン法と呼ばれるアメリカの法律です。アメリカではかなりの議論を巻き起こしました。もっと詳しく学びたい方は、柴田憲司「性犯罪者の住所管理」小山他『判例から考える憲法』71頁～82頁や、松井茂記「メーガン法について」阪大法学55巻5号、松井茂記「シンポジウム　社会の安全と個人情報保護――子どもを被害者とする性犯罪対策を中心に――アメリカ」比較法研究70号を参照してみてください。

参考答案

第1　設問1

1　憲法上の権利の制約

憲法13条は私生活領域を保護する趣旨から、私生活上の自由を保障する。氏名・住所・顔写真及び前科情報（以下まとめて、「本件情報」という。）は私生活に関する情報であるため、かかる情報をみだりに第三者に開示又は公表されない自由は、憲法13条後段「幸福追求に対する国民の権利」として保障される。

本件法律によって、一定の性的犯罪を常習的に犯して有罪判決が確定した者の氏名、住所、顔写真について、13歳未満の子どもの親権者が請求した場合は、それを開示しなければならなくなっている。公開情報は氏名、住所、顔写真ではあるが、それが公開されるのは性的犯罪を常習的に犯した者の情報であるから、実質的には前科をも公開しているといえる。

したがって、本件法律は上記自由を制約している。

2　判断枠組み

氏名住所等という情報は、それを組み合わせることによって、私生活領域に介入することができる。そのため、私生活に密接に関連したものである。また、前科はそれが公開されれば社会的生活を営むことが困難となる情報であり、要保護性は高いプライバシー固有情報といえる。そのため、かかる情報をみだりに公表されない自由は権利として重要なものである。

そして、本件法律によれば、要件を充たす近隣住民が請求を行えばいつでも公表できるという点で原則公表の制度運営となっている点で、公表の範囲は非常に広く、私生活への影響が大きいため、強度な制約が認められる。

したがって、目的が必要不可欠で、手段が最小限度のものでなければ違憲となる。

3　個別的具体的検討

本件法律の目的は、再犯率が高いとされる性犯罪者から未成年者を保護するという点にある。しかし、性犯罪者が再犯の可能性が高いという立法事実が存在しない以上、緊急性があるとはいえない。よって、上記目的は必要不可欠とまではいえない。

仮に目的が必要不可欠であるとしても、性犯罪者の住所等の情報を開示したとしても、それによって、どこに性犯罪者が住んでいるのか一定程度把握することができるようになるにすぎず、直接的に性犯罪者からの未成年者保護が図れるわけではなく、手段適合性が認められない。

したがって、手段の必要最小限度性を充たさず、本件法律は憲法13条に反するものであり、違憲無効である。

第2　設問2

1　被告の反論

(1) 本件法律により公開される情報として、氏名・住所はいわゆる単純情報にすぎず、憲法で保障されるものではない。また、顔写真も公然と顔は表示されているものであり、憲法で保障する必要はない。さらに、前科情報は公的情報であり、私的情報ではないため保障されない。

(2) 仮に保障されるとしても、上記の性質を有するため私生活の中心たる情報とはいえず、権利の重要性は低い。そのため、厳格に審査をすべきではない。

(3) 原告の主張する目的は性犯罪者から未成年の生命・身体等の憲法上の権利を保障するものであり、重要である。また、性犯罪は被害の回復が困難であることは社会通念上共通の理解にあり、防止する緊急性が認められる。

また、公開の手段をとることで目的は達成でき、かつ、公開をしなければそもそも防げないことから、必要な手段と言える。

(4) 以上より、本件条例は合憲である。

2　私見

(1) 憲法上の権利の制約

ア　プライバシー権の保障根拠たる個人の私生活領域を保護するという趣旨からすれば、単純情報ではあっても、自己の望まない他者にこれを開示される場合には、個人の私生活領域が害されるといえる。したがって、氏名住所等の単純情報であっても、これを自己の望まない者に開示されない自由は保障される。

イ　また、顔が公にさらされているとしても、自己の管理外の領域において写真をさらされていることまで許容しているとはいえない。また、顔写真は私生活に影響のあるものである。よって、顔写真も保障される。

ウ　前科のような公的情報であっても、時間の経過とともに公開されないことが合理的に期待される事項については、個人の私生活領域にあるものといえるため、それを公表されない自由は保障される。

(2) 判断枠組み

確かに、各単純情報は一般的に使用されるものであり、保護する必要性は低いように思える。しかし、氏名・住所・顔写真・前科情報がセットになった場合、当該対象者の私生活領域への介入は容易になる。また、前科情報は当該人物の生活環境への影響が大きく、時間とともに個人の中心的な情報となる。このような観点からして、本件情報がみだりに公表されない自由は重要なものである。また、本件情報が公開されることで私生活領域への現実的な影響が考えられることから、制約は重大である。

このように、本件法律は憲法上の権利に関する不利益が重大であることから、厳格に審査すべきである。すなわち、原告が主張する審査基準によるべきである。

(3) 個別的具体的検討

本件法律の目的は、性犯罪者から未成年者を保護する点にある。かかる目的は未成年者の生命・身体等の権利を保護するものであるといえる。確かに、性犯罪者が再犯の可能性が高いという立法事実はないように思える。しかし、一般的に再犯の可能性が高いと言われており、また、一度被害に遭った後に被害を回復することは困難を伴うことから、立法事実に基づく緊急性が認められると考える。そのため、本件法律の目的は必要不可欠である。

本件法律の手段は、性犯罪者の本件情報の開示である。確かに、本件情報を開示することで目的を達成することができる。しかし、本人の意識の強化や地域の警備の強化をすればよく、また、警察であれば前科情報を把握することが可能であることから警察が把握した上で行動すれば被害の防止は可能である。あえて一般市民に開示する必要はない。よって、本件法律による開示という手段は、必要最小限度のものとはいえない。

(4) 結論

したがって、本件法律は憲法13条後段に違反し、違憲である。

以上

※やや原告の主張の量が多くなっていますが、原告の主張を丁寧に展開しておくことで反論のポイントが明確になるというメリットがあります。あくまでも一つの例ですので、各自で批判的に検討して学習しましょう。

Ⅲ 個別的具体的検討の仕方を中心に考えさせるタイプ

1　輸入の自由（旧司昭和 60 年度第 1 問）

国会は、国際競争力の弱いある産業を保護しその健全な発展を図るため、外国からの輸入を規制し、その生産物の価格の安定を図る措置を講ずる法律を制定した。その生産物を原料として商品を製造しているX会社は、右の法律による規制措置のため外国から自由に安く輸入できず、コスト高による収益の著しい低下に見舞われたため、右立法行為は憲法に違反すると主張し、国を相手に損害賠償を求める訴えを提起した。

〔設問 1〕　あなたがXの訴訟代理人として行う憲法上の主張を述べなさい。

〔設問 2〕　設問 1 における憲法上の主張に関するあなた自身の見解を、被告側の反論を想定しつつ、述べなさい。

出題の意図

規制目的二分論を正確に理解しているか、適切な判断枠組みを構築できるか、国賠の特殊性についても検討できるかを問うために本問を出題しました。

解説

1　入口の特定

国家賠償訴訟において、どのような憲法上の主張をしていくのでしょうか。本件で制定される法律（以下「本件法律」という。）により、Xは外国から安い原料を輸入できなくなっています。これより、違憲の対象は本件法律、具体的な自由は“外国から安い原料を輸入する自由”となることがわかります。これは憲法何条の問題かというと、職業の自由（22条1項）の問題ですね。

なお、既得権の制約の場面でもなければ、制度形成の場面でもないことから、財産権は問題とならないでしょう。

2　憲法上の権利の制約

では、今回Xさんに職業選択の自由の制約が認められるでしょうか。

今回Xさんはどのように困っているかというと、外国から安く生産物の輸入ができなくなったせいで営業コストがあがったという形で困っています。これが果たして職業選択の自由の制約になるのか、本問での一つの肝となります。

というのは、判例で検討されてきた職業選択の自由に対する制約は、その職業を行うことについての開業許可ですとか、開業自体を問題とする話がほとんどです。一方、今回の問題は開業自体が許可制等で制約されている場面ではないので、判例のように職業選択の自由の制約をただちに認定することが難しい事案であることがわかります。

職業選択の自由には、職業遂行の自由も保障されるとするのが一般的な考え方でしたね。では、職業遂行の自由が制約されているのか検討していきましょう。そもそも、営業とは何でしょうか？典型的な商売を行う人たちは、店舗を構え、何か原材料を購入し、それを加工して、販売するといった流れで商売が行われていきます。営業とはこの流れのことです。

そうすると、この流れの中でどこかしらに負担をかけることは円滑な営業を妨害するものとして職業遂行の自由の制約を構成すると主張することができますね。

今回だと、安く外国から輸入することができず、原材料の購入の段階で負担がかかっていることから、職業遂行の自由の制約が認められると論じることが可能となります。

3　判断枠組みの定立

(1)　規制強度

原告側としては規制強度が強いということを言う必要があります。営業態様に対する規制にすぎず、開業や職業遂行をなんとかしていくことができる程度の規制では、規制強度が強力なものとはいえません。

具体的には、今回の規制が営業それ自体を断念せざるを得ないほどのものと評価できるか？という点が争いになっていきます。

原告としては、本件法律による規制措置のため外国から自由に安く生産物を輸入できず、コスト高による収益の著しい低下に見舞われたとあり、この著しい低下によって、営業継続が困難になり、もって営業の断念につながりかねないものである（実質的な事前規制である）と主張することが考えられます。

とはいえ、原告が今回の規制によって営業を断念せざるを得なかったとまで評価することは難しく、あくまで収益の低下に見舞われたにすぎず、営業それ自体を行うことはできているわけですね。そうすると、被告としてはまさに、経済的利益を上げにくくなったにすぎず、営業自体の断念を導くほどの規制ではないことから、強度な規制ではない、と論じることが考えられます。私見においても、被告の反論が妥当し、今回の規制は、営業の一態様の制約に過ぎず、実質的な職業選択の自由の制約とは評価できないことから、制約の強度は大きいものではないという結論を導くのが穏当でしょう。

⑵　規制目的二分論

いわゆる規制目的二分論も問題になります。規制目的二分論を用いるときは、消極目的か積極目的かの認定も大事ですが、審査密度に影響を与える理由づけも大切です。理由付けまで丁寧に論述するとよいでしょう。

今回の法律の目的は、国際的競争力の弱いある産業を保護しその健全な発展を図るためというものです。少数者の生活を保護することになると、これは消極目的なのではないでしょうか。それとも、あくまでも経済的だから積極目的規制なのでしょうか。

小売市場判決（最大判昭 47・11・22〔Ｉ－91〕）は、「憲法は、全体として、福祉国家的理想のもとに、社会経済の均衡のとれた調和的発展を企図」していることから、「経済的劣位に立つ者に対する適切な保護政策を要請していることは明らか」であるとして、積極目的を認定したわけですが、これはあくまで「経済的劣位に立つ者に対する適切な保護政策」を福祉国家理念から積極目的と認定したわけであって、国家全体の成長のための経済政策を積極目的にあたるとするためには、ワンクッション論証が必要になってきます。

ここで、先ほどの積極目的規制が緩やかな審査になる理由を確認すると、積極目的は複数の達成手段が考えられ、その達成手段の適合性の評価を裁判所が行うことは困難であるから、立法裁量に任せましょうという議論でした。今回の経済政策も、複数の達成手段が考えられ、どれが最も効率的なのか司法が判断するのは困難であることがわかるため、積極目的にあたるとする議論が成り立ちます。

4　個別的具体的検討

本件法律の目的は、国際的競争力の弱いある産業を保護しその健全な発展を図る点にありますが、国策で経済政策に強く口出しができるという積極国家体制であることは許容されると論じられれば、上記目的の正当性は肯定されることになります。

一方で、日本国憲法は社会的弱者救済のための市場の介入は許されるものの、国家が経済を発展させるという意図での介入はむしろ自由市場をゆがめさせ、健全な経済発展を望むことはできないとして、目的の正当性を否定する議論を展開することも考えられます。

上記議論はネオリベラリズム対ソーシャルリベラリズムという経済学に関する神々の論争になることから、どちらが正しいかを決定することは困難です。そこで、裁判所としては、どちらが正しいとか決めるのではなく、民主主義を尊重し、国民が議会へ送り込んだ国会議員の判断を正しいものとみなしましょうと考え、立法目的の正当性を肯定するという流れで立法目的の正当性について検討しましょう。

次に手段審査ですが、外国からの輸入を規制すれば、国内でのその生産物の供給が抑えられるわけですから、価格の安定を図ることができ、もって、国内産業の保護につながると考えることはできますから、著しく不合理なものとはいえないと、端的に論じてしまえばいいところだと思います。

5　立法行為の違憲国賠

最後に、今回のXは、国に対して、国家賠償法1条1項に基づき、賠償を求めています。違憲な立法行為を行ったことを違法であると捉えているわけですが、果たして仮に今回の法律が違憲であるとして、それがただちに、立法行為の「違法」性を導くことになるのでしょうか。これが問題です。詳しい内容は選挙権の章のところに記載しておいたので、各自確認をしましょう。

国会議員の立法行為又は立法不作為が職務上の法的義務に違反するといえる場合とは、法律の規定が憲法上保障され又は保障されている権利利益を合理的な理由なく制約するものとして憲法の規定に違反するものであることが明白であるにもかかわらず、国会が正当な理由なく長期にわたってその改廃等の立法措置を怠る場合でした。

本問は立法行為だから、「国会が正当な理由なく長期にわたってその改廃等の立法措置を怠る」へのあてはめが難しい感じに見えます。ただ、視点を変えれば、本件法律は憲法の規定に違反することが明白であるにもかかわらず、廃棄しないことは違法であると言っても、同じ状況に対する主張になります。つまり、問題文の「立法行為」を"廃棄すべきなのにそれをせずに立法した行為"と解釈したわけです。

今回だと、前述したとおり、立法内容自体が違憲とはいいがたいので、結局上記規範に照らしても、立法行為の違法性を見出すことができない、という結論になります。

参考答案

第１　設問１

１　結論

外国からの輸入を規制し、その生産物の価格の安定を図る措置を講ずる法律（以下、「本件法律」という。）は、Ｘの営業の自由（憲法22条１項）を制約するものとして、違憲であるから、違憲な立法行為を行ったとして、国家賠償法上違法と言え、損害賠償請求は認められる。

２　理由

⑴　憲法上の権利の制約

本件法律により、Ｘは、自己の営業のために使用する生産物を自由に安く輸入することができなくなっている。

憲法22条１項は「職業選択の自由」を保障するところ、職業の遂行をすることができないと、実質的に職業選択の自由を保障したことにはならないことから、職業遂行の自由としての営業の自由も保障される。

本問において、その生産物を原料として商品を製造しているＸ会社は、本件法律により、原材料の仕入れ、製品製造、販売という営業活動の一つの段階である原材料の仕入れにつき、高値で購入することを強いられていることから、営業の自由の制約が認められる。

⑵　判断枠組み

職業は、人が自己の生計を維持するためにする継続的活動であるとともに、分業社会においては、これを通じて社会の存続と発展に寄与する社会的機能分担の活動たる性質を有し、各人が自己のもつ個性を全うすべき場として、個人の人格価値とも不可分の関連を有するものであり、重要な価値を有する。これは、Ｘ社の活動についても妥当するものである。

本件法律は外国からの輸入物の輸入量を減少させ、それによって輸入物の価格を上昇させるものであるところ、輸入物を原料として製品を販売している者としては、輸入物の高騰により、コストが増加し、それによって、自己が当初想定していたビジネスプランを達成することができなくなることによって、最終的には廃業に追い込まれる可能性があることから、実質的に職業選択の自由を制約するものであるといえる。そして、輸入物の価格は需要と供給という市場原理で決まることであり、自己の努力によって輸入物の価格を下げ、営業を継続させていくことはできないことから、客観規制であり人格的利益への毀損の程度は大きい。

したがって、実質的に職業選択の自由を制約する客観規制であることから、目的が重要で、手段が必要不可欠でなければ違憲となる。

(3)　個別的具体的検討

本件法律の目的は、生産物の価格の安定を図り、もって国際的競争力の弱いある産業を保護しその健全な発展を図る点にあるところ、物価については、市場原理にゆだねたほうが、効率的な経済活動を促すことができるのであるから、政府が生産物の価格を左右しようとすることは不当な目的といえる。

したがって、本件法律は憲法22条1項に反し違憲であり、違憲な法律を立法する行為を行った国会の行為は国賠法上違法といえる。

第2　設問2

1　制約態様について

(1)　被告側の反論

本件法律は、営業の一態様を制約するものにすぎず、実質的な職業選択の自由の制約にはあたらない。

(2)　私見

X会社は、本件法律により、原材料の仕入れ、製品製造、販売という営業活動の一つの段階である原材料の仕入れにつき、外国からの輸入という形での仕入れができなくなっているだけであり、国内での輸入以外の手段での調達を行うことはできるのであるから、コスト高だけを捉えて、実質的な職業選択の自由への制約と評価することはできない。

したがって、被告の反論は妥当である。

2　判断枠組みについて

(1)　被告側の反論

市場原理はあらゆる経済活動に妥当する原理であるところ、市場原理の働きが、個人の人格的利益の毀損を招くような規制とは言えず、原告の主張する判断枠組みは妥当しない。

(2)　私見

確かに、原材料の価格は需要と供給という市場原理で決まることであり、自己の努力によって仕入価格を下げることはできない。しかし、市場原理による自己の経済活動への影響はどのような営業にも付随するものであり、経済活動を行う者はその市場原理に対応する形で、創意工夫を伴った営業を継続させていくことができないとまではいえないことから、職業選択それ自体に対する客観規制とはいえず、人格的利益への毀損の程度は大きいとはいえない。

したがって、被告の反論は妥当である。

3　規制目的について

(1)　被告側の反論

本件法律は、外国からの輸入を規制し、その生産物の価格の安定を図り、もって国際的競争力の弱いある産業を保護しその健全な発展を図るものであるところ、積極目的規制であるため、原告の判断枠組みは妥当せず、広範な立法裁量が妥当することから合理性の基準で決すべきである。

(2)　私見

営業の自由については、社会的相互関連性が強く規制の要請が強いことは否めない。そして、積極目的規制であれば、それを達成する手段は複数考えられることから、立法府の裁量に委ねるべきである。したがって、合理性の基準で決すべきである。

本件法律の目的は、国際的競争力の弱いある産業を保護しその健全な発展を図るものであるが、国民経済の円満な発展という政策遂行目的達成のための規制であることから、それを達成する目的は複数考えられるため、どの手段が最適であるか裁判所が判断すべきではない。

したがって、目的が正当で手段が著しく不合理でなければ合憲である。

4　個別的具体的検討

(1)　被告側の反論

本件法律の目的は、国際的競争力の弱いある産業を保護しその健全な発展を図る点にあり、積極国家たる日本において、社会経済政策に対する立法を行うことは正当なものといえる。

(2)　私見

国家が市場に介入すべきか否かについては、採用する政治的立場によって変化するものであることから、裁判所がどの政治的立場が正当であるかを決定することはできないため、裁判所としては、国民が議会へ送り込んだ国会議員の判断を尊重すべきである。したがって、経済政策の立法目的は議会を通過したものであるから正当なものといえる。

また、手段については、外国からの輸入を規制すれば、国内でのその生産物の供給が抑えられるため、価格の安定を図ることができ、もって、国内産業の保護につながるため、手段が著しく不合理であるとはいえない。

5　立法行為の国賠法上の違法性について

(1)　被告側の反論

仮に、本件法律が違憲であったとしても、議員には自由闊達な議論を経て立法をするその立法過程の性質上広い立法裁量があることから、違憲な立法をすることはただちには国家賠償法上の違法を導くことはない。

(2)　私見

国会議員の立法行為が同項の適用上違法となるかどうかは、国会議員の立法過程における行動が個別の国民に対して負う職務上の法的義務に違背したかどうかの問題であって、当該立法の内容又は立法不作為の違憲性の問題とは区別されるべきであり、仮に当該立法の内容又は立法不作為が憲法の規定に違反するものであるとしても、そのゆえに国会議員の立法行為が直ちに違法の評価を受けるものではない。もっとも、立法の内容が国民に憲法上保障されている権利を違法に侵害するものであることが明白な場合は、例外的に、国会議員の立法行為は、国家賠償法１条１項の規定の適用上、違法となる。

本件では前述の通り、本件法律は合憲であるから、立法行為が違憲違法となることはない。

よって、本件立法行為は違法とは言えず、Ｘの請求は認められない。

以上

2　政教分離（旧司平成４年度第１問）

A市は、市営汚水処理場建設について地元住民の理解を得るために、建設予定地区にあって、四季の祭りを通じて鎮守様として親しまれ、地元住民多数が氏子となっている神社（宗教法人）境内の社殿に通じる未舗装の参道を、二倍に拡幅して舗装し、工事費用として100万円を支出した。なお、この神社の社殿に隣接する社務所は、平素から地区住民の集会場としても使用されていた。

⑴　A市の市民Xは、上記措置について憲法に違反するのではないかと思い、あなたが在籍する法律事務所に相談に来た。あなたがその相談を受けた弁護士である場合、訴訟を提起する際、あなたが訴訟代理人として行う憲法上の主張を述べなさい。

⑵　設問⑴における憲法上の主張に関するあなた自身の見解を、被告側の反論を想定しつつ、述べなさい。

出題の意図

政教分離の適用条文の正確な指摘、目的効果基準の正確な理解を踏まえた上で、具体的な事実を評価して、説得力のある論述ができるかどうかを問うために、この問題を出題しました。

解説

1　入口の特定

本問では、工事費用 100 万円が地元住民多数が氏子となっている神社（宗教法人）境内の社殿に通じる未舗装の参道の舗装のために支出されています。原告としては、本件支出について地方自治法 242 条の 2 第 1 項 4 号に基づき、A 市に対して、損害賠償請求の義務付け訴訟を提起し、その中で公金の支出についての違法性を主張することが考えられます。その中でも、違法性の主張として政教分離原則違反を主張していくことが考えられますが、まず、当該支出行為の政教分離原則違反を論じる前提として、憲法 20 条 1 項後段、20 条 3 項、89 条前段のどの条文が適用されるのかを検討する必要があります。

2　ルール 1 とルール 2

政教分離の問題の解き方については、政教分離の章で説明したので、まずはそこを参照してください。

その上で検討していきます。

本問で、A 市は、市営汚水処理場建設について地元住民の理解を得るために、建設予定地区にあって、四季の祭りを通じて鎮守様として親しまれ、地元住民多数が氏子となっている神社（宗教法人）境内の社殿に通じる未舗装の参道を、二倍に拡幅して舗装し、工事費用として 100 万円を支出しています。まず、金銭的支出を受けている神社が、憲法 20 条 1 項後段「宗教団体」、89 条前段「宗教上の組織若しくは団体」にあたるか検討する必要があります。「宗教団体」、「宗教上の組織若しくは団体」とは、特定の宗教の信仰、礼拝又は普及等の宗教的活動を行うことを本来の目的とする団体をいいます。

そして、神社は神道の礼拝又は普及等の宗教的活動を行うことを本来の目的とする団体であるため、「宗教上の組織若しくは団体」、「宗教団体」にあたるということができるでしょう。

次に、本問のＡ市の神社境内の社殿に通じる参道への舗装工事費用 100 万円の支出は、神社に金銭的優遇を与えるものとして、憲法 20 条１項後段「特権を受け」、89 条前段「公金……支出」に該当します。最後に、憲法 20 条３項「宗教的活動」に該当するか検討すると、この金銭的支出はその行為それ自体に宗教的意味のある玉串料奉納等とは異なるものであるから、「宗教的活動」にはあたらないと考えることができます。したがって、問題となる条文は、憲法 20 条１項後段、89 条前段ということになります。

３　ルール３

⑴　目的効果基準か、総合考慮型か

最後に、判例法理を踏まえた判断枠組みの定立です。津地鎮祭事件（最大判昭 52・７・13〔Ⅰ－42〕）の目的効果基準を用いるか、空知太事件（最大判平 22・１・20〔Ⅰ－47〕）の総合考慮型を用いるかを検討する必要があります。

原告の側からすれば厳格に判断をしてほしいわけですが、一部学説から空知太判決は厳格な判断枠組みを採用したと評価されています。そこで、空知太事件判決の総合考慮型を用いることができるか検討しましょう。

空知太事件判決の藤田補足意見によれば、世俗性と宗教性が同居した場面で用いるのが目的効果基準で、宗教性が明らかな施設に対する援助については目的効果基準を使う場面ではないということでした。そこで、本問も宗教性が明らかな施設に対する援助であるということを論じる必要があります。例えば、本問の神社は宗教施設以外のなにものでもないことを押して、宗教性が明らかな施設に対する援助にあたることから、目的効果基準を用いる場面ではないと論じることが可能でしょう。

一方調査官解説においては異なる考え方を示していますので、これを参考にして空知太事件判決の総合考慮型を用いることはできないと論じることも可能です。

調査官解説では、空知太判決は、「……（従来のような１回限りの作為的行為ではなく、極めて長期間にわたる不作為的側面も有する継続的行為であること）に

かんがみ、従来の目的及び効果という着眼点を必ずしも絶対的・硬直的な着眼点ととらえることなく、事案に即した多様な着眼点を抽出し、これらを総合的に検討して憲法適合性の判断をするという、より柔軟な、かつ事案に則した判断基準へと、従来の判断基準を深化させたところに、本判決の重要な意義がある」としており、従来の判断枠組みより厳格な審査を行った判決と位置付けていないことに加え、継続的行為か一回的行為かという観点から目的効果基準と空知太事件判決の総合考慮型の使い分けをすることを示しています。

本問に当てはめて考えると、本問の金銭的給付は1回限りのものであるから、継続的行為ではないため、空知太事件判決の総合考慮型ではなく、目的効果基準を用いて判断すべきであると論じることが可能でしょう。

⑵　規範と考慮要素

総合考慮型を採用した場合、空知太事件判決の考慮要素を参考にして判断枠組みを定立することになります。

具体的には、「宗教とのかかわりあいが、我が国の社会的、文化的諸条件に照らし、信教の自由の保障の確保という制度の根本目的との関係で相当とされる限度を超えるものと認められる場合には、政教分離原則に違反し、違憲となる。」という第一次規範をあげ、その後「特に、宗教性の極めて高い宗教的施設に対して多額の助成金を積極的に支出する行為の場合には、政教分離原則の中核部分に抵触するため、当該宗教的施設を設置する宗教団体等に対する便宜の供与として、憲法89条違反の疑いが濃厚であって原則として違憲であり」と、空知太事件判決の総合考慮型を採用する理由を示し、「例外的に、①当該宗教施設の性格、②助成の経緯、③助成額、④助成に対する一般人の評価等、諸般の事情を考慮し、社会通念に照らして総合的に判断し相当と認められる場合に限り、合憲となる。」と総合考慮型の考慮要素をあげるといった判断枠組みの構築を行うことになります。

次に、目的効果基準を採用する場合、同じように第一次規範をあげ、目的効果基準の一般論を指摘し、目的効果基準を判断するための考慮要素を示すといった具合になります。具体的には、「憲法20条1項後段は「宗教団体」に対する「特権」の付与を禁止しており、憲法89条前段は国家の宗教的中立性の要請である政教分離原則を財政的側面から確保するとともに、信教の自由保障を確実にするために規定されている。そのため、宗教とのかかわりあいが、我が国の社会的、文化的諸条件に照らし、信教の自由の保障の確保という制度の根本目的との関係で相当とされる限度を超えるものと認められる場合には、政教分離原則に違反し、違憲となる。」と第一次規範をあげ、「相当とされる限度を超えるものと認められるかどうかは、当該行為の目的が宗教的意義をもち、その効果が宗教に対する援助、助長、促進又は圧迫、干渉等になるような行為となる場合にあたるかという観点から判断すべきである。」と目的効果基準に言及し、「具体的には、（ａ）行為の行われる場所、（ｂ）一般人の宗教的評価、（ｃ）行為者の意図や宗教的意識、（ｄ）行為の一般人に与える効果等を考慮し、社会通念に従って、客観的に判断する。」と考慮要素をあげるといった判断枠組みの構築を行うことになります。

４　個別的具体的検討

目的効果基準を前提にどのように個別的具体的検討をしていけばよいのか検討していきましょう。

津地鎮祭事件では、起工式が（ｂ）（ｄ）を重視して「一般人の意識において……慣習化した社会的儀礼」であると認定し、目的も効果も問題ないという結論を導いています。

愛媛玉串料事件最高裁判決も、（ｃ）について例大祭や玉串料等の宗教的意義、（ａ）について神社の境内であることを強調し、「一般人が本件の玉串料等の奉納を社会的儀礼の１つにすぎないと評価しているとは考え難い」として目的の宗教的意義を認め、「一般人に対して、県が当該特定の宗教団体を特別に支援しており、それらの宗教団体が他の宗教団体とは異なる特別のものであるとの印象を与え、特定の宗教への関心を呼び起こすもの」という効果もあるとしています。

この２つの判決を見ると結局やっていることは、公権力の行為を「一般人」「社会通念」から見て「慣習化した社会的儀礼」と評価すべきかの判断を先行させ、目的・効果の判断はただそれに従っているだけであると読むことができます。

そうすると、目的効果基準のあてはめで重要なのは、単に目的効果基準にあてはめるだけでなく、下位の考慮要素をしっかりと示し、それに当たるかどうかを判断し、社会的儀礼であるといえるか否かの評価を行うことにあるといえます。

しかし、今回問題となっているのは一回的な金銭的給付であり、金銭的給付それ自体を社会的儀礼としてとらえることにはためらいがあると思います。そこで、もう少し判例を検討してみましょう。

「相当とされる限度を超えるか」どうかを判断する際のあてはめを行うにあたって、判例は２つの場面に応じて考慮要素を変えているのではないかと読むことができます。宍戸常寿教授は、

「政教分離が問題になって争われた事例の多くは、地方公共団体ないしは公権力が何か公共的な目的を追求する上で必要な、いわば本来的な行政目的達成のための行為が問題となった場合と、統治機関としてやる必要があるのかどうか自体よくわからないのだけれども、社会的な儀礼として行った行為が問題となった場合の、大きく２類型があります。

例えば、津地鎮祭事件であるとか愛媛玉串料事件は、ある種の地方公共団体としての社会的な儀礼ができるかどうかが問題となった事例です。ここでは、問題となる行為が社会の中において慣習化した儀礼か、それとも依然として宗教的行為として評価されるものかどうかが究極的な争点であり、最高裁もそれに目的効果基準というお化粧をして議論しているに過ぎないわけです。

これに対して、政府としての公共的な目的を追求する結果、宗教との接点が生じてくるとして争われていたのが、箕面忠魂碑事件や砂川市空知太事件であり、場合によっては白山ひめ神社事件も地方公共団体として観光を振興するためだとか、自衛官合祀訴訟では自衛隊員の士気向上のためというある種の行政目的との関係で行っている第２類型と見ることもできます。」と述べています[12]。

第１類型の場面であれば、公権力の行為が宗教的活動と社会的儀礼とのいずれに当たるのかを判定することが問題になっているということを念頭に置きつつ、これらの諸要素を丁寧に拾って、公権力の行為がどちらに当たるのかを論証し、それに合わせて行為の目的と効果とを認定するというのが、判例のあてはめの方法に則した答案作成方法だということになります。

第２類型の場面においては、目的効果基準の適用における上記の考慮要素を使って、かかわり合いの態様や対象の宗教性の程度などを考えつつも、行為の目的が世俗的目的であるのか、その効果が「宗教を援助、助長、促進又は圧迫、干渉等」になるかどうかの判断に力点を置いて、公権力の行為の違法性の有無を認定

12　『平成24年司法試験論文解説＆合格エッセンス』10頁［宍戸発言］

するというのが、判例のあてはめの方法に即した答案作成方法だということになります。

本問では、市営汚水処理場建設について地元住民の理解を得るためという地方公共団体ないしは公権力が何か公共的な目的を追求する上で必要な、いわば本来的な行政目的達成のための行為が問題となった場合にあたるので、第２類型の場面だということがわかります（箕面忠魂碑事件や空知太事件に近い事例である。）。そして、このような場面では、結論として社会的儀礼にあたるか否かが問題となるのではなく、専ら世俗的なものといえるかという枠組みで判断すべきだと考えられます。

参考答案

第１　設問(1)

１　結論

Ａ市が100万円の工場費を参道の工事の補助金として支出した行為は、「宗教上の組織若しくは団体」に対する「公金の支出」、「宗教団体」への「特権の付与」にあたり、憲法89条前段、20条１項後段に反し違憲違法である。

２　理由

(1)　「宗教上の組織若しくは団体」、「宗教団体」の該当性

「宗教上の組織若しくは団体」、「宗教団体」とは、特定の宗教の信仰、礼拝又は普及等の宗教的活動を行うことを本来の目的とする団体をいう。

本問では、神社は神道の礼拝又は普及等の宗教的活動を行うことを本来の目的とする団体であるため、「宗教上の組織若しくは団体」、「宗教団体」にあたる。

(2)　判断枠組み

憲法89条、20条１項後段は、20条３項と合わせて、政教分離原則を達成するための客観法原則を定めたものであり、政教分離原則とは、公共団体と宗教の堕落を防止し、また、少数者の信教の自由（20条１項）を保障するため、社会的・文化的諸条件に照らし、公共団体と宗教の相当とされる限度の関わりあいを超える行為を公共団体に禁ずるものである。

そして、明らかな宗教団体に対する補助金の給付については、原則としてこの相当とされる限度の関わりあいを超えるといえるが、ⅰ当該宗教的施設の性格、ⅱ当該補助金の給付に至った経緯、ⅲ当該給付額の程度、ⅳこれらに対する一般人の評価等、社会通念に照らして総合的に考慮して、例外的に相当とされる限度を超えていないと評価できる場合にのみ政教分離に反しないこととなると考える。

本問では、神社は宗教施設以外のなにものでもない。加えて、確かに、神社への補助金の給付の過程は市営汚水処理場建設について地元住民の理解を得るためになされており、世俗性を有するとも思える。しかし、地元住民がすべて氏子になっているのであれば、神社に対する工事の補助金を出すことが理解を得るための行為であると評価できるが、そうでない住民も存在するのである。そうであるならば、公平に地元住民全員に対してそ

れぞれ金銭的支援をすることでも理解を得ることができるし、かつ、実効性もこちらのほうが高いといえる。したがって、市営汚水処理場建設について地元住民の理解を得るためという理由のみで当該 100 万円の交付に世俗性を肯定することまではできない。

加えて、100 万円という補助金の額については、少額とまではいえず、世俗性を肯定するに足りるものとはいえない。

そして、神社にのみ 100 万円という補助金を与えるという行為は、一般人からみて、神道という特定の宗教を優遇しているという評価を一般人に与えるものといえる。

したがって、本件補助金支出は憲法 89 条前段、20 条１項後段に反する。

第２　設問２

１　判断枠組みについて

⑴　被告側の反論

本件では、目的効果基準が妥当するものとして、例外的に政教分離原則が許容されるという規範が妥当することはないとの反論が想定される。

⑵　私見

原告の主張する判断基準は空知太事件判決を基礎としていることがわかるが、その理由として、同判決の藤田補足意見を参考とし宗教施設への援助が明らかである点をあげている。しかし、同判決の調査官解説によれば、空知太事件判決において総合考慮の審査枠組みを採用したのは、継続的な土地提供行為という一回的な行為ではない点で目的効果基準での審査がなじまなかったところにあるとされている。そして、藤田補足意見を採用すると愛媛玉串料事件において目的効果基準を採用することができず、整合的な解釈ができない。したがって、調査官解説の考え方を採用すべきである。そして、本件は補助金の給付という一回的行為が問題となっているため、目的効果基準すなわち、相当とされる限度を超えるかは、当該行為の目的が宗教的意義をもち、その効果が宗教に対する援助、助長、促進又は、圧迫、干渉等になるような場合にあたるかで判断する。その判断の際には、当該行為を行った目的、当該行為に対する一般人の評価を考慮すべきである。

２　個別的具体的検討

⑴　被告側の反論

本件補助金給付は、目的効果基準に照らせば、政教分離原則に反しないとの反論が考えられる。

⑵　私見

原告は、神社は宗教施設そのものといえるとするが、神社の社殿に隣接する社務所は、平素から地区住民の集会場としても使用されていたのであり、世俗的な施設ともいえる。そして、そのような世俗的施設は住民達の公共の場としても位置付けられ、そのような公共の場の施設拡充のために補助金を出すことは、専ら住民達の利用向上のためであり、神社を優遇する目的ではないと評価することができる。このような神社の公共的施設性を強調すれば、公共的施設に対する補助金100万円の支出につき、一般人は神道を特に優遇する政策を採っているような評価をしないといえる。

したがって、本件100万円の支出は専ら世俗的な目的で行われたものであり、その行為が宗教的意義を持ち、宗教の援助、助長、促進又は圧迫、干渉等となる効果を有するものとはいえない。

よって、本件補助金の交付は89条前段、20条1項後段に反せず合憲である。

以上

3　広告放送の自由（旧司平成18年度第1問）

国会は、主に午後6時から同11時までの時間帯における広告放送時間の拡大が、多様で質の高い放送番組への視聴者のアクセスを阻害する効果を及ぼしているとの理由から、この時間帯における広告放送を1時間ごとに5分以内に制限するとともに、この制限に違反して広告放送を行った場合には当該放送事業者の放送免許を取り消す旨の法律を制定した。この結果、放送事業者としては、東京キー局の場合、1社平均で数十億円の減収が見込まれている。

東京キー局X社は、上記法律が制定されることによって広告放送制限を余儀なくされ、20億円減収し、放送番組作成にかける予算を削減せざるを得なくなった。

⑴　あなたがX社の訴訟代理人として訴訟を提起するとした場合、訴訟においてどのような憲法上の主張を行うか。

⑵　設問⑴における憲法上の主張に関するあなた自身の見解を、被告側の反論を想定しつつ、述べなさい。

なお、法律の制定行為自体が国家賠償請求の対象となるかという点については論じなくてよい。

出題の意図

典型的な表現の自由とは異なった特殊性に配慮した判断枠組みの構築、及び事案に即した個別的具体的検討を行ってもらいたく、本問を出題しました。

法務省発表の出題趣旨

本問は、放送事業者の広告放送の自由を制約する法律が制定されたという仮定の事案について、営利的表現の自由の保障根拠や放送という媒体の特性を踏まえて、その合憲性審査基準を検討し、当該事案に適用するとともに、放送事業者に生じうる損害に対する賠償ないし補償の可能性をも検討し、これらを論理的に記述できるかどうかを問うものである。

解説

1　入口の特定

X社は広告放送ができず、予算の削減により損害が発生しているため、その損害を填補してもらいたいと考えるでしょう。そこで、X社としては、国に対して国家賠償請求をすることが考えられます。

そこで、違憲の対象は本件法律、具体的な自由としては"放送事業者が広告放送をする自由"となり、広告放送といえば営利的表現の自由の一種として、憲法21条1項が想定されます。

2　憲法上の権利の制約

(1)　放送の自由

本問ではX等の放送局が広告放送を自由な時間に行うことができなくなっています。電波メディアによる報道の自由を特に放送の自由といいます。憲法21条は、その手段を問わず「一切の表現の自由」を保障しているから、放送の自由も表現の自由に含まれることは明らかです。本問の放送の内容は広告なので、営利的言論になります。営利的言論は、表現の自由によって保障されることは、表現の自由の章のところで説明しました。

⑵　法人の人権？

本問の主役は、X局というテレビ局です。法人には人権が及ぶかという議論があります。ここで、人権享有主体について少し見たいと思います。

判例としては、八幡製鉄事件判決（最大判昭45・6・24〔Ⅰ－8〕）でしょう。判例では、「憲法第3章に定める国民の権利および義務の各条項は、性質上可能なかぎり、内国の法人にも適用される」としています。判旨をしっかりと読むと、この部分は政治献金の自由の話とはほぼ関係のない話であり、また参政権との絡みもありません。厳密な意味での判例部分ではないのです。

では、どのように考えるべきなのか。人権を人間であることに固有する権利（固有性）ととらえるならば、法人が“人権”を享有できるかが問題となります。もっとも、いま検討しているのは、“人権”というよりは、もっと広い概念である“憲法上の権利”というものです。つまり、問題の所在が生じないのです。

1つの考え方としては、“憲法上の権利”として、放送事業者という法人の広告放送をする自由は保障されるかという形で検討すれば足りると考えます。日頃やっている検討の中で、放送事業者の性質も加味して検討すれば足りるのです。あえて論点として取り出す必要がないのです。

権利を認めた後に、制約を認定することを忘れずに！

3　判断枠組みの定立

⑴　放送の自由の特殊性

表現の自由の保障根拠は、本書で、真理への到達が「思想の自由市場」によって可能になるとするいわゆる思想の自由市場論（根拠A）、表現の自由が民主主義的自己統治にとって不可欠であるとするもの（根拠B）、表現の自由は、個人の自律、自己実現、自己充足ないし自己決定の本質的要素であるとするもの（根拠C）、言論規制の領域における政府の能力に対する不信から、表現の自由は規制されるべきではないとのもの（根拠D）にあると述べました。

ここで、放送の自由が上記根拠にあてはまるか見てみると、根拠B、Cについては、直接は当てはまらないことになります。なぜなら、メディアの果たすべき役割は、民主的政治過程の維持や人々への基本的情報の提供など、社会全体の利益の実現にあるといえ、一般的に、メディアそれ自体の政治的信条の実現や自律を図るためにメディアに表現の自由を認めているわけではないからです。

したがって、マスメディアは、個人ではない以上、自分の生き方を自ら考え、決定する個人と同様の意味における表現の自由を享有しません。

加えて、現代においては、マスメディアの表現の自由は、社会全体の情報の受け手の利益を根拠としていることから、報道や取材などの活動において個人には認められない特権をマスメディアに認めるという考え方が出てきます。

この特権というものを憲法論に引き直すと、「表現の自由」は、マスメディアは個人ではないことから根拠ＢＣの個人の政治的信条の実現、自律という意味においては表現の自由の優越的地位を論じることができないものの、マスメディアの表現活動が、国民の知る権利に奉仕し、その帰結として民主的政治過程の維持や受け手となる個人の自律的な生を支える基本的情報の提供など、社会全体の利益を実現することにあるのである[13]から、根拠Ａの実現及び根拠ＢＣを間接的に実現するために極めて重要であることから、根拠ＢＣが直接的にあてはまらないとしてもなお重要な権利であると考えることができるでしょう。

続いて、マスメディアの放送の自由が、もともと社会全体の利益をその保障根拠とする以上、同じ社会全体の利益がマスメディアの自由の制約を要求する場合には、放送事業者に対する広範な規制のように、個人に対しては認められないような特別な制約を加える余地が生じてくると考えることができます。

放送を含めたマスメディアの自由は、何よりも豊かな情報を公平に享受すべき市民の「知る権利」に奉仕するために存在することから、マスメディアという強大な私的権力と政府との均衡をはかり、社会生活に必要な基本的情報の多様化と社会全体への公平な提供をはかる措置として、放送への規制を説明する議論があります。この考え方によると、社会生活に必要な基本的情報の多様化と社会全体への公平な提供という放送の自由が保障される根拠に則した規制であることから、不当な動機に基づく規制ではなく、かつ思想の自由市場の適正化を図るという意

---

[13] この保障根拠から、「個人の自律的な生を支える基本的情報の提供と評価できない」放送については（例えば近年問題となっているものとしてはステルスマーケティングがあげられる）、要保護性が低く、重要な権利ではないとすることが可能でしょう。このように、権利の重要性、保護範囲論証においては、憲法上保障される根拠を明らかにし、その根拠が妥当するか否かを論じることが肝要です。

味で、根拠Ａ、Ｄが妥当しないものとして、厳格審査が妥当するような強度の制約が認められないという議論が可能になります。

(2)　営利的言論の自由

表現の自由の重点はそれを通じて政治的意思決定に関与する点にあるから、営利的言論の自由の保障の程度は、政治的言論よりも低いと考えられています。

本問では、広告放送は政治的言論ではなく、それを通じて政治的意思決定に関与するわけではないことから、表現の自由の保障根拠である根拠ＢＣが妥当せず、権利の重要性も小さいと考えることができます。

加えて、第一に営利広告の真実性・正確性を知ることは、政治的・思想的表現活動よりも容易であり、政府の規制権限が乱用される危険が小さいこと、第二に、営利広告は経済的動機に基づいて行われるため、政府の規制によっても過度に萎縮するおそれは少ないことから根拠Ｄが妥当しないと考えることができます。

本問では、広告放送の放送時間の制限が行われており、一見すると広告放送の表現内容が低いと判断してなされたものとして内容規制のようにも思えるため、厳格審査が妥当するほどの強い制約が認められるようにも思えます。しかし、本件規制は特定の広告放送を一律禁止するものではなく、単に広告放送を午後６時から午後 11 時までの間１時間毎に５分以内に制限することで放送時間を制限するにすぎないものですから、あくまで時間に着目した内容中立規制であることから思想の自由市場を歪めず、個人の人格価値を毀損するものでもなく、政府の規制の恣意的濫用のおそれも小さいため、厳格審査が妥当する根拠が認められないと考えられます。また、たとえ内容に着目した規制であったとしても、広告放送とはあくまで企業の営利広告としての性質を有し、それは政治思想統制的動機に基づくものではなく、経済的動機に基づいて行われるため、政府の規制によっても過度に萎縮するおそれは少なく、やはり厳格審査が妥当するような根拠は認められないと考えることができます。

したがって、厳格審査は妥当せず、中間審査、具体的には目的が重要で手段が実質的関連性を有さなければ違憲となるという判断枠組みを定立することができるでしょう。

4　個別的具体的検討

まず目的審査を見ていきましょう。

本件法律の目的は、多様で質の高い放送番組への視聴者のアクセスを可能ならしめることで、視聴者の知る権利に奉仕する点にある。前述した通り広告放送は特定企業の宣伝目的で作成されたものであるから、それを国民が見ることによって幅広い知見を増加させることは考え難く、広告放送の時間の拡大は、国民が多様で質の高い番組を享受する機会を少なくするものといえます。そうだとすれば、広告放送の時間制限を行い、もって、国民に幅広い知識を知る機会を与えることは、それを通じて民主的政治過程に参加する機会の充実化を図ることができるため、知る自由に資するといえます。よって、その目的は重要であるといえます。

次に、手段審査を検討しましょう。

まず、主に午後6時から同11時までの時間帯における広告放送時間の拡大が、多様で質の高い放送番組への視聴者のアクセスを阻害する効果を及ぼしていると認定するが、同時間帯は視聴者が最も放送を視聴する時間帯であり、この時間帯に広告放送の数が増加してしまうと、多様で質の高い放送番組へのアクセスを阻害する効果を及ぼしていると認定することができます。次に、広告放送を1時間毎に5分以内に制限することで、広告放送の数を減らすことができるのだから、それによって空いた時間に放送社が自社で作成した番組を放送することで、多様で質の高い放送を行うことができるようになるようにも思えます。しかし、視聴者の番組を視聴する機会を確保できたとしても、質の高い放送番組とならなければ同目的は達成することができません。

ここで、広告放送は放送事業の収入の大半を占めており、本件法律によって、放送事業者としては、東京キー局の場合、1社平均で数十億円の減収が見込まれているが、放送番組の作成のためには経済的費用がかかるところ、このような減収の下では質が高まった放送番組を作成することは困難とならざるをえず、本件法律によって質の高い放送番組を作ることができなくなる可能性が非常に高いといえます。

そうだとすれば、広告放送の放送時間の制限により、多様で質の高い放送番組へ視聴者がアクセスする機会が増えるという確実な根拠がないことから、手段の実質的関連性が認められないと結論づけることができるでしょう。

参考答案

第1　設問(1)について

1　憲法上の権利の制約

憲法21条1項は、その手段を問わず「一切の表現の自由」を保障しているから、放送の自由も表現の自由に含まれる。また、広告のような営利的な表現活動であっても、国民一般が、消費者として、広告を通じてさまざまな情報を受取ることの重要性にかんがみ、表現の自由として保障される。したがって、広告放送を行う自由は表現の自由として保障されるといえる。

そして、本件法律により、X社等の放送局が午後6時から午後11時まで広告放送を1時間毎に5分以内に制限されており、自社が考える時間での広告放送を行うことができなくなっていることから、広告放送の自由が制約されている。

2　判断枠組み

広告放送の自由は、国民の知る権利に奉仕し、その帰結として受け手となる個人の自律的な生を支える基本的情報の提供を行い、社会全体の利益を実現することが可能となる権利であることから、重要な権利といえる。

また、本件法律は広告放送という内容の放送に限って放送制限を行っていることから内容着目規制であり規制強度は強い。

したがって、目的が必要不可欠で手段が最小限度でなければ違憲となる。

3　個別的具体的検討

まず、目的については、広告放送の放送時間制限を行うことによって多様で質の高い放送番組への視聴者のアクセスを確保する点にあるが、これは広告放送が多様でなく、又は質が低いことを前提になされており、広告放送の表現内容が低いことを決定づける許されない動機に基づく規制であることから必要不可欠性を欠く。

仮に、目的が必要不可欠であったとしても、広告放送の放送時間制限を行ったとしても、それに加えた多様で質の高い放送番組を作成するような義務付けがなければ、それによって、多様で質の高い放送番組が作成され放送される保証はなく、手段適合性を欠く。

よって、手段が必要最小限度でないため、憲法21条1項に反し違憲である。

第2　設問(2)について

1　保障強度

⑴　被告側の反論

広告放送は営利的言論であるため、政治過程に資する面が存在しないことから保障強度は弱いとの反論が想定される。

⑵　私見

確かに広告放送は政治的言論ではなく、それを通じて政治的意思決定に関与するわけではないことから、表現の自由が優越的地位を有する根拠が妥当しないため権利の重要性も小さい。

したがって、被告の反論は妥当する。

2　制約の強度

⑴　被告側の反論

本件法律は、広告放送の内容に着目した規制ではなく、時間に着目した内容中立規制であるため、規制強度は弱いとの反論が想定される。

⑵　私見

ア　本件規制は特定の広告放送を一律禁止するものではなく、単に広告放送を午後6時から午後11時までの間1時間毎に5分以内に制限することで放送時間を制限するにすぎないものであるから、あくまで時間に着目した内容中立規制であり、思想の自由市場がゆがむおそれは小さく、政府の規制の恣意的濫用のおそれもないため、厳格審査基準の妥当する根拠が認められない。

また、たとえ内容に着目した規制であったとしても、広告放送とはあくまで企業の営利広告としての性質を有し、それは経済的動機に基づいて行われるため、政府の規制によっても過度に萎縮するおそれは少なく、厳格審査が妥当する根拠は認められない。

したがって、厳格審査は妥当せず、中間審査、具体的には目的が重要で手段が実質的関連性を有することになれば合憲となる。

イ　個別的具体的検討

そこで、本問における規制につき中間審査基準でもって違憲審査を行う。

本件法律の目的は、多様で質の高い放送番組への視聴者のアクセスを可能ならしめることで、視聴者の知る権利に奉仕する点にある。前述した通り広告放送は特定企業の宣伝目的で作成されたものであるから、それを国民が見ることによって幅広い知見を増加させることは考え難く、広告放送の時間の拡大は、国民が多様で質の高い番組を享受する機会を少なくするものといえる。そうだとすれば、広告放送の時間制限を行い、もって、国民に幅広い知識を知る機会を与えることは、それを通じて民主的政治過程に参加する機会の充実化を図ることができるため、その目的は重要である。

次に、主に午後 6 時から同 11 時までの時間帯における広告放送時間の拡大が、多様で質の高い放送番組への視聴者のアクセスを阻害する効果を及ぼしていると認定するが、同時間帯は視聴者が最も放送を視聴する時間帯であり、この時間帯に広告放送の数が増加してしまうと、多様で質の高い放送番組へのアクセスを阻害する効果を及ぼしていると認定することができる。次に、広告放送を 1 時間毎に 5 分以内に制限することで、広告放送の時間を短縮することができるのだから、それによって空いた時間に放送事業者が自社で作成した番組を放送することで、多様で質の高い放送を行うことができるようになるようにも思える。しかし、視聴者の番組を視聴する機会を確保できたとしても、質の高い放送番組とならなければ同目的は達成することができない。

ここで、広告放送は放送事業者の収入の大半を占めており、本件法律によって、放送事業者としては、東京キー局の場合、1 社平均で数十億円の減収が見込まれているが、放送番組の作成のためには経済的費用がかかるところ、このような減収の下では質が高まった放送番組を作成することは困難とならざるをえず、本件法律によって質の高い放送番組を作ることができなくなる可能性が非常に高い。

そうだとすれば、広告放送の放送時間の制限により、多様で質の高い放送番組へ視聴者がアクセスする機会が増えるという確実な根拠がないことから、手段の実質的関連性が認められない。

よって、本件法律は、憲法 21 条 1 項に反し違憲無効である。

以上

予備試験問題に
チャレンジ

1　平成23年予備試験問題について

多くの法科大学院は2004年4月に創設されたが、A大学（国立大学法人）は、2005年4月に法科大学院を創設することとした。A大学法科大学院の特色は、女性を優遇する入学者選抜制度の採用であった。A大学法科大学院が女性を優遇する入学者選抜制度を採用する主たる理由は、法科大学院・新司法試験という新しい法曹養成制度の目的として多様性が挙げられているが、法曹人口における女性の占める比率が低い（参考資料参照）ことである。A大学法学部では、入学生における女子学生の比率は年々増え続けており、2004年度には女子学生が約40パーセントを占めていた。A大学法科大学院としては、法学部で学ぶ女子学生の増加という傾向を踏まえて、法科大学院に進学する女性を多く受け入れることによって、結果として法曹における女性の増加へ結び付けることができれば、法科大学院を創設する社会的意義もある、と考えた。

A大学法科大学院の入学者選抜制度によれば、入学定員200名のうち180名に関しては性別にかかわらず成績順に合格者が決定されるが、残りの20名に関しては成績順位181位以下の女性受験生のみを成績順に合格させることになっている（このことは、募集要項で公表している。）。

男性であるBは、2007年9月に実施されたA大学法科大学院2008年度入学試験を受験したが、成績順位181位で不合格となった。なお、A大学法科大学院の2008年度入学試験における受験生の男女比は、2対1であった。

〔設問1〕

あなたがA大学法科大学院で是非勉強したいというBの相談を受けた弁護士であった場合、どのような訴訟を提起し、どのような憲法上の主張をするか、述べなさい（なお、出訴期間について論ずる必要はない。）。

〔設問2〕

原告側の憲法上の主張とA大学法科大学院側の憲法上の主張との対立点を明確にした上で、あなた自身の見解を述べなさい。

【参考資料】法曹人口に占める女性の比率（2004 年までの過去 20 年のデータ）

		女性割合（裁判官）（%）	女性割合（検事）（%）	女性割合（弁護士）（%）
昭和 60 年	1985 年	3.3	2.1	4.7
昭和 61 年	1986 年	3.5	2.0	4.8
昭和 62 年	1987 年	3.9	2.1	5.0
昭和 63 年	1988 年	4.1	2.5	5.2
平成元年	1989 年	4.5	2.9	5.3
平成 2 年	1990 年	5.0	3.5	5.6
平成 3 年	1991 年	5.5	3.8	5.8
平成 4 年	1992 年	6.0	4.1	6.1
平成 5 年	1993 年	6.7	4.6	6.3
平成 6 年	1994 年	7.2	5.0	6.5
平成 7 年	1995 年	8.2	5.7	6.6
平成 8 年	1996 年	8.9	6.4	7.3
平成 9 年	1997 年	9.7	7.1	7.8
平成 10 年	1998 年	10.2	8.0	8.3
平成 11 年	1999 年	10.4	8.4	8.9
平成 12 年	2000 年	10.9	9.2	8.9
平成 13 年	2001 年	11.3	10.6	10.1
平成 14 年	2002 年	12.2	11.6	10.9
平成 15 年	2003 年	12.6	12.6	11.7
平成 16 年	2004 年	13.2	12.8	12.1

法務省発表の出題趣旨

本年の問題は、いわゆる積極的差別是正措置を含む法科大学院の入学者選抜制度の合憲性（憲法第 14 条違反か否か）を問う問題である。憲法第 14 条の「平等」は、いわゆる結果の平等ではなく、形式的平等（機会の平等）を意味すると解されてきたところ、性中立的な「結果」（実質的な平等）を目指す積極的な差別是正措置がどのような場合に許容されるのか、そのような差別是正措置がもたらす「逆差別」の問題をどう考えるのか、というのが本問の核心であり、これを、問題文や資料に示されている具体的事情を踏まえて検討することが求められている。なお、本問で求めているのは、観念的・抽象的な「暗記」からパターンで答えを導くような「学力」ではなく、正確に判例・学説を理解した上で判断枠組みを構築し、事案の内容に即した個別的・具体的検討を踏まえて一定の理にかなった答えを導き出す「学力」である。

解説

第１　訴訟選択

いくつかの選択肢が考えられます。具体的には、①入学不許可決定の取消訴訟（行訴法３条２項）と入学許可の義務付け訴訟（同法３条６項２号）の併合提起、②Ａ大学院の学生としての地位確認訴訟（同法４条後段）、③国家賠償請求（国家賠償法１条）などです。

問題文では、「Ａ大学法科大学院で是非勉強したいというＢの相談を受けた弁護士」という設定ですから、③による解決は依頼人の願いをかなえることができず、適切なものではないと考えます。処分性の有無については難しいところですが、問題文があえて「出訴期間について論ずる必要はない」との注意を払っていることからすると、無効確認訴訟ではなく取消訴訟の指摘をすれば足りるとも読み取れます。このような問題文に見られる出題者の意図から察するに、**①の訴訟を提起すべき**ではないかと考えます。なお、この点については、憲法問題ではないため、さっと流すべきポイントです。

第2　憲法上の主張

本問においては、A大学法科大学院の入学者選抜制度（以下「本制度」といいます。）が平等権（憲法14条1項）を侵害し違憲無効であるため、当該制度に基づく本件入学不許可決定は無効であるとの憲法上の主張を行うと考えられます。この主張について、原告及び被告の両者の立場を踏まえて、検討をしていきます。

1　平等権の入口――区別の特定

平等権は、まず**何と何を区別しているのか**を特定することから思考を始めます。本制度は、男性と女性を区別している……との記載では不十分だと考えます。というのも、1位から180位までは区別をしていません。本制度の問題点は、181位以下の男性と女性の区別というのがより正確です。

2　平等権の一般的論証の展開？

多くの受験生は、「法の下」と「平等」の解釈の展開をするでしょう。少なくとも、本問では、「平等」が絶対的平等か相対的平等かの問題の所在が生じます。そのため、一般的論証を展開するのであれば、この点を展開することのみで十分だと思います。ただし、判例上、相対的平等を前提に考えることについてはもはや争いがないと考えられるため、**端的に流すべき**ところです。

すなわち、一切の異なる処遇を禁止する絶対的平等を採用すると、かえって不合理な結果をもたらすことになるため、「平等」とは相対的平等をいうことを論じた上で、相対的平等であれば、合理的な理由に基づく区別があれば、合憲ということを端的に論じましょう。なお、本件では、男女の区別であることから、適用範囲についての例示列挙説に触れる必要はありません。

3　判断枠組みの定立

そこで、「合理的な理由」があるか否かを検討することになります。といっても、その合理性の程度は様々です。そのため、合理性をどのように判断するのか定式化するために判断枠組みの定立をしておく必要があります。

(1)　国籍法違憲判決を利用した判断枠組みの定立

国籍法違憲判決（最大判平 20・6・4〔Ⅰ－26〕）によれば、**①被制約法益が重要か×②差別の基礎の性質が自助努力で脱却できるか**で判断枠組みを定立することになります。

本問において、制約されている法益は何でしょうか。Xのように不合格になった人はA大学法科大学院で学習をすることができなくなっています。そのため、**学問の自由（憲法 23 条1項）**が制限されていると考えられますので、憲法上の権利という法的に重要な地位を制約していることになります。なお、法律家になることができなくなっているという意味では職業の自由（憲法 22 条1項）の制約とも考えられますが、法科大学院を卒業したからといって法律家になれるとは限らず、直接的な法益ではなく主張としてはあまり良い主張ではないと考えます。

差別の基礎の性質は、「**性別**」です。LGBT に関する議論が高まる中で、自らの性別はどのように決定されるべきなのか議論があるところではありますが、少なくとも肉体的な性別は出生により決定されるものであり、自助努力により克服することができないものです。ただし、本制度は成績の順位が 180 位以内であれば、男性と女性の区別なく合格することができます。そうだとすれば、180 位に入れるように男性は努力をすることで合格することができ、重大な不利益はないとも考えることができます。もっとも、本制度のような結果の平等を求める制度は、各人の努力のありようを無視することになり、個人の努力を無視して超えられない壁を設けてしまうことに変わりがありません。そのため、試験で頑張ればよかったといっても、181 位以下に存在する区別を乗り越えることはできないと主張可能でしょう。

さらに、原告として、**特別意味説**を採用するとの考えもあります。すなわち、憲法 14 条1項後段列挙事由に記載された特徴を有する集団は歴史的にみて差別されていたことに鑑みると、**通常の民主制の過程において少数派の意見が反映さ**

れにくいという構造上の問題があることから、特に憲法が保護するものであるため、厳格に判断すべきであるとの主張は可能です。

(2) 積極的差別是正措置（アファーマティブ・アクション）との関係

被告の反論として、本制度は**積極的差別是正措置**であるとの主張がなされることは容易に想定できるでしょう。本問において考えなくてはならない最大のポイントです。上記の特別意味説との関係では大きな対立点となります。というのも、特別意味説は少数派が抑圧される関係で厳格に判断すべきというものでしたが、積極的差別是正措置は**むしろ少数派を保護する考え**なのです。そのため、**後段列挙事由にあたるから厳格にすべきという形式的な検討ができない**ことになります。

積極的差別是正措置は、少数派の保護という点からすれば、奨励されるべきものと考え、現実に生じている不平等を是正することを目的とした特別措置であることから、むしろ相対的な平等を実現するための措置であり、違憲の疑いが小さいことから**判断枠組みをより緩やかにするものと考えることができるでしょう**。これに対し、少数派への優遇策をとることにより、その少数派が特別に優遇してその地位を得たものという偏見を生み出すことにつながりかねず、かえって差別を固定化する危険性もあることから、**積極的差別是正措置であってもより緩やかに行わなければならないという結論に必ずしもなるわけではないという考え**もあり得るでしょう。

この点については、原告と被告の立場が大きく対立する場面であり、自らの立場を踏まえた検討が求められます。

(3) 大学の自治との関係

被告の反論として、入学制度は**大学側の裁量**が認められるものであり、より緩やかに判断すべきであるとの反論が考えられます。平等権に関する判例を俯瞰すると、裁量は判断枠組みを緩やかにする「事柄の性質」として考慮されています。

受験生の多くは、感覚的に広い裁量が認められると思うでしょう。問題は、その**根拠**をどのように基礎づけるかです。根拠もなしに裁量を認めることはできません。

裁量が認められる根拠としては、**大学の自治（憲法23条1項）**が考えられます。大学の自治の内容としてポポロ事件判決（最大判昭38・5・2〔Ⅰ－86〕）

は、ⅰ大学の教授その他の研究者の人事の自治、ⅱ大学の施設と学生管理の自治があげられています。学生の選抜試験ですから、ⅰの観点とは関係がありません。ⅱにおける「**学生管理**」と位置付けることができるかを考えなくてはなりません。

各大学は設置目的を達成するために必要な事項を学則等により一方的に制定する包括的権能を有します（昭和女子大事件判決（最判昭 49・7・19〔Ⅰ－10〕）参照）。この権能に基づき、**教育理念にふさわしい資質を持った学生を見つけ出す装置として入試制度**があると考えられます。このような考えによれば、大学の目的に沿った学生を選別することは入学するにあたっての「学生管理」と位置付けることができるとは考えられないでしょうか。

他方で、大学が**国民の学問の自由を保障する一種の公的な団体**であると考えると、門は広く設定すべきであり、大学固有の事情によりその門を狭めることは妥当ではなく、**広い自由裁量は認められない**と考えることも可能です。裁判例を俯瞰すると、**学力や能力等の判定に対して試験実施機関の最終判断が尊重されますが、それとは直接関係のない年齢、性別、社会的身分などの事柄による判定は試験の性質からして考慮されるべきではない**として、裁量の幅が狭められていると考えられます（東京地判平 23・12・19 参照）。

上記のようなことを検討し、自己の見解を示すことになりますが、この検討課題よりも積極的差別是正措置についての検討が求められています。そのため、配分に注意が必要になるでしょう。

なお、大学の自治と絡むところで部分社会の法理の適用についても論じるべきではないかとも思われます。しかし、出題趣旨に記載がないことから想定されている対立点ではないと考えます。**そもそも部分社会の法理に入るか否かの問題であり、未だ部分社会内部の問題となっていないため、本問においては検討をする必要はない**と考えます。

⑷　判断枠組みの定立

以上のような検討から、合理性の有無について慎重に判断すべきか否かを決することになるでしょう。目的の合理性の検討に際して、どの程度の厳格さを求めるのか、また、目的と区別との関連性の検討について、どの程度の厳格さを求めるのか、自らの立場を明記する必要があるでしょう。なお、基準は学説上様々な考え方があるものの、目的手段審査とパラレルに考えることで足りると思われます。

4 個別的具体的検討

本制度の区別が合理的なものか否かは、**目的の合理性、目的と区別の関連性**の観点から検討することになります。そのため、まず、目的を明示しなければ始まりません。

本制度の目的は、**法曹人口における女性の占める割合が低いため、法曹における女性の数を増加させることで多様性を確保すること**にあります。「**法曹における多様性**」をどのように評価するのかがポイントになるでしょう。現代社会において事件が多様化する中で、様々な知識・経験を持った法律家が必要となると考え、これがひいては社会貢献となると考えるのであれば、目的は重要なものといえるでしょう。

もっとも、「多様性」のために、181位以下の女性と男性を区別することは関連するのでしょうか。女性が少ないと男性中心の思考になってしまい、相互交渉の機会が狭く、多様性は確保できないと考えることはできます。他方、ここでいう「多様性」は女性に限ったものではなく、多種多様の知識・経験を持った者であり、女性はその一例にすぎないとも考えられます。このような考えによれば、男女での区別は合理的なものではないといえます。ただし、女性がその一例である以上、一定の関連性はあるともいえます。このような立場の場合、本当に女性を優遇する必要はあるのかという点を追求していく必要があります。つまり、かつては女性の受験者が少ないために法曹の女性が少なかっただけであり、近年の法学部での女子学生の増加という状況からすれば、是正措置をする必要性はないのではないでしょうか。また、**参考資料によれば**、年々増加していることから、法学部での女子学生の増加という事情を含めて、市場原理により自動的に法曹における女性の数の増加が望めるとも考えられます。なお、女性の割合が低い理由が法曹に対するイメージや経済的な側面であれば、入学試験自体で区別をしても意味はなく、別の方策を考える必要があります。

いずれにしても、あえて本制度のような積極的差別是正措置を講じる必要があったのか、そもそも差別があったのか、あるとしてそれを是正する必要はあったのかを検討することになるでしょう。

第3　答案を見てみて……

本問の最大の検討課題は、積極的差別是正措置という点をどのように考えるかです。この点について、各自で深い考察が求められています。その前提として、積極的差別是正措置はどのようなものなのか、また、それが憲法上の主張にどのように影響していくのかを知識として押さえておく必要があります。その上で、本問の事例に即した検討が求められているのです。しかし、この点について詳しい言及がなかなかできないのが受験生の実情のようです。この点について再度認識しましょう。

平等権の一般論証について、趣旨を記載するだけにとどまっている答案が多いです。「平等」の解釈として展開していることがわかるように書いた方がよいでしょう。

国籍法違憲判決の判断枠組みにおける「被制約利益」は、「重要な法的地位」にあるか否かがポイントです。そのため、「法的地位」の根拠となる法・条文の指摘をすることができるはずです。しかし、この指摘がなされていない答案が多いです。

時間の関係もあり、個別的具体的検討が希薄になりがちです。参考資料も含めてかなりの情報があります。うまく整理し、使えるようにしましょう。

参考答案

第1　設問1

1　結論

入学不許可決定の取消訴訟（行政事件訴訟法3条2項）及び入学許可の義務付け訴訟（同3条6項2号）を併合提起し、A大学法科大学院の入学者選抜制度は、181位以下の男性と女性を区別している（以下「本件区別」という。）ことから、平等権（憲法14条1項）に反し、違憲であるとの主張をする。

2　憲法上の主張

⑴　「平等」とは絶対的平等ではなく、相対的平等を示す。というのも、一切の異なる処遇を禁止する絶対的平等を採用すると、かえって不合理な結果をもたらすことになるからである。これより、本件区別が合理的な理由に基づく区別でない限り違憲である。

⑵　判例によれば、後段列挙事由は例示にすぎないとされる。もっとも、歴史的に見て通常の民主制の過程において少数派の意見が反映されにくいことから、特に憲法が保護するために明文化したものであると考えることができる。ゆえに、本件区別のような「性別」による区別は厳格に判断すべきである。

また、本件区別は、A大学法科大学院での教育を受けることができなくなっていることから、学問の自由（憲法23条）という重要な法的地位を侵害するものである。さらに、「性別」は生命の誕生とともに決定されるものであることから、自助努力により克服することは困難である。

以上より、合理的な区別と言えるかは、慎重に判断すべきである。

⑶　本件区別の目的は、法曹人口における女性の占める割合が低いことを背景事情として、多様性を確保することにある。確かに女性の増加は男性だけでは把握しきれない法的問題に貢献することになる。もっとも、参考資料によれば法曹人口に占める女性の比率は年々増加していること、法学部での女子学生の増加という事情を考慮すれば、あえて本件区別を設ける必要性はない。

⑷　したがって、本件区別は合理的な理由に基づく区別とはいえず、違憲である。

第2　設問2

1　判断枠組み

(1)　原告は、後段列挙事由が特別に規定されていることから厳格に判断すべきと主張する。対して、被告は、本件区別は積極的差別是正措置であることから、むしろ少数派を保護する措置にあたるため、形式的に厳格にすべきではないとの反論をする。

積極的差別是正措置は、後段列挙事由にあたる区別を是正するものであり、少数派の保護となることから、特別意味説の根拠が妥当せず、特別意味説を形式的に適用すべきではない。また、確かに、是正措置は上記のような利益をもたらすものであるから、より緩やかに判断すべきであるとも思える。しかし、積極的差別是正措置であっても区別であることからすべてが許されるわけではなく、また、かえって逆差別の問題を引き起こしかねないことから、かかる理由のみで緩やかにすべきと考えるべきではない。

(2)　被告は、入学制度は大学が校風や指針に即して決定することができるものであり、大学の自治（憲法 23 条）を根拠として、広い裁量が認められ、より緩やかに判断すべきであると反論する。

確かに、学生管理の一環として位置づけることは可能であると考える。もっとも、国民の学問の自由を保障する一種の公的な団体であることから、未だ大学に所属していない学生に対して学問の機会を奪うことは許されず、その裁量は狭く、また、学力や能力等とは直接関係のない年齢や性別などの事柄による判定は入学試験の性質から考慮すべきではないと考える。これより、本件区別のような性別による区別を用いた入学試験について、大学側の裁量は狭いと考える。

(3)　よって、判断枠組みとして、原告の主張通り、慎重に合理性を判断すべきである。

2　個別的具体的検討

原告は目的に一定の合理性を認めるものの、本件区別が女性の増加、ひいては多様性をもたらすものではないと主張している。他方、被告としては、女性法曹の増加は多様な社会問題を解決するのに必要であり、その目的は重要であり、また、その方法として女性の合格者を増加させることは関連性を有するものであると反論する。

本件区別の目的は多様性の確保であり、A 大学は法曹人口における女性割合が低いことから女性の合格者数増加をし、多様性を確保しようとしている。もっとも、多様性は女性だけではなく、多様な知識・経験を持つ者の参入が必要であり、女性のみを優遇する理由がない。また、女性割合は年々増加しており、法学部で学ぶ女子学生も増加していることから、市場原理により増加が期待できるといえ、あえて本件区別を採る必要性はない。

　したがって、本件区別は合理的な理由を欠く区別であり、憲法 14 条 1 項に反し違憲であると考える。

以上

2 平成29年予備試験問題について

次の文章を読んで、後記の〔設問〕に答えなさい。

A県の特定地域で産出される農産物Xは、1年のうち限られた時期にのみ産出され、同地域の気候・土壌に適応した特産品として著名な農産物であった。Xが特別に豊作になる等の事情があると、価格が下落し、そのブランド価値が下がることが懸念されたことから、A県は、同県で産出されるXの流通量を調整し、一定以上の価格で安定して流通させ、A県産のXのブランド価値を維持し、もってXの生産者を保護するための条例を制定した（以下「本件条例」という。)。

本件条例では、①Xの生産の総量が増大し、あらかじめ定められたXの価格を適正に維持できる最大許容生産量を超えるときは、A県知事は、全ての生産者に対し、全生産量に占める最大許容生産量の超過分の割合と同じ割合で、収穫されたXの廃棄を命ずる、②A県知事は、生産者が廃棄命令に従わない場合には、法律上の手続に従い、県においてXの廃棄を代執行する、③Xの廃棄に起因する損失については補償しない、旨定められた。

条例の制定過程では、Xについて一定割合を一律に廃棄することを命ずる必要があるのか、との意見もあったが、Xの特性から、事前の生産調整、備蓄、加工等は困難であり、迅速な出荷調整の要請にかなう一律廃棄もやむを得ず、また、価格を安定させ、Xのブランド価値を維持するためには、総流通量を一律に規制する必要がある、と説明された。この他、廃棄を命ずるのであれば、一定の補償が必要ではないか等の議論もあったが、価格が著しく下落したときに出荷を制限することはやむを得ないものであり、また、本件条例上の措置によってXの価格が安定することにより、Xのブランド価値が維持され、生産者の利益となり、ひいてはA県全体の農業振興にもつながる等と説明された。

20××年、作付け状況は例年と同じであったものの、天候状況が大きく異なったことから、Xの生産量は著しく増大し、最大許容生産量の1．5倍であった。このため、A県知事は、本件条例に基づき、Xの生産者全てに対し、全生産量に占める最大許容生産量の超過分の割合に相当する3分の1の割合でのXの廃棄を命じた（以下「本件命令」という。）。

甲は、より高品質なXを安定して生産するため、本件条例が制定される前から、特別の栽培法を開発し、天候に左右されない高品質のXを一定量生産しており、20××年も生産量は平年並みであった。また、甲は、独自の顧客を持っていたことから、自らは例年同様の価格で販売できると考えていた。このため、甲は、本件命令にもかかわらず、自らの生産したXを廃棄しないでいたところ、A県知事により、甲が生産したXの3分の1が廃棄された。納得できない甲は、本件条例によってXの廃棄が命じられ、補償もなされないことは、憲法上の財産権の侵害であるとして、訴えを提起しようと考えている。

〔設問〕

甲の立場からの憲法上の主張とこれに対して想定される反論との対立点を明確にしつつ、あなた自身の見解を述べなさい。なお、法律と条例の関係及び訴訟形態の問題については論じなくてよい。

法務省発表の出題趣旨

本問は、架空の条例を素材に、憲法上の財産権保障（憲法第29条）についての理解を問うものである

本件条例は、Xのブランド価値を維持し、Xの生産者を保護する目的で、生産量が増大し、Xの価格を適正に維持できる最大許容生産量を超えるときに、A県知事は、全ての生産者に対し、全生産量に占める最大許容生産量の超過分の割合と同じ割合で、収穫されたXの廃棄を命じることとしている。まず、このような措置を定める本件条例が、憲法第29条第1項で保障される財産権を侵害する違憲なものであるかを論じる必要がある。その際、本件条例の趣旨・目的と、それを達成するための手段の双方について、森林法違憲判決（最高裁昭和62年4月22日大法廷判決、民集41巻3号408頁）及び証券取引法判決（最高裁平成14年2月13日大法廷判決、民集56巻2号331頁）などを参照しながら、検討する必要がある。特に、規制手段については、甲のように、平年並みの生産高となった者や、天候状況に左右されず一定量を生産することが可能な者が存在することを念頭に置きつつ、その合理性・必要性について考察することが求められるであろう。

次に、本件条例では、Xの廃棄に起因する損失については補償をしないとされているが、それが、憲法上の損失補償請求権（憲法第29条第3項）を侵害する違憲なものであるかを論じる必要がある。この場合、①本件条例が一般的に損失補償規定を置いていないことの合憲性と、②仮に一般的に損失補償規定を置いていないことが合憲であるとしても、甲の事情が、損失補償が認められるべき「特別の犠牲」に該当し、損失補償請求権を侵害すると主張しうるか、という二つの論点がある。これらについて、河川附近地制限令事件（最高裁昭和43年11月27日大法廷判決、刑集22巻12号1402頁）などを参照しながら、検討することが求められる。

解説

第1　入口の特定

甲の不満は､「本件条例によってXの廃棄が命じられ､補償もなされないことは､憲法上の財産権の侵害である」というものです｡「補償も」という言葉からすれば､甲の不満は**2つ**に分けることができます。すなわち、ⓐ本件条例①②によりXの廃棄が命じられることは**財産権（29条1項）**を侵害し違憲であること、ⓑ本件条例③のように損失について補償しないことは**29条3項**に反し､違憲であること、です。

このうち、ⓐの主張については、既得権型なのか制度形成型なのかを判断しなければなりません。区別の基準は制約の有無でした。本件条例が制定された後に生産されたXについては廃棄される可能性があることを前提とした所有権が認められるにすぎないとして、制約はないとも考えられます。しかし、廃棄されるかは、その年の生産量を見て初めて決定されるものですから、初めから廃棄されることは予定されていません。そのため、**既得権型**として処理するべきです。問題文に「本件条例が制定される前から」との記載があることからも既得権型を選択するのがよいと思います。なお、出題趣旨に国有農地売払特措法事件判決の指摘がないのは気になりますが、あくまでも「など」ですから、齟齬は生じていないと思います。

ⓐの主張については、権利及び条文の選択は**財産権（29条1項）**であることは明らかです。具体的自由の設定としては、“**Xを一定量生産し廃棄されずに出荷する自由**”とでも設定すればよいでしょう。違憲の対象としては、廃棄命令とも考えられないことはないですが、そもそも本件条例が廃棄命令の根拠ですから、本件条例をターゲットと考えるべきです。そのため、**本件条例**が違憲の対象と設定しましょう。

第2　憲法上の主張Ⅰ――既得権侵害

まず、既得権侵害についての憲法上の主張（上記ⓐ）から考えていくことにします。参照すべき判例は、国有農地売払特措法事件判決（最大判昭53・7・12〔Ⅰ－99〕）です。

1　憲法上の権利の制約

憲法29条1項は、**個人の現に有する具体的な財産上の権利**を保障しています。農作物Xは生産者の所有物であり、財産といえます。制定前からXを生産していた農家は、Xという財産を自由に処分することができていました。このことから、“Xを一定量生産し廃棄されずに出荷する自由”は個人の現に有する具体的な財産上の権利であるといえ、29条1項により保障されます。

そして、本件条例が制定されることにより、廃棄命令が認められ（本件条例①）、従わない場合は代執行されます（本件条例②）。このことから、Xの廃棄という形で自由に出荷することができなくなっているといえ、制約が認められます。

2　判断枠組みの定立

もっとも、財産権の内容は、法律で定めることができる（**29条2項**）とされています。そのため立法裁量が認められています。しかし、どんな立法でもいいというわけではなく、**「公共の福祉」に適合したものでなければなりません**。国有農地売払特措法事件判決によれば、「公共の福祉」に適合するか否かは、「**財産権の性質、その内容を変更する程度、及びこれを変更することによって保護される公益の性質などを総合的に勘案し、その変更が当該財産権に対する合理的な制約として容認されるべきものであるかどうかによって、判断すべき**」とされています。

ここでいう「財産権の性質」が権利の重要性、「その内容を変更する程度」が制約の重大性にあたり、「公益」が目的に相当するものです。これらを天秤にかけて、「その変更が……合理的な制約」かどうかというのは、変更という手段が妥当かどうかを検討していますので、他の問題と同様の検討が可能です。なお、厳格な合理性の基準などは上記判決の示した判断枠組みよりも具体的な基準を設定したと考えれば、判例の考え方と大きな齟齬はないと考えます。では、保障根拠との関係から具体的に検討していきましょう。

Xの生産・販売は農家が自立した生活を全うするために必要な資源です。特に、特産品としてブランド価値の高いものですから生活の大きな収入につながります。また、特別の栽培法を開発し、天候に左右されない高品質のXは、より需要の高いものとして、生産農家にとってより重要な資源でしょう。さらに、天候に左右されないで生産できるXの開発を行うことにより、本件条例の制定前からXを廃棄されずに出荷してきたことから、一定量生産し廃棄されずに出荷することは具体的な権利として獲得されているとも考えられるでしょう。そうだとすれば、保障根拠に合致するものであり、権利の重要性は高いことになります。

これに対して、本件条例が制定された以後については廃棄の可能性も視野に入れた生産が行われるべきであるとして、生産者の予測可能性を著しく害することにはならず、出荷すること自体に大きな影響はない（Xを一定量生産し廃棄されずに出荷するは未だ具体的な権利ではない）との反論が考えられます。また、廃棄の量も最大許容生産量の超過分の割合と同じ割合にすぎず、すべてを廃棄するわけではないため、制約の程度は大きいとはいえないともいえます。

この反論を踏まえた自己の見解が求められます。ここでのポイントは、生産量が天候や他の農家の努力などにより変動するという点をどのように評価するかだと思います。常に変動が起きるのであれば、農家はそれに対応する形で出荷することになります。そうであれば、農家が一定量を出荷する自由は具体的なものとはいえません。他方で、天候による変動を除去することに成功した農家は一定量を生産することができていた（一定量の生産に基づく行動ができていた）のに、他の農家の努力不足を理由に廃棄せざるを得ないことになるともいえます。他の農家の努力不足をも考慮して行動しなければならないことは、開発に成功した農家にとってどうなのでしょうか。また、開発に成功した農家は廃棄によって、収入に必要とされる量を下回ることになり得ます。しかも、農家として特別の栽培法を開発した努力を否定することになります。このあたりの事情を加味して、検討することになるでしょう。

3　個別的具体的検討

本件条例の目的は、**A県産のXのブランド価値を維持し、もってXの生産者を保護すること**にあります。この目的は、Xの生産者の収入を維持し、生活を保護することになることから、憲法22条1項などの権利を保護することになり、重要な目的といえます。

本件条例の手段は、**Xについて一定割合を一律に廃棄することを命ずること**です。これについては、問題文第3段落で意見の対立があったことが明記されているので、対立点として必ず検討しなければなりません。この手段が妥当であると考えた理由は、㋐Xの特性から、事前の生産調整、備蓄、加工等は困難であり、迅速な出荷調整の要請にかなう方法は一律廃棄しかない、㋑価格を安定させ、Xのブランド価値を維持するためには、総流通量を一律に規制する必要がある、ということです。㋐については、甲が生産調整に成功していることから立法事実と矛盾した理由です。また、他の方法として農協などが一度買取を行い、生産調整を行うという方法（このような方法は「迅速性」に難があるのではないか。）や平年並みの生産量を超えた農家への廃棄を命じる方法などが考えられます。㋑については、確かに、農家が個人的に流通させてしまう危険性をなくしたいというものであると考えられ、合理的な理由であるとも考えられます。他方、独自の流通経路であれば総流通への影響は少ないことを主張することや、ブランド価値は商品の価格のみではなく、その商品の特産性、イメージ、商標の有無等様々な要素に基づいて決定されるものであることから、総流通量の制限がブランド価値の維持に直ちに繋がるものではないといった主張が考えられます。このような観点を踏まえた詳細な検討が求められています。

第3　憲法上の主張Ⅱ——損失補償

この主張（上記ⓑ）の内容としては、①本件条例が一般的に損失補償規定を置いていないことは違憲かと、②仮に一般的に損失補償規定を置いていないことが合憲であるとしても、甲の事情が、損失補償が認められるべき「特別の犠牲」に該当し、損失補償請求権を侵害するとして違憲か、という2つの論点があります。

1　補償規定を欠く法令の合憲性

財産権に対する制限があっても必ずしも補償を要するわけではありません。そして、その境目は明確なものではないことから、憲法上補償が必要にもかかわらず補償規定のない法令の効力をどのように考えるべきか問題となります。

学説上は、**違憲無効説**と**直接請求説**に大きく分かれます。両説とも**29条3項の法的拘束力を認めています**が、違憲無効説は補償規定を欠く法令は違憲無効であるとするのに対し、直接請求説は29条3項から**直接具体的な補償請求権が生じることから**補償規定を欠く法令であっても有効であるとされます。

河川付近地制限令事件判決（最大判昭43・11・27〔Ⅰ－102〕）では、「損失補償に関する規定がないからといって、……直ちに違憲無効の規定と解するべきではない」としていることから、直接請求説に立っています。多数説もこの立場です。直接請求説の方が、財産権の権利性を強く認めるとともに、社会生活上必要な規制が無効とされてしまう不都合性を回避できるからです。

なお、上記判例は、「同条があらゆる場合について一切の損失補償を全く否定する趣旨」とまでは解されないことを前提としています。このことから、全く否定する趣旨で立法した場合は違憲無効と考えているようにも読めます。裁判所が補償を認めることは財政上の支出を義務づけることになり、立法府の意思を大きく害するとして、権限分配に相応しくないことから、むしろ違憲無効とすることで、立法府の意思を決める選択の機会を与えるべきであるという違憲無効説の立場からの指摘とも考えられます。両説は併存するものとして、事案に応じて使い分けることが可能でしょう。

本問においては、直接請求説からは本件条例は合憲となります。他方、違憲無効説からすれば本件条例は違憲となるでしょう。

2 損失補償請求権

仮に本件条例が合憲であったとしても、甲の損失補償請求権が認められるにもかかわらず、補償されていないことが29条3項を侵害し違憲であると考える余地があります。そこで、甲に損失補償をする必要性があるのか、すなわち「特別の犠牲」があるのかを検討しなければなりません。

29条3項の趣旨は、**特定の個人の犠牲のもとに社会全体が利益を得るのは公平に反することから社会全体の負担の公平を図る点**にあります。そうだとすれば、損失補償を要するか、すなわち「特別の犠牲」といえるかは、**①特定人が負担を受けているかという形式的要素**及び、**②侵害行為が財産権に内在する社会的制約として受忍すべき限度か否か**などを考慮して判断するべきとなるでしょう。なお、

①だけでは判断は困難であることから、②が重視される傾向にあります。

②の観点について、**奈良県ため池条例事件判決（最大判昭 38・6・26〔I－98〕）**は消極規制か積極規制かという視点を用いました。すなわち、消極目的の場合、所有権の内在的制約であるとして、受忍しなければならない責務であると考えたのです。

本問において、A県側としては、価格が著しく下落したときに出荷を制限することはやむを得ないものであること、Xのブランド価値が維持され、生産者の利益となり、ひいてはA県全体の農業振興につながる等の説明をしています。1つ目の理由は②の観点であり、2つ目の理由は①②の観点と考えられます。甲としては、本件条例の目的は積極目的にすぎず、受忍しなければならないものではないことや一定量生産に成功した農家がその努力を無視され、不利益を被るという点で特定の農家に負担を強いることになるという点などを主張することになるでしょう。

第4　答案を見てみて……

設問文は「あなた自身の見解」を求めるものであり、対立点はあなたの見解の中で示されるような形を求めていると考えられます。司法試験で求められるような主張反論私見型ではないと考えられますが、設問文の指示通りの記載をした答案は少なかったでしょう。

財産権は受験生にとっては予想外のものであり、判例に即した書き方ができた答案は少なかったでしょう。特に、既得権型と制度形成型の選択については、特に考えずに既得権型という結論を採った受験生は多かったと思います。司法試験では、なんとなくは通じないので、しっかりと理屈をつけて選択できるようにしましょう。

既得権型であったとしても、本問の甲は、単なるX生産者ではないという具体的事実に着目できるかがポイントになります。努力してXの特別な栽培法を開発した生産農家という点をどのように考えるのかなどについて、**一歩踏み込んだ検討ができている答案**は少なかったです。また、たとえ事情を書いていたとしてもただ拾っているだけで論理的な構成ができていない答案も多かったです。

事案に向き合い、甲の不満の要素をいかに論述に組み込めるかが予備試験・司法試験本番において求められることでしょう。

参考答案

第１　本件条例①②について

１　本件条例①②は、Ｘを一定量生産し廃棄されずに出荷する自由を侵害し、憲法 29 条１項・２項に反し違憲か。

２　憲法上の権利の制約

(1)　「財産権」（憲法 29 条１項）は個人の現に有する具体的な財産上の権利を保障する。農作物Ｘは生産者の所有物であり、財産にあたる。本件条例制定前からＸを生産していた農家は、Ｘという財産を自由に処分することができていた。ゆえに、Ｘを一定量生産し廃棄されずに出荷する自由が、現に有する具体的な財産上の権利にあたり、憲法 29 条１項により保障される。

(2)　本件条例は、最大許容生産量を超えるときに廃棄命令を認めており（本件条例①）、従わない場合は代執行されること（本件条例②）になっている。このことから、Ｘの廃棄を強制させられることになるため、上記自由が制約されている。

３　判断枠組み

もっとも、財産権の内容は法律で定めることができる（憲法 29 条２項）ことから、立法裁量が認められ、それが「公共の福祉」に適合する限り、違憲ではない。そして、「公共の福祉」に適合するか否かは、財産権の性質、その内容を変更する程度、及びこれを変更することによって保護される公益の性質などを総合的に勘案し、その変更が当該財産権に対する合理的な制約として容認されるべきものであるかどうかによって、判断すべきである（国有農地売払特措法事件判決参照）。

(1)　Ｘの生産・販売は農家が自立した生を全うするために必要な資源である。特に特産品としてブランド価値の高いものであること、さらには特別の栽培法を開発し、天候に左右されない高品質のＸはより需要の高いものであり、大きな収入につながる。また、開発などを行っている農家にとっては従来から継続して一定量の生産を行っていたことから、予測可能性は高いものである。ゆえに、判断に当たっては、厳格に考えるべきであると原告は主張する。

(2)　対して、被告としては、次のような反論をする。すなわち、本件条例が制定されている以上、そもそも生産量は天候により左右されるものであったことから、一定量を生産することは未だ具体的な権利とはいえず、また、廃棄の量も最大許容生産量の超過分の割合と同じ割合であり、制約の程度が重大であるとはいえない。ゆえに、判断にあたっては、より緩やかに考えるべきである。

⑶　Xの生産は重大な収入源である。また、開発等を行うことができることから、より安定した供給をすることができ、よりよい収入につながるものである。確かに、天候による変動が予測され、それを前提に行動をすることは可能である。しかし、一定量を生産できるという開発に成功した農家にとっては、天候による変動を除いて行動をすることができ、条例制定以前により行われていたことから、具体的な権利として保護されるべきであり、当該権利は重要な権利といえる。また、生産量が一定割合であるが、開発をするなどして一定量生産が可能な農家ほど多量のXを廃棄することになるため、上記自由との関係では制約は大きい。

したがって、公益の性質及びこれとの均衡についての判断にあたっては、立法事実をも考慮して厳格に判断すべきである。

4　個別的具体的検討

⑴　本件条例の目的は、A県産のXのブランド価値を維持し、もってXの生産者を保護することにある。この目的は、Xの生産者の収入を維持し、生活を保護することになることから、憲法25条などの権利を保護するものであり、重要な目的といえる。

⑵　本件条例の手段は、Xについて一定割合を一律に廃棄することを命ずることである。

原告としては、甲のように生産調整は可能であり、また、他に農協などが一度に買い取るなどの方法があること、また、一律に流通しても品質におけるブランド価値は毀損しないことから、一律に廃棄する必要はないことと主張する。

他方、被告としては、Xの特性から事前の生産調整等は困難であり、迅速な出荷にかなう方法は一律廃棄しかなく、また、価格を安定させ、ブランド価値を維持するためには総流通量を一律に規制する必要があると反論する。

特別な栽培方法が存在し、これにより生産量を安定させることができることから、事前の生産調整は困難というのは妥当でない。かかる点も含めて、各農家が工夫すべきことである。また、確かに流通量が増加すると価格は落ちるが、高品質であれば価値が必ずしも落ちるというものではない。

確かに、一度に買い取りを行うという他の方法は農協などの機関を経るという点で手間になるが、流通に重大な影響を及ぼすほどに迅速性を欠くものではない。

よって、本件条例①②は合理的な変更として認容されるものではなく、「公共の福祉」に適合しない。したがって、本件条例①②は憲法29条1項・2項に反し、違憲である。

第2　本件条例③について

1　本件条例③は損失補償の規定を欠くことから、憲法29条3項に反し違憲無効ではないか。原告としては、補償規定を欠く以上無効であると主張する。他方、被告としては憲法29条3項により直接請求ができる以上、規定していなくとも無効とならないと反論する。

この点、社会生活上必要な規制をも無効としてしまうおそれがあることから、補償規定を欠くことだけを理由に直ちに無効とすべきではないと考える。

よって、本件条例③は有効である。

2　もっとも、甲に損失補償請求権が認められるにもかかわらず、損失補償がなされないことは憲法29条3項に反し違憲であると原告は主張する。

同29条3項の趣旨は、特定の個人の犠牲のもとに社会全体が利益を得るのは公平に反することから社会全体の負担の公平を図る点にある。ゆえに、損失補償を要するか、すなわち、「特別の犠牲」といえるかは、特定人が負担を受けているかという形式的要素や侵害行為が財産権に内在する社会的制約として受忍すべき限度かを考慮して判断する。

被告としては、すべての農家を対象としていることから特定人が負担を受けているわけではなく、また、価格が著しく下落したときに出荷を制限することはやむを得ないものであり、Xのブランド価値が維持されることは生産者全体の利益になることから、受忍すべきものであるとして、補償がなされなくとも違憲ではないと反論する。

本件条例の目的はブランド価値の維持、ひいては農業振興であり、積極目的に位置付けられる。そのため、農家が受忍しなければならないような目的ではない。また、甲のように高品質のXを一定量生産することについて開発などの努力を行った者が不利になるような制度であることから、甲のような特定人が犠牲になると考える。

したがって、甲に補償をしないことは、憲法29条3項に反し違憲である。

以上

3　令和元年予備試験問題について

次の文章を読んで、後記の〔設問〕に答えなさい。

甲市は、農業や農産品の加工を主産業とする小さな町である。近年、同市ではこれらの産業に従事する外国人が急増しているが、そのほとんどはA国出身の者である。甲市立乙中学校は、A国民の集住地区を学区としており、小規模校であることもあって生徒の4分の1がA国民となっている。A国民のほとんどはB教という宗教の信者である。

XはA国民の女性であり、乙中学校を卒業し、甲市内の農産品加工工場で働いている。Xの親もA国民であり、Xと同じ工場に勤務している。この両名（以下「Xら」という。）は熱心なB教徒であり、その戒律を忠実に守り、礼拝も欠かさない。B教の戒律によれば、女性は家庭内以外においては、顔面や手など一部を除き、肌や髪を露出し、あるいは体型がはっきり分かるような服装をしてはならない。これはB教における重要な戒律であるとされている。

ところで、Xが工場に勤務するようになった経緯として、次のようなことがあった。Xらは、Xの中学校入学当初より毎年、保健体育科目のうち水泳については、戒律との関係で水着（学校指定のものはもちろん、肌の露出を最小限にしたものも含む。）を着用することができず参加できないので、プールサイドでの見学及びレポートの提出という代替措置をとるように要望していた。なお、Xは、水泳以外の保健体育の授業及びその他の学校生活については、服装に関して特例が認められた上で他の生徒と同様に参加している。

しかし、乙中学校の校長は、検討の上、水泳の授業については、代替措置を一切とらないこととした。その理由として、まず、信仰に配慮して代替措置をとることは教育の中立性に反するおそれがあり、また、代替措置の要望が真に信仰を理由とするものなのかどうかの判断が困難であるとした。さらに、上記のように、乙中学校の生徒にはB教徒も相当割合含まれているところ、戒律との関係で葛藤を抱きつつも水泳授業に参加している女子生徒もおり、校長は、Xらの要望に応えることはその意味でも公平性を欠くし、仮にXらの要望に応えるとすると、他のＢ教徒の女子生徒も次々に同様の要望を行う可能性が高く、それにも応えるとすれば、見学者が増える一方で水泳実技への参加者が減少して水泳授業の実施や成績評価に支障が生じるおそれがあるとも述べた。

Ｘは、３年間の中学校在籍中に行われた水泳の授業には参加しなかったが、自主的に見学をしてレポートを提出していた。担当教員はこれを受領したものの、成績評価の際には考慮しなかった。調査書（一般に「内申書」と呼ばれるもの）における３年間の保健体育の評定はいずれも、５段階評価で低い方から２段階目の「２」であった。Ｘは運動を比較的得意としているため、こうした低評価には上記の不参加が影響していることは明らかであり、学校側もそのような説明を行っている。Ｘは近隣の県立高校への進学を希望していたが、入学試験において調査書の低評価により合格最低点に僅かに及ばず不合格となり、経済的な事情もあって私立高校に進学することもできず、冒頭に述べたとおり就労の道を選んだ。客観的に見て、保健体育科目で上記の要望が受け入れられていれば、Ｘは志望の県立高校に合格することができたと考えられる。

Ｘは、戒律に従っただけであるのに中学校からこのような評価を受けたことに不満を持っており、法的措置をとろうと考えている。

〔設問〕

必要に応じて対立する見解にも触れつつ、この事例に含まれる憲法上の問題を論じなさい。

なお、Ｘらに永住資格はないが、適法に滞在しているものとする。また、学習指導要領上、水泳実技は中学校の各学年につき必修とされているものとする。

法務省発表の出題趣旨

本問では、主として①信教の自由に基づく一般的な義務の免除の可否、②代替措置を講じることの政教分離原則との関係など具体的な検討が問題となるほか、③教育を受ける権利、④外国人の人権享有主体性や未成年者の人権等の論点が含まれる。判例としては、剣道受講拒否事件（最高裁判所第二小法廷平成8年3月8日判決、民集 50 巻3号 469 頁）を意識することが求められる。もっとも、事案には異なるところが少なくないので、直接参考になるとは限らず、同事件との異同を意識しつつ、事案に即した検討が必要である。

①については、水泳実技への参加とB教の教義との関係、代替措置が認められないことによる結果の重大性などを事案に即して把握し、信教の自由への影響の大きさを的確に把握して、判断枠組みを設定することが求められる。

②は、①で設定した判断枠組みに基づく具体的検討に当たるものである。政教分離原則との関係の点も含め、代替措置をとらないことについて校長が示した理由が詳しく述べられているので、それに即して分析を進めることが必要である。

以上が必ず論じてもらいたい内容であり、③④はそれに比較すると優先度は落ちるが、詳しく検討するためには必要な点である。特に、本件は、正面からその侵害を問題とするかどうかはともかく、社会権である教育を受ける権利が関わってくる事案である。社会権は外国人には保障されないという一般論が、学習権を背景とする教育を受ける権利との関係でも妥当するかという問題意識を感じてもらいたいところである。

解説

第1　入口の特定

Xの不満は、「戒律に従っただけであるのに中学校からこのような評価を受けたこと」です。違憲の対象は、代替措置を採らずに乙中学校が5段階評価で低い方から2段階目の「2」をつけたこと（以下「本件成績評価」といいます。）になります。そして、戒律に従ったことを理由に不利益な取扱いを受けた点から、B教を信仰する自由（20条1項前段）との関係で問題となります。

また、Xは、自らの信仰を理由に不利益な取扱いを受けただけでなく、高校に行くことができなかったことに対しても不満を持っているとも考えられ、高校での教育を受ける自由が侵害されたと思っているはずです。この主張は、教育を受ける自由（26条1項）との関係で問題となります。ただし、問題文に「戒律に従っただけであるのに」という不満を明記していることからして、教育を受ける自由がメインの論点ではないことがわかります。紙面や時間の都合から可能であれば、触れておく程度のものでしょう。

今回は、上記の2つの憲法上の権利との関係について、それぞれ検討をしていきたいと思います。

第2　憲法上の問題Ⅰ——信教の自由への侵害

まずは、代替措置を講ぜずになされた本件成績評価がB教を信仰する自由を侵害し、違憲であるかという問題点について検討をしていきます。

1　憲法上の権利の制約

「信教の自由」として、20条1項前段は**信仰の自由**を保障しています。戒律は、その宗教における生活規範ですから、戒律に従うことは信仰のために必要な行為であって、戒律に従うことを否定されることは、その人の信仰の否定につながりかねないといえます。

なお、XはA国民であり、外国人であることから、20条1項前段の保障を受けられないのではないかといういわゆる**外国人の人権享有主体性**の問題が生じるのではないかと考えた人もいるかもしれませんが、信教の自由のような精神的自由権について、外国人の人権享有主体性が否定されることはなく、出題趣旨にも「社会権は外国人には保障されないという一般論」という記載があることからも書かなくて問題ないと思われます。

本件成績評価は、B教を信仰するXを狙い撃ちにしたものではなく、乙中学校の全生徒に一律に適用される客観的な基準に沿って評価した結果であり、ある宗教の信仰それ自体を否定したものではないため、**直接的制約**ではありません。しかし、本件成績評価によりXは県立高校への進学ができず、仮に代替措置が講じられていれば、Xは志望の県立高校に合格することができたのですから、合格することのできなかった原因はB教の戒律に従ったこと、すなわち、B教を信仰していたことにあります。このような意味で**B教を信仰する者に不利益が生じていることから**、このような不利益を捉えて、**間接的制約**が認められるといえます。

2　判断枠組みの定立

一般的義務と信仰の自由の対立に関する判例と言えば、**エホバの証人剣道受講拒否事件（最判平8・3・8〔Ⅰ－41〕）**です。この判例のロジックに沿って判断枠組みを定立してみましょう。

乙中学校の校長は、水泳の授業に関して代替措置を成績評価に考慮するかどうかについて、学校教育法上の**裁量**が認められます。もっとも、憲法上の権利を制約し得るような処分について無制限に裁量を認めることは許されず、この裁量に基づく処分について、どれだけ厳格に判断できるかを検討していきます。

(1)　「処分の性質」

まず、判例は「**処分の性質**」に着目しています。本問では、**本件成績評価**という処分が問題となっていますが、成績評価それ自体は個人の身分を左右するようなものではなく、単にその人の学力・能力の程度を示すものにすぎません。しかし、本件成績評価は高校進学に関する重大なファクターとなっており、個人の人生の進路に重要な影響を生じさせるものといえます。そのため、成績評価にあたってはエホバの証人剣道受講拒否事件と同様に「慎重な配慮」を要することになりそうです。

(2) 信仰の自由への不利益の程度

次に、①信仰の核心部分と密接に関連する真しなものといえるかという信仰との距離感と②信仰上の教義に反する行動をとることを余儀なくさせられるという非両立性の観点から、**信仰の自由への不利益の程度**を考えていきます。本件で問題となっているB教の戒律は「女性は家庭内以外においては、顔面や手など一部を除き、肌や髪を露出し、あるいは体型がはっきり分かるような服装をしてはならない」というもので、この戒律は、B教における重要な戒律とされています。重要な戒律を守ることで強い信仰心を表明することになると考えれば、そのような行為は信仰の核心部分ともいえるでしょう。もっとも、B教徒の中には、葛藤はあるものの水泳授業に参加しているもの、つまり、戒律に反しながらも水泳授業に参加している者もいます。このような事情を考えると、B教徒の全員が従わないといけないと考えているような戒律ではなく、B教の信仰にあたって核心的な戒律とはいえないとも考えられます。しかし、戒律を忠実に守り、礼拝も欠かさないB教の熱心な信者であるXにとって、重要な戒律を守ることは絶対的なものであり、他のB教の信者が戒律を守らないことによって、戒律の遵守の価値が下がるとはいえないでしょう。そのため、Xにとって戒律を守ることは信仰の核心部分といえ、水泳の授業に参加しない理由は、Xの「信仰の核心部分と密接に関連する真摯なもの」という評価は可能でしょう。

戒律を守るとなると、水着を着用することができず、水泳の授業に参加できないため、代替措置が講じられない限り、低評価にならざるを得ません。他方、低評価を避けるために水着を着用して参加することは、戒律の内容に反するものであり、非両立関係にあるといえます。

以上の検討からして、乙中学校は成績評価に際して、代替措置を講じることについて「相当の配慮」をすべきであったということになるでしょう。

(3) 結論としての審査密度

以上の検討からすると、本件成績評価をしたことについて厳しく判断する必要がありそうです。では、代替措置の是非等について、適切な理由に基づいて判断したのでしょうか。

3　個別的具体的検討

⑴　代替措置を採ることはできたのか。

まず、そもそも代替措置を採ることが性質上可能だったのでしょうか。平成８年判決は、「高等専門学校においては、剣道実技の履修が必須のものとまでは言い難く……」としています。これに対し、本問は、公立中学校という義務教育機関であり、かつ、水泳の実技は学習指導要領上、必修となっています。特に水泳のように泳ぐという行為を伴う他の体育種目はありません。そうなると、代替措置を採ることはそもそもできなかったと考えられます。しかし、体育科目による教育目標は泳ぐことを除いても達成できるのではないでしょうか。現場ではこのような思考から丁寧に理由を述べればいいでしょう。

なお、平成 29 年告示の中学校学習指導要領によれば、保健体育の目標は、「体育や保健の見方・考え方を働かせ、課題を発見し、合理的な解決に向けた学習過程を通して、心と体を一体として捉え、生涯にわたって心身の健康を保持増進し豊かなスポーツライフを実現するための資質・能力を次のとおり育成することを目指す。」としています。個々の実技の指示もありますが、究極的な目的は実技科目にとらわれないものであり、水泳に参加せずとも、保健体育の目標達成は可能だと考えられます。

⑵　代替措置を採らないことの理由は妥当だったのか。

乙中学校の校長は、見学及びレポート提出という代替措置を一切とらないことを決定しています。その理由は、ⓐ信仰に配慮して代替措置をとることは教育の中立性に反するおそれがあること、ⓑ代替措置の要望が真に信仰を理由とするものなのかどうかの判断が困難であること、ⓒ乙中学校の生徒にはＢ教徒も相当割合含まれているところ、戒律との関係で葛藤を抱きつつも参加している生徒もあり、Ｘの要望に応えることは公平性を欠くこと、ⓓ仮に要望に応えると、参加者が減少して水泳授業の実施や成績評価に支障が生じるおそれがあること、です（ⓒⓓはセットで検討することになりますが、わかりやすくするために分離させました。）。

平成８年判決では、学校側は代替措置の実際的障害と法的障害の２点を指摘しています。本件におけるⓐの理由は法的障害に関する理由であり、ⓑからⓓは実際的障害に関する理由です。平成８年判決との対比も踏まえて検討していく必要があります。

ア　教育の中立性の観点からの理由の妥当性

ⓐの理由は、政教分離原則との関係のものです。つまり、信仰に配慮して代替措置をとることは、Ｂ教の保護を目的として援助するものと考えられ、政教分離に反し違憲となり得るというものです。

まず、条文の選択については、「宗教団体」に対する「特権」という場面ではないことから、20 条３項の問題であると捉えることになるでしょう。そして、「宗教的活動」の解釈として、目的効果基準を展開させます。

代替措置の目的は、Ｂ教の戒律を信仰する者に対して生じる不都合性を回避することです。これは、Ｂ教を優遇する目的ともとれ、宗教的意義を有すると考えることもできます。他方、特定の宗教であるＢ教の援助までいえるでしょうか。行われている場所は学校であり、他の欠席した生徒とともに見学し、レポートを提出するだけであると考えると、一般人はなんらかの理由により欠席したんだと思う程度であると考えることはできるでしょう。他方、Ｂ教は、エホバの証人と異なり、外観から宗教性を把握することが可能であり、外部からＢ教のみを優遇したと評価することも可能です。このあたりの事情を評価することになります。

イ　判断の困難性の観点からの理由の妥当性

乙中学校としては、代替措置の要望が真に信仰を理由とするものなのかの判断が難しいと懸念しています。簡単にいえば、ずる休みをする生徒が出てきてしまうのではないか、それを見抜けないのではないかという懸念です。

そこで、信仰を理由とする生徒に対して詳細な理由の記載や証明書を求めることや保護者への確認という手段を講じることで対応することはできます。迅速性に問題はありますが、信仰心が突如芽生えるということはあまり考えにくく、対応に一定程度の時間的余地はあるでしょう。しかし、信仰心の有無に関する詳細な証明書などを求めることは個人のプライバシー（細かい話ですが宗教に関する事項は、個人情報保護法上の機微情報にあたります。）権を侵害しかねないことや、信仰の有無の告白を強制することに繋がりかねないため問題が大きいといえます。

この点を考慮すると、上記の手段では難しいとも考えられます。

平成８年判決では、「信仰上の理由に基づくものかどうかは外形的事情の調査によって容易に明らかになるであろう」や「信仰上の理由に仮託して履行拒否をしようという者が多数に上るとも考え難い」として、代替手段の実際的障害を否定しています。確かに、Ｂ教の戒律であれば、日頃から手や顔を隠しているので、容易に把握ができます。ずる休みをする生徒は多数に上ったとしても見分けはつくでしょう。

ウ　生徒間の公平性及び水泳授業の実施・評価の困難性の観点からの理由の妥当性

代替措置をＸにのみ認めて、ほかのＢ教徒の生徒には認めないというのは確かに公平性を欠きます。これを回避する方法は容易に想像がつくでしょう。全員に認めればいいのです。しかし、ここで次の理由ⓓが飛んできます。水泳授業の実施・成績評価ができないという理由です。

参加者が少ないと水泳授業の実施ができない…ってことは、あるのでしょうか。確かに、見学者に対して参加している生徒は不満を抱き、熱心に取り組まず、授業として成立しないという意味で実施できないということが考えられます。水泳授業は個人の泳力を向上させることが目的ですから、集団で行う必要はありませんし、生徒の不満に対して適切な説明をすることは学校側に求められていることですから、実施が必ずしもできないとはいえないでしょう。

評価はどうでしょうか。見学者の泳力を測る機会はありません。確かに、代替措置として見学とレポートで知識の側面は見ることができますが、実際の泳力などを測定することは難しく、参加者を含めた相対的評価は難しいとも思えます。これに代替する競技があれば、そちらで見ればいいのですが、泳力を陸上競技などで測ることは難しいです。本件ではＢ教の信仰者が多いともいえ、見学が多数になり、相対的評価が特に難しいともいえます。ここについて、両者の立場も踏まえて、論じることになるでしょう。

第3　憲法上の問題Ⅱ――教育を受ける自由への侵害

代替措置を講じることなく本件成績評価をしたことで、県立高校での教育を受けることができなくなっていることから、教育を受ける自由への侵害があるとの主張について検討していきます。

1　憲法上の権利の制約

教育を受ける自由の内容として、高校での教育を受ける自由は保障しています。保障範囲において問題となるのは、Xが外国人であるということです。信仰の自由とは異なり、教育を受ける自由は社会権であることから、ここではしっかり展開したいところです。

マクリーン事件判決（最大判昭 53・10・4〔Ⅰ－1〕）によれば、「権利の性質上日本国民のみをその対象としていると解されるものを除き、わが国に在留する外国人に対しても等しく及ぶものと解すべき」ということでした。

そして、通説によれば、社会権は第一次的には自己の所属する国家により保障されるべきものとされるので、法律により保障されない限り、権利はないと考えられています。これに対し、有力説は、日本に生活の本拠をもち、税金等の社会的負担を負っている定住外国人については、社会権が憲法上保障されると考えられています（永住資格のある者に限るという学説もあります。）。通説によれば、Xの高校での教育を受ける自由は憲法上保障されないことになります。しかし、この結論には違和感を覚えるのではないでしょうか。教育とは経済生活の基盤をなすものであり、かつ、精神生活形成の重要な機能を果たすことからすると、国籍によって権利を否定する根拠はないといえます。この理由によれば、性質上日本国民のみを対象とした権利とはいえず、外国人にも認められるものといえるでしょう。

2　判断枠組みの定立

教育を受ける自由の制約についてこれまで検討をしていたことがなくとも、権利の重要性・制約の重大性とはなにかを理解していれば記載することは可能です。また、裁量の有無・幅を考慮して判断枠組みを定立することも変わりません。

権利の重要性は保障根拠との距離間でした。教育は個人が人格を形成し、社会において有意義な生活を送るため不可欠なものであるという点が保障根拠です。高校での教育がこの保障根拠との関係でどうなるのかを検討していくことになります。

制約の重大性は保障根拠へのインパクトでした。高校での教育を受けられないという点で個人の人格形成の機会が害されているといえます。もっとも、県立高校だけが選択肢ではなく、私立高校という選択肢もあります。しかし、私立高校へは経済的負担が大きく、Xの家計では難しいとのことであることから、実質的に選択肢とはなりません。そのため、事実上県立高校に行くしか高校での教育を受けられないといえ、制約の重大性が大きいとなるでしょう。

教師・学校側の裁量はどうでしょうか。裁量の根拠は、教育権の所在に関係があります。教師については**教授の具体的な内容及び方法につき一定の範囲における教授の自由**として裁量があります。成績評価はこれに含まれるかを考えなければなりません。仮に含まれるとしても、信仰に不利益が生じるような成績評価まで裁量が認められているのでしょうか。他方、国家としての乙中学校の教育権としての裁量はどこまで認められるのでしょうか。「子どもが自由かつ独立の人格として成長することを妨げるような国家的介入」となるか否かを検討することになります。

3　個別的具体的検討

教育を受ける自由に関する個別的具体的検討は、信仰の自由の個別的具体的検討と重なる部分が大きくなります。そのため、解説は省略します。

第4　答案を見てみて……

エホバの証人剣道受講拒否事件判決を踏み台にすることについては、多くの受験生は気づいたことでしょう。しかし、そこから目的手段審査に流した答案と裁量統制型という答案では評価のされ方が大きく違うと思います。受験界において、憲法答案も判例に即したロジックを採用するという傾向がありますから、今後、判例を活かした答案が求められます。

エホバの証人剣道受講拒否事件の判断枠組みを採用していても、個別的具体的検討において検討が不十分な答案があります。特に、本問では代替措置の障害について詳細な検討をしなければなりません。百選に載っている判旨は紙面の都合で省略されている部分がありますが、問題によっては省略されている個別的具体的検討までちゃんと見ているかを問うている問題もあります（令和元年度予備試験の時点では、この問題はその類型に入っていると考えています。）。読んだことのない人は問題文の誘導を頼りに自分なりに考えなければなりません。

なお、参考答案は現場で受験生が書くことができる可能性のある信仰の自由にとどめます。それでも合格できます。

参考答案

1　乙中学校校長が水泳の授業で代替措置をとらず、その結果、Xの保健体育の評定を2とした評価は、裁量権の逸脱・濫用であり、違法ではないか。

2　成績評価において、何を考慮するかという判断については、最終的には校長に合理的な教育的裁量が認められる。そこで、2という成績評価が校長のかかる裁量の逸脱・濫用にあたるかを厳格に審査すべきかを検討する。

成績評価で低評価をつけることは、その影響力は大きく慎重な配慮をすべきである。他方、退学処分のように学生の身分を剥奪する性質を有するものではないことから、慎重なまでの配慮は不要であると考えることもできる。しかし、高校進学に関する重大なファクターとなっており、人生の進路を決定づけるものであることから、その成績評価について慎重な配慮が要求されるものであると考える。

また、XはB教を信仰しており、かかる信仰の自由は憲法20条1項により保障される。信仰の自由は国籍を問わず認められるべき性質を有するものであることから、外国人であるXに対しても保障される。そして、B教の戒律では、「女性は家庭内以外においては顔面や手など一部を除き、肌や髪を露出し、あるいは体型がはっきりわかるような服装をしてはならない」となっている。この戒律は、B教における重要な戒律であり、特にXのような熱心なB教徒にとっては、信仰の核心部分に密接に関連する真摯なものであるといえる。このような戒律を守ることになると、水着の着用をすることはできず、代替措置が講じられない限り、低評価にならざるを得ない。確かに、B教徒でも葛藤はあるものの水着を着用することはできることから、必ずしも非両立ではないとの反論が考えられる。しかし、Xのような熱心なB教徒には精神的に重大な負担をかけるものであり、信仰の自由への制約は大きい。これより、代替手段を講じることについて相当の配慮を行うべきであった。

したがって、裁量権の範囲内であるか否かについては厳格に判断すべきであり、慎重かつ相当の配慮をしていない場合は裁量権の逸脱・濫用にあたり、違憲・違法である。

3(1)　公立中学校において、保健体育科目の履修も必要ではあるが、例えば、体育実技を専門とする学校等と比べ、その教育目的達成のために水泳実技が必ずしも必要ではなく、代替措置の余地がある。もっとも、義務教育を行う中学校においては、学習指導要領上、水泳は必修であり、身体能力を評価する方法としては泳ぐしかなく、レポート等の代替措置は取れないとの反論が考えられる。しかし、身体能力を評価するのは泳力だけではなく、他の競技などでも可能であり、また、知識としての部分も重要であることから、見学やレポート等による代替措置を採ることは可能であった。

(2) もっとも、乙中学校としては、代替措置を講ずることは、①教育の中立性に反するおそれがあること、②真に信仰を理由とするものなのかどうか判断が困難であること、③Xらの要望に応えると公平性を欠くし、要望に応えるとなると見学者が増える一方で水泳実技への参加者が減少して水泳授業の実施や成績評価に支障が生じるおそれがある、との法的障害と実際的障害があると反論する。

ア ①の反論は、代替措置を講ずることが「宗教的活動」(憲法20条3項)にあたり、政教分離に反するというものである。

「宗教的活動」とは、宗教とのかかわりあいが、社会的・文化的諸条件に照らし相当とされる限度を超えるものをいう。すなわち、目的が宗教的意義を有し、効果が特定の宗教を援助、助長、促進、または圧迫、干渉等になるような行為をいう。かかる検討においては、行為の行われる場所、一般人の宗教的評価、行為者の意図や宗教的意識、行為の一般人に与える効果等を考慮し、社会通念に従って、客観的に判断する。

代替措置が講じられるのは、公立の中学校であり、水泳の授業で見学している生徒を外部の者が見たとしても宗教性を感じることはない。確かに、B教の戒律は外部から認識可能な特徴を有するものであることから、一般人がB教を優遇しているとの印象を抱く可能性は否定できない。しかし、水泳の見学の理由は単なる体調不良等も含まれることから、必ずしも宗教のみを理由としているとの外形を一般人は認識できない。

よって、目的が宗教的意義を有し、効果がB教を援助するなどの行為であるとはいえず、相当とされる限度を超えるものではない。したがって、政教分離には反せず、①の反論は妥当ではない。

イ ②の反論については、B教の戒律は外形的に特徴が出るものであることから、外形的事情の調査などによって容易に明らかにできるものである。また、B教の戒律からして、B教徒以外が日頃から戒律にしたがった行動をとることは困難である。これより、②の反論は妥当ではない。

ウ ③の反論については、B教徒の生徒の公平性を保つのであれば、B教徒の生徒全員に代替措置を講ずればよいことである。確かに、Ｂ教徒の生徒全員に対して代替措置を講じた場合、全体として見学者が増える一方で水泳実技への参加者が減少して水泳授業の実施や成績評価に支障が生じるとの問題が起きる。特に、水泳で測るべき泳力はレポートでは補いきれないものでもあり、相対的評価が困難になり得る。しかしながら、Ｂ教が増加しているといっても、生徒の４分の１であること、女性のみが適用される戒律であること、学年でのばらつきもあることなどを考えると、相対評価が困難なほどに欠席者が増加するとは考えられない。よって、③の反論も妥当ではない。

なお、乙中学校の生徒数が各学年数名といったかなり小規模の学校であった場合、多少の傾斜をつけることはできたとしても、成績を２とすることは別途問題が生じると考える。

4　よって、代替措置を講ずることができたにもかかわらず、合理的な理由なく代替措置を講じなかったことから、慎重な配慮を欠くものであったといえる。したがって、本件において代替措置を講じることなく「２」の成績をつけることは、裁量権の逸脱・濫用にあたり、違法である。

以上

司法試験問題にチャレンジ

1　平成26年司法試験問題について

〔第1問〕（配点：１００）

Ａ県Ｂ市には、日本で有数の緑濃い原生林と透明度の高さを誇る美しい湖を含む自然保護地域がある。このＢ市の自然保護地域には、自家用車や観光バスで直接、あるいは、自然保護地域への拠点となっているＢ駅からタクシーか、定員２０名のマイクロバスで運行される市営の路線バスを利用して入ることになる。Ｂ市は、１年を通じて温暖な気候であることも幸いして、全国各地から年間５００万人を超える観光客が訪れるＡ県で最大の観光都市となっている。

しかしながら、湖周辺では観光客が増えて交通量が増加したために、車の排気ガスによる原生林の損傷や、心ない観光客の行為で湖が汚れ、透明度が低下するといった問題が深刻になりつつあった。それに加えて、自然保護地域内の道路のほとんどは道幅が狭く、片方が崖で曲がりくねっており、人身事故や車同士の接触事故など交通事故が多く発生した。そのほとんどは、この道路に不慣れな自家用車と観光バスによるものであった。

そこで、Ａ県公安委員会は、Ａ県、Ｂ市等と協議し、自然保護地域内の道路について、道路交通法に基づき、路線バス及びタクシーを除く車両の通行を禁止した。その結果、自然保護地域には、観光客は、徒歩、あるいは、市営の路線バスかタクシーを利用しなければ入れないこととなり、Ｂ市のタクシー事業者にとっては、Ｂ駅と自然保護地域との間の運行が大きな収入源となった。

タクシー事業については、当初、需給バランスに基づいて政府が事業者の参入を規制する免許制が採られていたが、その後、規制緩和の流れを受けて安全性等の一定条件を満たせば参入を認める許可制に移行した。しかし、再び、特定の地域に関してではあるが、参入規制等を強化する法律が制定されている。これに加えて、２０２＊年には道路運送法が改正され、地方分権推進策の一環として、タクシー事業に関する各種規制が都道府県条例により行えることとされ、その許可権限が、国土交通大臣から各都道府県知事に移譲された。

Ｃタクシー会社（以下「Ｃ社」という。）は、Ａ県から遠く離れた都市で低運賃を売り物に成功を収めたが、その後、タクシーの利用客自体が大幅に減少し、業績が悪化した。そこで、Ｃ社は、新たな事業地として、一大観光地であるＢ市の自然保護地域に注目した。というのも、Ｂ駅に首都圏に直結する特急列車の乗り入れが新たに決まり、観光客の増加が見込め、Ｂ駅から低運賃で運行することで、より多くの観光客の獲得を期待できるからである。

C社の新規参入の動きに対し、B市のタクシー事業者の団体は、C社の新規参入により、B市内のタクシー事業者の収入が減少して過酷な運転業務を強いられることに加え、自然保護地域内の道路の運転に不慣れなタクシー運転者による交通事故の発生によって輸送の安全が脅かされるとともに、公共交通機関たるタクシー事業の健全な発達が阻害されるとして、C社の参入阻止を訴えて反対集会を開くなどの反対運動を行うとともに、A県やB市に対し適切な対応を採るよう求めた。

一方、C社は、マス・メディアを通じて、自社が進出すれば、従来よりも低運賃のタクシーで自然保護地域を往復することができ、首都圏からの日帰り旅行も容易になり、観光振興に寄与すると訴えた。

このような状況において、A県は、B市と協議した上で、「A県B市の自然保護地域におけるタクシーの運行の許可に関する条例」(以下「本条例」という。)を制定し、本条例に定める目的のもとに、自然保護地域におけるタクシーの運行については、本条例に定める①車種、②営業所及び運転者に関する要件を満たし、A県知事の許可を得たタクシー事業者のタクシーのみ認めることにした(【資料】参照)。

B市は、本条例の制定に伴い、新たに、B駅の傍らのタクシー乗り場と自然保護地域にあるタクシー乗り場に、電気自動車のための充電施設を設けた。なお、本条例の制定に当たっては、A県に本社のあるD自動車会社だけが車種に関する要件を満たす電気自動車を製造・販売していることも考慮された。ちなみに、B市に営業所を構えるタクシー会社の多くは、本条例の要求する車種要件を満たす電気自動車を、既にD自動車会社から購入している。

C社は、営業所に関する年数要件及び運転者に関する要件のいずれも満たすことができなかった。そして、車種に関する要件についても、高額の電気自動車を購入することは、自社の最大の目玉である低運賃を困難にすることから、あえて電気自動車を購入せず、より安価なハイブリッド車(従来のガソリン車より燃費がよく排気ガスの排出量は少ない。)で対応しようとした。

C社は、A県知事に対し、A県を営業区域とするタクシー事業の許可申請を行うとともに、自然保護地域における運行許可申請を行ったが、後者については本条例に規定する要件を満たさないとして不許可となった。これにより、C社は、A県内でタクシー事業を行うことは可能になったが、新規参入の動機でもあったA県内で最大の利益が見込める自然保護地域への運行はできない。C社は、本条例自体が不当な競争制限であり違憲であると主張して、不許可処分取消訴訟を提起した。

〔設問１〕

あなたがＣ社の訴訟代理人となった場合、あなたは、どのような憲法上の主張を行うか。

なお、法人の人権及び道路運送法と本条例との関係については、論じなくてよい。

〔設問２〕

被告側の反論についてポイントのみを簡潔に述べた上で、あなた自身の見解を述べなさい。

【資料】Ａ県Ｂ市の自然保護地域におけるタクシーの運行の許可に関する条例（抜粋）

（目的）

第１条　この条例は、Ａ県Ｂ市の自然保護地域（以下「自然保護地域」という。）におけるタクシーによる輸送の安全を確保すること、及び自然保護地域の豊かな自然を保護するとともに観光客のより一層の安全・安心に配慮して観光振興を図ることを目的とする。

（タクシーの運行許可）

第２条　自然保護地域においてタクシーを運行しようとするタクシー事業者は、Ａ県知事の許可を受けなければならない。

（許可申請）

第３条　（略）

（運行許可基準）

第４条　Ａ県知事は、第２条の許可をしようとするときは、次の基準に適合するかどうかを審査して、これをしなければならない。

一　自然保護地域において運行するタクシーの車種は、次に掲げる要件の全てを満たす電気自動車であること。

イ　運転席、助手席及び後部座席にエアバッグを装備していること。

ロ　自動体外式除細動器（ＡＥＤ）を搭載していること。

二　５年以上継続してＢ市内に営業所を有していること。

三　自然保護地域においてタクシーを運転する者は、次に掲げる要件の全てを満たす者であること。

イ　自然保護地域の道路の状況及び自然環境について熟知し、Ｂ市が実施する試験に合格していること。

ロ　B市に営業所を置く同一のタクシー事業者において１０年以上継続して運転者として雇用され、又はB市内に営業所を置いて１０年以上継続して個人タクシー事業を経営した経歴があること。

ハ　過去１０年以内に、交通事故を起こしたことがなく、かつ、道路の交通に関する法令に違反したことがないこと。

第５条以下　略

附　則

第１条　この条例は、平成ＸＸ年ＸＸ月ＸＸ日から施行する。

２　第２条の許可は、この条例の施行日前においてもすることができる。

第２条　A県知事は、この条例の施行後おおむね５年ごとに第４条第１号に規定する車種について検討を加え、必要があると認めるときは、その結果に基づいて所要の措置を講ずるものとする。

解　説

平成26年司法試験は私が受けた年の問題です。本書の枠組みは実際に司法試験を受ける前に確立したものであり、本書の枠組みにしたがって、実際に司法試験も解きました。

以下の解説は私が本書の枠組みを用いて現場で考えたこととまったく同じものになります。

ですから、以下に述べる程度のことを現場で考えることができれば十分合格レベルに達することができると考えてもらって大丈夫です。

1　総論　～法令違憲か適用違憲か～

まず、問題を読んで法令違憲を論じさせようとしているのか、処分違憲を論じさせようとしているのかを分析しましょう。具体的には、本問では、C社が、本条例2条、4条1号、2号、3号により、不許可処分を受けているところ、同条例の文言にあたるかあたらないのか、という点で処分の違法性を争うのか、それとも文言にあたるのは明らかで、それを前提に法令自体が違憲無効であるとして、処分の違法性を争うのか、どちらを論じることを求めているのか分析をします。問題文は全部で11段落あるところ、そのうち8段落が問題となっている条例が制定された経緯が書かれており、3段落が問題になっている条例の適用の根拠となる事実が書かれています。したがって、立法事実が多く記載されている問題であることから、法令違憲をメインに論じてほしい問題であることがすぐにわかります。

次に、処分違憲を論じる問題であるかどうかについて検討すると、年数要件及び運転者要件は文言から一義的な解釈をせざるを得ないものであり、この文言に当たらないとの主張をすることは非常に困難であるといえます。加えて、C社が電気自動車でなく、ハイブリッド車を購入しており、この事実から本県条例の4条1号の「電気自動車」を拡大解釈して、ハイブリッド車もこれに含まれるべきであると論じ、車種要件をC社のハイブリッド車の購入による事実から認めるとすることも考えられますが、①電気自動車にハイブリッド車を含めるというのは文言上の制約から不可能なのではないか、②この条件だけを満たしても、年数要件及び運転者要件を満たさない限り、許可条件はみたされず、C社のタクシー運行の許可は出ないため、実質的にC社を救うことができないじゃないかと考え、処分違憲は論じないとの判断をすることが考えられます。そこで、以下では法令違憲のみを検討していきます。

2 憲法上の権利の制約

まず、本条例4条の基準を充たさない限り、自然保護地域においてタクシー事業を行うことができなくなっていることを確認し、このできなくなっている「タクシー事業を行うこと」というのが憲法上の権利として保障されるのかを検討します。

タクシー事業を行うことは、生計確保の手段であることは明らかですから、営業の自由（憲法22条1項）によって保障されます。したがって、憲法上の権利の制約の段階ではそこまで大きな争点は生じず、本条例は営業の自由を制約するものであるとさらっと書けばよいでしょう。

3 判断枠組みの定立

判断枠組みについては、薬事法違憲判決を参考にして、①実質的に職業選択の自由そのものに対する制約なのか、②許可条件が主観的条件なのか客観的条件なのか、③規制目的二分論をどう考えるか、という点から考えましょう[1]。その際には、本問の許可条件が複数あることに着目し、許可条件ごとに議論を展開しなければならないことを意識して検討していくことが求められます。とはいえ、すべての許可条件を網羅的に検討してしまうと時間や答案の枚数が足りなくなってしまうので、争点となりうるところを選択してその点について丁寧に論じることにしましょう。また、許可制であることの制約の強度については許可条件ごとに共通するものであるから、この点は別個に検討する必要はありません。したがって、①については、本問の自然保護地域でのタクシー事業につき、本条例は許可制という事前規制で制約していることから人格的価値の毀損の程度が強い、と許可条件ごとに分けて論じなくてもよいと考えられます。

次に、②について検討します。まず、4条1号の電気自動車での運行条件です。

---

[1] 本書121頁。

この条件は、単に電気自動車を買えばそれで達成することのできる条件ですから、自助努力によって容易に達成できる条件であり、一見、客観的条件とはいえないと考えられます。しかし、Ｃ社のような低運賃を売り物に成功をおさめているタクシー会社は電気自動車という高額な自動車の購入を強いられれば、上記種類の会社を特徴づける経営戦略として低運賃による収益をあげるというビジネスプランを実行することができなくなってしまうことになります。そうすると、Ｃ社がこの条件を達成するためには自社の経営戦略を否定せざるを得なくなり、これは自助努力により容易に達成することができる条件とはいえないと考えることもできます。経済的負担を強いられることによって自らが実現したかった経済活動を行うことができなくなるというのは、個人の人格価値をどれくらい毀損するものなのか、自分なりの言葉で説明し、保障根拠に即した議論を展開すればどちらの結論をとっても問題はないでしょう。

次に、２号の年数要件についてです。年数要件は、営業所を作れば確かに誰でも達成できる条件であるといえ、客観的条件とはいえないと考えることができます。しかし、Ｃ社がＢ市におけるタクシー事業を行おうとした理由は、Ｂ駅に首都圏と直結する特急列車の乗り入れが新たに決まったことから観光客の早期獲得を狙ったものですが、もしこのタイミングで参入することが出来なければ競合他社に顧客を奪われて、上記ビジネスチャンスを達成することができなくなることになります。そうすれば、参入タイミングが非常に重要視されるビジネスにおいては、年数要件は参入を強制的に遅れさせるという点で自助努力により達成できる容易な条件とはいえないと評価することもできます。これくらい検討できれば十分だと思われます。

最後に、③規制目的二分論についてです。本条例１条には、「Ａ県Ｂ市の自然保護地域（以下「自然保護地域」という。）におけるタクシーによる輸送の安全を確保すること、及び自然保護地域の豊かな自然を保護するとともに観光客のよりいっそうの安全・安心に配慮して観光振興を図ることを目的とする。」とあるため、本条例の規制目的は、自然保護、観光客の生命身体の安全保護にあると考えられます。この規制目的からすれば、本件規制目的は消極目的規制であると考えることができます。一方、立法事実を見てみると、「Ｂ市のタクシー事業者の団体は、Ｃ社の新規参入により、Ｂ市内のタクシー事業者の収入が減少して過酷な運転業務を強いられることに加え……公共交通機関によるタクシー事業の健全な発達が阻害されるとして、C社の参入阻止を訴えて反対運動を行うとともに、A県やB市に対し適切な対応を採るよう求めた。」とあることや、許可条件に営業所の年数要件という厳しい条件があることからすれば、本条例の真の規制目的は、B市内のタクシー事業者の保護を目的とする積極目的規制であると考えることもできます。

この点については色々な考え方があると思いますが、本条例は消極目的も積極目的も含むものとしてもなお、積極目的規制の達成手段は複数考えられるとして、立法府の裁量にゆだねられ、手段については合理的関連性で審査すると考えることができます。消極目的、積極目的は特に判断枠組みを左右する要素ではないと一蹴してしまうこともあり得る考え方だと思います。

以上をまとめると、原告としては、制約が強度で消極目的規制であるから、目的が重要で手段に実質的関連性が必要であるとし、被告の反論としては、制約は強度ではなく積極目的規制であるから目的が正当で手段に合理的関連性があれば合憲となり、私見では、制約は強度だが、積極目的規制ともいえるから、目的は正当であればよいものの、手段については立法事実の裏付けが必要な「威力のある合理性の基準」を採用するという枠組みで検討することになるでしょう。

4 個別的具体的検討

(1) 総論

本問の肝はここにあります。判断枠組みの定立ももちろん重要ですが、許可条件と目的との合理的関連性が認められるかどうかについて丁寧に論じることのほうが重要です。以下検討していきましょう。

(2) 目的

まずは、自然保護目的と、観光客のよりいっそうの安全・安心に配慮することにより観光客の生命身体を保護するという目的について検討してみましょう。後者の生命身体保護目的はもちろん重要なものといえます。しかし、自然保護目的については、重要なものかどうか争いがあるでしょう。重要でないと立論する側としては、自然破壊によって特定人に直接不利益を生じさせることは考え難い以上、観念的抽象的政策目的としての意味しか有さず、重要な目的とまでは言えないということが考えられます。重要であると立論する側としては、自然保護目的はその性質上不可逆的性質を有するものであるから重要な目的であると言うことが考えられます。

(3) 手段

次に、手段の関連性について、許可条件ごとに検討していきましょう。

車種制限（４条１号）について検討すると、車の排気ガスによる原生林の損傷については、どの程度の排気ガスの排出により生じたのか実測データが存在せず、ハイブリッドカーのような排気ガスの排出量の少ない車種においても、自然保護目的を達成できた可能性があり、それにもかかわらず、ハイブリッドカーという電気自動車に比べて安価な車種により自然保護目的を達成できるかどうか検討していない点で、立法事実に基づいた電気自動車に車種を限定すべき必要性が肯定できないとして、車種要件は目的達成との間との実質的関連性は認められないと論じることが考えられます。一方、積極目的側からの論証、すなわち車種要件の目的をＢ市内のタクシー業者以外の会社の参入規制であると考える立場からすれば、車種要件によって十分Ｂ市内のタクシー業者以外の会社の参入を規制することができるとして、合理的関連性が認められると論じることができます。

年数要件（４条２号）について検討します。

確かに５年以上タクシー事業を行っていれば、その間法令違反を行わずに営業を継続できたことを推認させることから、Ｂ市における安全安心な運転ができることを推認させるため、観光客の生命身体保護目的という点では関連性は認められます。もっとも、条例４条２号はＢ市内に営業所を有していることを条件としていますが、Ｂ市内にかぎらず５年以上事業を継続することができたのであれば、安全な運転を行う事業者であることを推認できるのですから、Ｂ市内に限定する必要性を欠くとして、実質的関連性が認められないということが考えられます。また、自然保護目的との関連性を検討すると、Ｂ市内に営業所を有しているからといって、自然保護を図ることができるとはいえず、車種制限等によって達成できるとして、関連性が欠けるということができます。

一方、積極目的側の論証からすると、営業所年数要件については、当該年数Ｂ

市内で営業をしなければB市内の自然保護地域で営業をすることが出来ないという点で、B市のタクシー事業者以外のタクシー業者を排除することができ、参入規制として十分な合理性を認めることができます。

運転者要件（4条3号）について検討します。

確かに、条例4条3号ロの10年以上継続して運転を行ってきたことという運転者要件は、安全な運転をしてきた者を条件として許可をするという点で観光客の生命身体安全保護目的との関連性は存在します。しかし、これは同条3号ハの交通事故を起こしたことがなく、かつ道路の交通に関する法令に違反したことがないことという条件で十分達成できるのであり、B市内において限定した運転継続要件を課している点で上記営業年数要件と同様に必要性を欠きます。

また、本条例4条3号イが自然保護地域の道路の状況及び自然環境について熟知することを求めたのは、自然保護地域内の道路のほとんどは道幅が狭く、人身事故や車同士の接触事故など交通事故が多く発生していたからであり、道路状況の熟知により事故を防ぐことができると考えられることから、関連性が認められるとも思えます。しかし、自然保護目的との関連性を考えると、B市において自然環境が破壊された原因として考えられるのは、車の排気ガスによる原生林の損傷、心ない観光客の行為による湖の汚染等であり、タクシー運転者の自然環境への無知により生じたものとはいえない以上、自然環境について熟知することにより自然環境を保護することができるとはいえず、自然保護目的との関連性を有するとはいえないということができます。

これに対して、積極目的規制との関係から考えると、運転者の年数要件については、当該年数B市内で運転をしていなければ、B市内の自然保護地域で営業をすることが出来ないという点で、B市のタクシー事業者以外のタクシー業者を排除することができ、参入規制として十分な合理性を認めることができます。

事案を丹念に答案に表現し、自分が立てた理論から適切な評価をすることさえできれば十分に点数はつくのですから、理論部分に迷いが生じたらその点で延々と迷い続けるよりも、ある程度割り切って考え、事案の適切な評価という点に重きを置いて検討した方がよいでしょう。

参考答案

（実際に、著者が平成26年司法試験で書いた再現答案です。）

第1　設問1

1　結論

本条例2条、4条1号、2号、3号の許可条件は憲法22条1項で保障される営業の自由を侵害するものとして違憲無効であることから、違憲な法律に基づいてなされた処分として違法である。

2　理由

(1)　憲法上の権利の制約

本条例より、4条の基準を充たさない限り自然保護地域において、タクシー事業をすることができなくなっている。

憲法22条1項は「職業選択の自由」を保障するところ、職業の遂行をすることができないと、実質的に職業選択の自由を保障したことにはならないことから、職業遂行の自由としての営業の自由も保障される。

そして、自然保護地域において、タクシー事業を行うことはそれによって収益を得ることができるのであるから、営業の自由として保障される。したがって、本条例はCの自然保護地域でタクシー事業をできなくしていることから、営業の自由を制約している。

(2)　判断枠組み

職業はそれを遂行することを通じて自己の人格形成を図る重要な権利であるため、営業の自由は重要な権利といえる。また、本問では、自然保護地域でのタクシー事業につき、本条例は許可制という事前規制の態様で制約していることから制約の強度も強い。したがって、目的が重要で手段が目的達成のために実質的関連性を有しない限り違憲となる。

(3)　個別的具体的検討

まず、本条例1条によれば、本条例の目的には、「自然保護地域の豊かな自然を保護」するという自然保護目的と、観光客のよりいっそうの安全・安心に配慮することにより観光客の生命身体を保護するという目的がある。確かに後者の生命身体保護目的は人権の源泉たる生命身体を保護するものであるから重要なものといえる。しかし、自然保護目的については、一定程度の自然破壊によって特定人に直接不利益を生じさせることは考え難い以上、観念的抽象的政策目的としての意味しか有さず、重要な目的とまでは言えない。したがって、自然目的保護という点で重要な目的が認められず違憲である。

次に、上記両目的を達成するために、①営業所に関する年数要件（本条例4条2号)、②運転者に関する要件（本条例4条2号)、③車種制限（本条例4条1号）の3つの手段をとっているが、それぞれ目的達成との間に実質的関連性が認められるか検討する。

①について検討するに、確かに5年以上タクシー事業を行っていれば、その間法令違反を行わずに営業を継続できたことを推認させることから、B市における安全安心な運転ができることを推認させるため、観光客の生命身体保護目的という点では関連性を有する。しかし、条例4条2号はB市内に営業所を有していることを条件としているが、何もB市内にかぎらずとも5年以上事業を継続することができたのであれば、安全な運転を行う事業者であることを推認できるのであるから、B市内に限定する必要性を欠き、実質的関連性を欠く。そして、自然保護目的との関連性を検討するに、B市内に営業所を有しているからといって、自然保護を図ることができるとはいえず、車種制限等により達成できるのであるから、関連性を欠く。

次に②について検討するに、確かに、条例4条3号ロの運転者要件の 10年以上継続して運転を行ってきたことの要件は、安全な運転をしてきた者を条件として許可をするという点で観光客の生命身体安全保護目的との関連性は存在する。しかし、これも同条3号ハの交通事故を起こしたことがなく、かつ道路の交通に関する法令に違反したことがないことという条件で十分達成できるのであり、B市内において限定した運転継続要件を課している点で上記営業年数要件と同様に必要性を欠く。

また、本条例4条3号イは自然保護地域の道路の状況及び自然環境について熟知することを求めるが、これは自然保護地域内の道路のほとんどは道幅が狭く、人身事故や車同士の接触事故など交通事故が多く発生していたからであり、道路状況の熟知により事故を防ぐことができると考えられ、関連性が認められる。しかし、B市において自然環境が破壊された原因として考えられるものは、車の排気ガスによる原生林の損傷、心ない観光客の行為による湖の汚染等であり、タクシー運転者の自然環境への無知により生じたものとはいえない以上、自然環境について熟知することにより自然環境を保護することができるとはいえず、自然保護目的との関連性を有するとはいえない。

次に③について検討するに、確かに排気ガスを出さない電気自動車の利用を義務づけることにより、排気ガスの排出量は減り、自然保護目的との関連性は認められるようにも思える。しかし、車の排気ガスによる原生林の損傷については、どの程度の排気ガスの排出により生じたのが実測データが存在せず、ハイブリッドカーのような排気ガスの排出量の少ない車種においても、自然保護目的を達成できた可能性がある。それにもかかわらず、ハイブリッドカーという電気自動車に比べて安価な車種により自然保護目的を達成できるかどうか検討していない点で、立法事実に基づいた電気自動車に車種を限定すべき必要性が肯定できない以上、車種要件は目的達成との間に実質的関連性は認められない。

よって、①、②、③ともに手段の実質的関連性が認められない以上、本条例４条、２条は違憲である。

第２　設問２

1　制約の程度と権利の重要性

(1)　被告側の反論

本条例の制約の程度については、職業選択の自由を実質的に制約するものでなく、あくまで、自然保護地域におけるタクシー事業を禁止するという営業の一態様の規制に過ぎないことから、制約の程度は小さいとの反論が考えられる。

(2)　私見

確かに、Ｃ社はＢ市の自然保護地域以外の地域においてはタクシー事業を行うことができる以上、自然保護地域という特定の地域における営業規制は、営業の自由に対する強度の制約とはいえないようにも思える。しかし、そもそもＣ社がＢ市内でタクシー事業を行おうとした動機は、Ｂ駅に首都圏に直結する特急列車の乗り入れが新たに決まり、観光客の増加が見込め、Ｂ駅から低運賃で運行することで、より多くの観光客の獲得を期待できるからであり、自然保護地域におけるタクシー事業を認めてもらえなければこのようなビジネスチャンスを達成することができない。そうだとすれば、自然保護地域以外のＡ県におけるタクシー事業が認められたとしても、自然保護地域におけるものを認めてもらえなければ、Ｃ社の上記ビジネスチャンスを達成することができないのであるから、上記制限は単なる営業の一態様の制限にすぎないとはいえず、実質的にはA県における収益拡大という営業の全面禁止と同視できるため、強度な制約といえる。したがって、反論は失当である。

2　制約の態様

⑴　被告側の反論

本条例は許可制ではあるものの、車種要件については電気自動車を購入すれば達成でき、年数要件についても一定年数が経過すれば誰でも満たすことができるのであるから、容易に要件を満たすことができるといえ、条件の制約強度は小さいとの反論が考えられる。

⑵　私見

確かに、電気自動車については、購入することで4条1号の条件は満たすことができ、一見容易に達成できるようにも思える。しかし、C社のような低運賃を売り物に成功をおさめているタクシー会社は電気自動車という高額な自動車の購入を強いられれば、上記種類の会社を特徴づける経営戦略として低運賃により収益をあげるというビジネスプランを実行することができなくなってしまう。そうだとすれば、電気自動車の購入はC社のような会社に対して、低運賃による事業を事実上断念せざるを得ず、C社の経営戦略を否定するものとして、自助努力により容易に達成することができる条件とはいえない。

次に、年数要件について確かに誰でも達成できる要件ではある。しかし、C社がB市におけるタクシー事業を行おうとした理由は、B駅に首都圏に直結する特急列車の乗り入れが新たに決まったことから観光客の早期獲得を狙ったものであるが、もしこのタイミングで参入することが出来なければ競合他社に顧客を奪われて、上記ビジネスチャンスを達成することができなくなる。そうだとすれば、年数要件は参入タイミングが非常に重要視されるビジネスにおいては参入を遅れさせるという点で自助努力により達成できる容易な条件とはいえない。

したがって、上記条件の制約強度は小さいとはいえない。

3　規制目的二分論

⑴　被告側の反論

本条例は、1条を見るに規制目的は、自然保護目的、生命身体の安全保護目的にあるとも思えるが、立法事実を見るにB市タクシー事業者の保護を目的とする積極目的規制であるため、立法府の広い裁量に委ねられるべきであるから、判断基準は合理性の基準で決すべきであるとの反論が考えられる。

(2) 私見

営業の自由については、社会的相互関連性が強く規制の要請が強いことは否めない。そして、積極目的規制であれば、それを達成する手段は複数考えられることから、立法府の裁量に委ねるべきである。もっともそのような場合においても営業の自由に対する強度の制約になるのであれば、立法事実を考慮した威力のある合理性の基準で決すべきである。

本問では、確かに本条例1条においてB市のタクシー事業者目的を掲げていない。しかし、本条例の制定において、C社がB市にタクシー事業の新規参入をする動きに対して、B市のタクシー事業者の団体が、C社の新規参入により、B市内のタクシー事業者の収入が減少して運転業務を強いられることに加えて、タクシー事業の健全な発達が阻害されるとして、C社の参入阻止を訴えて反対集会を開くなど反対運動を行ったという経緯があり、そのような状況においてA県はB市と協議した上で、本条例を制定している。また、本条例の制定に当たっては、A県に本社のあるD自動車会社だけが車種に関する要件を満たす電気自動車を製造販売していることが考慮され、B市に営業所を構えるタクシー会社の多くは、本条例の要求する車種要件を満たす電気自動車を既にD自動車会社から購入していたことからすれば、本条例4条1号はこのような電気自動車を有しない事業者を参入させないでB市のタクシー事業者を保護する目的があることを推認させる。さらに、B市内における営業年数要件、運転者要件についても、B市内における事業者の保護を目的とすることを推認させる。そうだとすれば、本条例は自然保護、生命身体の安全保護目的に加えて、B市のタクシー事業者を保護するという積極目的での規制目的が存在していたと評価できる。

もっとも、前述の通り本条例は営業の自由に対する強度の制限が認められることから、威力のある合理性の基準で決すべきである。

4 目的手段審査

(1) 被告側の反論

自然保護目的はその性質上不可逆的性質を有するものであるから重要な目的であり、かつ、タクシー事業者保護目的はB市の財政を支えるという意味でも正当な目的があるといえる。また、①②③についても手段の合理性が認められるため、合憲であるとの反論が考えられる。

⑵ 私見

自然保護目的については、一度自然が破壊されてしまえば、二度と回復することができない不可逆性を有するところ、予防原則の観点から、予防に基づく制約も重要な目的といえる。本問では、ハイブリッド車でも自然破壊は生じない可能性がある以上、電気自動車要件は必要性を欠くというが、ハイブリッド車も排気ガスを排出することにかわりはなく、自然破壊を生じさせる可能性が存在する以上、予防原則より、自然保護目的は重要な目的といえる。

タクシー事業者保護目的は、Ｂ市におけるタクシー事業者の収入を安定させ、健全な発達を全うするという意味で、Ｂ市の政策的要素が強く正当な目的といえる。

次に、手段の合理性については、①②の営業所、運転者の年数要件については、当該年数Ｂ市内で営業、運転をしていなければ、Ｂ市内で営業をすることが出来ないという点で、Ｂ市のタクシー事業者を保護することができ関連性を有する。電気自動車要件についても、Ｃは電気自動車を有さず、Ｂ市のタクシー事業者はほとんど有しているため参入規制としての関連性を有する。

したがって、手段についても合理性が認められ、本条例２条、４条は合憲である。

以上

2　平成30年司法試験問題について

〔第1問〕（配点：１００）

２０＊＊年、A市では、性的な画像を含む書籍の販売等の在り方に対し、市民から様々な意見や要望があることを踏まえ、新たな条例の制定が検討されることとなった。この条例の検討に関わっている市の担当者Xは、憲法上の問題についての意見を求めるため、条例案を持参して法律家甲のところを訪れた。【別添資料】は、その条例案の抜粋である。法律家甲と担当者Xとの間でのやり取りは以下のとおりであった。

甲：新しい条例が検討されているのはどのような理由からですか。

X：いわゆる「成人向け」「アダルトもの」と呼ばれる雑誌だけでなく、最近では一般の週刊誌として販売される雑誌を含む様々な出版物等に、裸の女性の写真など性的な画像が掲載され、それらがスーパーマーケットやコンビニエンスストアなど市民が食料品や生活用品を購入するために日常的に利用する店舗で販売されています。近年、一部のコンビニエンスストアでは、そのような雑誌類の取扱いをやめる動きも出てきていますが、飽くまでも一部の店舗による自主的なものにとどまっています。この状況に対して、市民からは、青少年の健全な育成に悪影響を及ぼす、安心して子供と買い物に行けないという意見が寄せられているほか、特に女性を中心として、見たくもないものが目に入って不快であるとか、思わぬところで性的なものに触れないようにしてほしいという意見が最近多く寄せられるようになりました。市内には、マンションや団地、住宅地が多く、子供がいる世帯が多数居住していますが、そのような地区の自治会からも性的な画像を掲載した出版物等の販売や貸与について規制を求める要望が出ています。

甲：すると、青少年の健全な育成を図ることだけが目的となるわけではないのですね。

X：そうです。青少年の健全な育成とともに、羞恥心や不快感を覚えるような卑わいな書籍等が、それらをおよそ買うつもりのない人たちの目に、むやみに触れることがないようにすることもねらいです。

甲：具体的にはどのようなものを規制の対象とするのですか。

X：規制の対象となる図書類は、この条例案の第７条に記載しています。日々発行される様々な出版物等を適切に規制の対象とするため、市長等が規制の対象となる図書類を個別に指定することとはせず、要件に該当する図書類が自動的に規制の対象となるようにしました。「性交」、「性交類似行為」や「衣服の全部又は一部を着けない者の卑わいな姿態」を撮影した写真や動画などの画像とこれらを描写した図画を対象とし、かつ、「殊更に性的感情を刺激する」ものであることが要件となります。このような画像や図画が含まれる書籍や雑誌などを「規制図書類」としました。

甲：刑法第１７５条で処罰の対象となっている「わいせつ」な文書等には当たらないものもこの条例では規制の対象となるのですね。

X：そうです。刑法上の「わいせつ」な文書等に当たらないものも、もちろん対象になります。刑法上の「わいせつ」な文書等に該当すれば、頒布や陳列自体が犯罪行為となるわけですから、むしろ、この条例では刑法で処罰対象とならないものを規制することに意味があると考えています。

甲：規制の対象には、写真や動画などの画像だけでなく、漫画やアニメなど絵による描写も含むのですか。

X：含みます。絵による描写でも、殊更に性的感情を刺激する類のものがありますし、普通の漫画と同じように書店などで陳列され、子供が普通の漫画だと思って手に取って見てしまうので困るという意見も寄せられています。

甲：いわゆる性的玩具類の販売や映画館での成人向け映画の上映などの規制はどうするのですか。

X：これらは専門の店舗で販売等されるのが通常で、既に別の法律や条例の規制対象になっているので、本条例の対象とは考えていません。

甲：規制の内容、方法はどのようなものですか。

X：第８条に４種類の規制を定めています。まず、通常のスーパーマーケットやコンビニエンスストアなど、市民が食料品などの日用品を購入するために日常的に利用する店舗に規制図書類が置かれていると、青少年の健全な育成にとっても、市民が性的なものに触れることなく安心して生活できる環境の保持という点でも、望ましくありませんので、そのような店舗に規制図書類が並ばないようにする必要があります。そのため、第８条第１項で、主に日用品等を販売する店舗における規制図書類の販売や貸与を禁止しています。次に、第８条第２項で、小学校、中学校、高等学校などの敷地から２００メートルの範囲を規制区域とし、事業者が、その区域内において規制図書類の販売や貸与をすることを禁止します。規制区域では、事業者は、青少年に限らず、誰に対しても、店舗で規制図書類の販売や貸与をすることができないこととなります。児童・生徒らが頻繁に行き来する範囲にそのような店舗が存在することは望ましくないという市民の声に応えるためです。これらの規制の下でも、第８条第１項に当たらない事業者の店舗、つまり、日用品等の販売を主たる業務としていない事業者の店舗については、第８条第２項の規制区域の外であれば、規制図書類の販売や貸与ができます。そこで、第８条第３項で、青少年に対する規制図書類の販売や貸与を禁止し、さらに、第８条第４項で、規制図書類の販売や貸与をする店舗内では、規制図書類を壁と扉で隔てた専用の区画に陳列することなどを義務付けます。

甲：第８条第１項各号には、書籍やＤＶＤなど「図書類」が挙げられていませんが、書店やレンタルビデオ店は、第８条第１項で規制図書類の販売や貸与が禁止される店舗には当たらないということですか。

Ｘ：そのとおりです。確かに、書店やレンタルビデオ店にも青少年や規制図書類を購入等するつもりのない人が出入りするのですが、他方で、書店など図書類を専ら扱う店舗で規制図書類を全く扱えないとなると、その営業に与える影響が大きく、これらの店舗に酷なことになります。また、通常、書店やレンタルビデオ店に、規制図書類に当たるような書籍等が置かれていることは一般の方も理解されているはずですので、そういった店舗では、第８条第４項に規定した規制図書類を隔離して陳列するなどの義務を履行してもらえば足りるのではないかと考えています。

甲：この条例によって、これまで規制図書類の販売や貸与をしていた事業者には、どの程度の影響が及ぶことになるのでしょうか。

Ｘ：市内には、小売店が約３０００店舗あるのですが、そのうち、第８条第１項に該当する日用品等の販売を主たる業務とする店舗は約２４００店舗あります。この第８条第１項に該当する店舗のうち、約６００店舗が規制図書類を販売しています。もっとも、これらの店舗は、主に日用品等を扱っていますから、規制図書類の売上げが売上げ全体に占める割合は微々たるものです。また、第８条第２項によって規制図書類の販売や貸与をする事業が禁止される規制区域が市全体の面積に占める割合は２０パーセント程度で、市内の商業地域に限っても、規制区域が占める割合は３０パーセント程度です。市内の規制区域にある店舗は約７００店舗で、そのうち規制図書類の販売や貸与をする店舗は約１５０店舗あります。しかし、その約１５０店舗のうち、規制図書類の売上げが売上げ全体の２０パーセントを超えるのは、僅か１０店舗に過ぎません。

甲：この条例案による規制に反対する意見はないのですか。

X：規制対象が広過ぎるのではないかという意見があります。また、日用品等の販売を主たる業務とする店舗の一部は、規制図書類の売上げが売上げ全体のごく一部であっても、これを販売していること自体に集客力があると考えているようで、販売の全面的な禁止に反対しています。そのほか、第8条第2項の規制区域で規制図書類を販売してきた店舗の中からも、この条例案に反対する意見が寄せられています。しかし、これまでどおりの営業ができなくなっても、正にそれを市民が求めている以上は、やむを得ないのではないかと考えています。規制区域の店舗には、規制図書類の販売と貸与さえやめてもらえればいいわけで、販売等を継続したいのであれば、市内にも店舗を移転できる場所はあるはずです。条例の施行までには6か月という期間を設けてもいます。

甲：事業者の側からは、ほかにどのような意見があるのですか。

X：スーパーマーケットやコンビニエンスストアの事業者や業界団体の中には、既にいわゆる「成人向け」の書籍等について自主規制を行っているところもあり、反対はそれほど多くありません。しかし、例えば、書店やレンタルビデオ店など規制図書類とそれ以外の図書類とを取り扱っている店舗では、今後、第8条第4項に従って規制図書類を隔離して陳列しなければならないため、その要件を満たすための内装工事等が必要で、そこまでの必要があるのかと疑問視する声があります。

甲：規制図書類を購入する側である18歳以上の人、あるいは、青少年への影響についてはどのように考えていますか。

X：18歳以上の人にとっては、これまで規制図書類を購入していた店舗で購入できなくなる場合があるなど、不便になるということはあると思いますが、市内で規制図書類を一切買えなくなるわけではありません。青少年については、成長途上であり、規制図書類が全く購入できなくなっても、社会的に許容されると考えています。

甲：この条例に違反した場合の制裁はどうなっていますか。

X：第9条に規定しているとおり、第8条に違反した事業者に対し、市長が、改善命令又は業務停止命令を発することができます。そして、第15条で、第8条第1項から第3項までに違反した者や、市長の改善命令や業務停止命令に違反した者に対する刑事罰を定めており、その法定刑は、6月以下の懲役又は50万円以下の罰金としています。

甲：条例案の内容は分かりました。

X：いろいろな意見がありますし、規制は必要な範囲にしたいと考えて検討しているのですが、条例でこのような規制をすることは、憲法上、問題があるでしょうか。

甲：規制の対象となる図書類の範囲や、規制の手段、内容について、議論があり得ると思います。図書類を購入する側と販売等をする店舗の双方の立場でそれぞれの権利を検討しておく必要がありそうですね。図書類を購入する側としては、規制図書類の購入等ができない青少年と１８歳以上の人を想定しておく必要があります。また、販売等をする店舗としては、条例の規制による影響が想定される3つのタイプの店舗、すなわち、第一に、これまで日用品と並んで規制図書類を一部販売してきたスーパーマーケットやコンビニエンスストアなどの店舗、第二に、学校周辺の規制区域となる場所で規制図書類を扱ってきた店舗、第三に、規制図書類とそれ以外の図書類を扱っている書店やレンタルビデオ店を考えておく必要があるでしょう。

〔設問〕

あなたがこの相談を受けた法律家甲であるとした場合、本条例案の憲法上の問題点について、どのような意見を述べるか。本条例案のどの部分が、いかなる憲法上の権利との関係で問題になり得るのかを明確にした上で、参考とすべき判例や想定される反論を踏まえて論じなさい。

【別添資料】

善良かつ健全な市民生活を守るＡ市環境保持条例（案）

（目的）

第１条　この条例は、性風俗に係る善良な市民の価値観を尊重するとともに青少年の健全な育成のために必要な環境の整備を図り、もって善良かつ健全な市民生活を守り、Ａ市の健全で文化的な環境を保持することを目的とする。

（定義）

第２条　この条例において、次の各号に掲げる用語の意義は、それぞれ当該各号に定めるところによる。

⑴　青少年　１８歳未満の者をいう。

⑵　図書類　書籍、雑誌、文書、絵画、写真、ビデオテープ、ビデオディスク、コンピュータ用のプログラム又はデータを記録した電磁的記録媒体並びに映写用の映画フィルム及びスライドフィルムをいう。

⑶　（略）

（規制図書類）

第７条　次の各号に掲げるものを撮影した画像又は描写した図画（殊更に性的感情を刺激する画像又は図画に限る。）を含む図書類を規制図書類とする。

⑴　性交又は性交類似行為

⑵　衣服の全部又は一部を着けない者の卑わいな姿態

（規制図書類の販売等の制限）

第８条　次の各号に掲げる物品（以下「日用品等」という。）の販売を主たる業務とする事業者は、その営業を行う店舗において規制図書類を販売し又は貸与してはならない。

⑴　飲食料品

⑵　衣料品・日用雑貨

⑶　医薬品・化粧品

⑷　文房具

⑸　スポーツ用品

⑹　玩具・娯楽用品

⑺　楽器

２　事業者は、学校教育法（昭和２２年法律第２６号）第１条に規定する学校（幼稚園及び大学を除く。）の敷地の周囲２００メートル以内の区域（以下「規制区域」という。）の店舗において、規制図書類を販売し又は貸与してはならない。

３　規制図書類を店舗において販売し又は貸与する事業者は、青少年に対して規制図書類を販売し又は貸与してはならない。

４　規制図書類を店舗において販売し又は貸与する事業者は、規制図書類の陳列に当たり、次の各号に掲げる措置を講じなければならない。

⑴　規制図書類を隔壁及び扉により他の商品の陳列場所と区分された場所に陳列すること。

⑵　規制図書類の陳列場所の出入口付近の見やすい場所に、規制図書類の陳列場所であることを掲示すること。

（改善命令等）

第９条　市長は、事業者が、前条各項の規定に違反して規制図書類の販売又は貸与を行っていると認めるときは、当該事業者に対し、期限を定めて業務の方法の改善に関し必要な措置を採るべきことを命ずることができる。

2　市長は、事業者が、前項の規定による命令に従わないときは、当該事業者に対し、３月以内の期間を定めて、その業務の全部又は一部の停止を命ずることができる。

（罰則）

第１５条　次の各号のいずれかに該当する者は、６月以下の懲役又は５０万円以下の罰金に処する。

⑴　第８条第１項、第２項又は第３項の規定に違反した者

⑵　第９条第１項又は第２項の規定による命令に違反した者

（両罰規定）

第１６条　法人の代表者又は法人若しくは人の代理人、使用人その他の従業者が、その法人又は人の業務に関し、前条の違反行為をしたときは、その行為者を罰するほか、その法人又は人に対して、同条の罰金刑を科する。

附則（抄）

第１条　本条例は、公布の日から起算して６月を経過した日から施行する。

（参照条文）学校教育法（昭和２２年法律第２６号）

第１条　この法律で、学校とは、幼稚園、小学校、中学校、義務教育学校、高等学校、中等教育学校、特別支援学校、大学及び高等専門学校とする。

解　説

第1　問題文の分析――誘導を読解する

新傾向の問題ですが、恐れることはありません。ここまで学習してきた“合格思考”が通じなくなるなどありません。まずは、基本に忠実に、問題文を分析していきましょう。

問題文は長いですが、関連する情報がブロックのようになっています。例えば、甲の第一発言からXの第二発言（「そうです。～」）が立法事実と目的の話、その次が規制の対象の話、その次が規制内容・方法の話（事業者との関係→購入側の関係）という風になっています。

甲は最後に検討してほしい事項をまとめています。つまり、①規制対象となる図書類の範囲や②規制の手段、内容を検討することになります。そして、Ⓐ図書類を購入する側とⒷ販売等をする側でそれぞれの権利を検討していくと言っています。正確には、ⒶとⒷそれぞれの立場で①②を検討するのですが、答案戦略上、①の検討は重なるため、まとめて先に検討すれば足りると思います。さらに、Ⓐの中でも青少年と18歳以上の人、Ⓑの中では本件条例8条1項の規制を受ける事業者（以下「1項事業者」という。）、同条2項の規制を受ける事業者（以下「2項事業者」という。）、同3項・4項の規制を受ける事業者（以下「3項事業者」という。）に分けています。

このように、問題文を分析すると、検討すべき事項は、6項目となります。これだけの分量を書かなければならないことを踏まえると、ポイントを押さえての記載が求められているのでしょう。

第2　規制対象の違憲性

さっそく規制対象から検討していきます。規制対象は、「規制図書類」（本件条例7条）です。なにかが問題となるからこそ検討事項に挙げられています。甲弁護士は何を気にしていたのか、問題文を見て確認します。甲の発言をみると、「規制図書類」に当たるかどうかを確認しています。ということは、規制図書類に当たるかどうかがよくわからない（明確ではない）のではないかと疑問を持っていると考えられます。ここまで誘導を読み取ることは特訓しないとできませんが、問題作成者は無駄な記載を嫌います。

1　明確性の原則

この論点について、詳細な説明をしていなかったので、ここで説明をしたいと思います。

いかなる行為が適法で、いかなる行為が違法であるかを判断できなければ、人は行動できないことになります。そういう意味で、憲法上の権利を制限する規定は明確でなければなりません。すなわち、規範明確性は、公権力の恣意的判断の余地をなくし、市民に予見可能性を与えるとともに、裁判所による行政権の統制および救済を実行あらしめるために、不可欠なもので、適正手続（憲法31条）により要請されているものである、ということになります。

加えて、これが表現物に関わる規制の場合には、表現者や販売者への萎縮効果が想定されるため、憲法21条1項の関係でも明確性は問題となります。本件では、憲法31条・21条1項を根拠に明確性が求められているのです。

そうはいっても、文言の表現には限界があり、抽象的にならざるを得ません。徳島市公安条例事件判決は、このようなことも考えて、明確かどうかは、「通常の判断能力を有する一般人の理解において、具体的場合に当該行為がその適用を受けるものかどうかの判断を可能ならしめるような基準が読み取れる」かどうかで判断するとの判示をしました。

なお、上記の説明によれば、憲法上の権利を制約することが前提にあります。位置づけとしては形式的正当化と言われるものです。このことから、先に憲法上の権利の制約を論証するのが論理的でしょう。

2　過度の広汎性ゆえに無効の法理

似た無効法理として、過度の広汎性ゆえに無効の法理というものがあります。これは、表現の自由を規制する法令の規定が、文言が明確である（適用範囲の外延ははっきりしている）ことを前提に、その文言にあたるものとして違憲となるものと合憲となるものが混在しており、適用範囲が広すぎることから、違憲無効とすべきである、という考えです。この法理の根拠は、萎縮効果の除去です。

判例は、この法理による無効を回避すべき合憲限定解釈をします。ただ、この合憲限定解釈にも限界はあります。となると、合憲限定解釈の限界を超える場合に、過度の広汎性ゆえに無効となるといえます。

では、限界点はどこでしょうか。税関検査事件（最大判昭 59・12・12〔Ⅰ－69〕）によれば、①その解釈により、規制の対象となるものとそうでないものとが明確に区別され、かつ合憲的に規制し得るもののみが規制の対象となることが明らかにされる場合であること、②一般国民の理解において、具体的場合に当該表現物が規制の対象となるかどうかの判断を可能ならしめるような基準をその規定からよみとることができるものであること、の２つの満たされる場合です。①の要件は、違憲と合憲を可分にすることができることを示し、②の要件はその可分の基準となる解釈を、一般人が理解できることを求めています。

3　本問の検討

本問では、購入者との関係では憲法 21 条１項が、販売側としては罰則規定があることから憲法 31 条との関係が中心的な問題です。中心的な根拠条文が異なりますが、規範とあてはめにそれほど大きな変化はないと考えます。

本件条例７条の文言は一般人の理解をもとに適用を受けるかどうかを判断できる程度のものでしょうか。一般人の理解が難しいのは、「衣服の全部又は一部を着けない者の卑猥な姿態」がどこまでかという点でしょう。例えば、水着のアイドルの写真はどうなのか（水着を衣服だとする？として、靴下は履いていないからアウト？）は悩みどころです。また、甲も懸念していますが、漫画やアニメについては、「殊更に性的感情を刺激する…図画」とはどこまでのことをいうのか、よくわかりません（成年漫画は含まれると思いますが、最近では少年漫画でもエロい漫画が増えていることからすると、少年誌も規制の対象でしょうか…。）。

このように考えると、明確とは言い難いのではないかと個人的には思いますが、どうでしょうか。各自で検討してみましょう。

また、広汎性の観点からすれば、ごく一部分だけが該当する場合に、その週刊誌全体が規制図書類にあたるとするのはどうなのかという点が検討しうる点といえます。確かに、青少年の保護という目的からすれば、大部分が性的なものという基準を導けそうですが、今回は見たくない人の保護もあります。見たくない人は一部分すら見たくないとすれば、違憲と合憲を分けるような解釈はできないような気がします。このあたりを考えてみましょう。

第3　購入する側の権利――知る自由

明確性の原則の論点は、今後は必須の論点となりますが、メインはやはりここからでしょう。まずは、購入する側の権利から考えます。

1　青少年の知る自由

まずは、入口の特定をしておきます。違憲の対象は、本件条例8条では特定が不足しています。青少年との関係では、8条3項まで特定すべきです。そして、具体的な自由としては、“規制図書類を購入する自由”が考えられますが、これだと、条文の選択が難しくなります。購入したら読むのですから、“規制図書類を閲読する自由”と設定するのがよく、これであれば知る自由として憲法21条1項の問題であると把握できます。

この問題は旧司昭和53年度第1問と検討事項が似ている事案ですから、ポイントだけを解説していくことにします。

(1)　青少年の性的表現を知る自由の性質

本件の規制対象は性表現です。このような表現も「表現」の定義に当たる以上、保護されますが、保障根拠との距離感でいうと少し遠いものでしょう（少なくとも根拠Bが妥当しません）。となると、必ずしも重要とは言えなくなってきます。

また、知る自由が憲法21条1項により保障されるとしても、青少年の場合は単純ではありませんでした。岐阜県青少年保護育成条例事件の伊藤正己裁判官の補足意見を参照しながら、青少年の知る自由について具体的な検討をしていく必要があります。詳細は、旧司昭和53年第1問の解説を参照してください。

(2)　個別的具体的検討

本件条例の目的は、ⓐ青少年の健全な育成とともに、ⓑ羞恥心や不快感を覚えるような卑猥な書籍等が、それらをおよそ買うつもりのない人たちの目に、むやみに触れることがないようにすること、の2つでした。

もっとも、目的審査で検討する目的は、違憲の対象となっている条例の目的です。つまり、青少年の知る自由との関係では、本件条例8条3項の目的であり、それは目的ⓐのみと考えられます。

本問と岐阜県青少年保護育成条例事件との違いは、対面販売と自動販売機での販売という点です。この点を考慮して検討する必要があります。

2　成年の知る自由

成年においても、“規制図書類を閲読する自由”が問題となり、その条文は憲法21条1項でしょう。違憲の対象は、本件条例8条のうち、1項・2項となります。成年の知る自由との関係についても、ほとんどは旧司昭和53年第1問と同じです。憲法上の権利の制約の段階については旧司の解説を参照してください。

判断枠組みにおいて、性表現を購読する自由はどのような性質のものなのか（保障根拠との距離）や制約の態様が内容規制なのか間接的付随的規制なのか（保障根拠へのインパクト）を考えることがポイントです。事案に迫った検討が求められます。

最も考えなければならないのは、個別的具体的検討における目的でしょう。本件条例8条1項・2項・4項の目的は、目的ⓐだけでなく目的ⓑも絡んできます。

仮に判断枠組みにおいて、重要な目的が要求されるとした場合、目的ⓑが重要な目的といえるかの検討が必要です。見たくないものを見ない自由を保護していると考えることができますが、この自由は憲法上保障される（もしくはそれに近い法的な利益）といえるでしょうか。

この点について、大阪地下鉄事件（最判昭63・12・20〔Ⅰ－20〕）が参考になり得ます。この事件では、聴きたくないものを聴かない自由が人格権となり、その権利侵害が認められるかが争われていますが、最高裁はこれを明確に人格権侵害とはしませんでした。他方で、同判例の伊藤正己裁判官補足意見では、「個人が他者から自己の欲しない刺戟によって心の静穏を乱されない利益を有しており、これを広い意味でのプライバシーと呼ぶことができ……人格的利益として現代社会において重要なものであり、これを包括的な人権として幸福追求権（憲法13条）に含まれると解する」と述べています。

このような議論を前提に自らがどのように考えるかを示すことが重要です。表現の自由との対立場面において、気に食わないから禁止するというのはどうなのかとの疑問があります。他方で、積極的に見ないようにしていても見やすい位置に置かれてしまうと逃げようがなく、規制をうまくする必要があるとも思えます。難しいところですが、司法試験は悩みを見せればよいので、悩んでいるのを答案に示し、現場で私はこう考える！と示せれば十分合格になります。

手段審査においては、過剰な手段ではないかがポイントになってくるのではないでしょうか。例えば、週刊誌の一部のページが該当する場合に、すべてを規制の対象とするのは過剰な気がします。特に漫画やアニメの場合は、１コマだけそのようなシーンがある場合はどうでしょうか。具体的な事情を踏まえて検討してみましょう。

第４　販売者側の権利——職業の自由

今度は、販売者側の権利を見ていきましょう。旧司 53 年度第１問の解説では、原告の主張として有力ではなかったことから、知る自由のみを検討しました。近時の傾向では、このように多数の当事者の権利を検討することができます。

販売者側の権利については、旧司の解説で多少触れましたが、職業の自由（憲法 22 条１項）が問題となります。憲法上の権利の制約段階で、職業遂行の自由まで保障され、本件では制約があることはどの事業者も同じです。もっとも、事業者ごとに微妙に制約態様や目的が異なっています。これは判断枠組みの定立に重大な影響を及ぼすことは理解できるでしょう。紙面の関係でポイントに絞った検討をしていきます。

１　１項事業者

１項事業者における違憲の対象は、本件条例８条１項です。この規制態様は、経営方法への口出しにすぎないのですから事後規制です。他方で、日用品等の販売をあきらめなければ、販売・貸与ができないとなると、これは客観的規制ともいえます。目的の観点からすれば、消極目的と位置付けることはできるでしょう。このような観点を踏まえると、どのような判断枠組みが考えられるでしょうか。

また、事業者側しては、集客力があるから全面的禁止には反対であると意見を出しているようです。この意見は、手段としての全面的禁止に着目していることから、手段審査の中での不利益性として検討することになるでしょう。注意しなければならないのは、この意見は一部の事業者がただ言っているだけのものです。つまり、根拠がない（かもしれない）意見ですから、どこまで聞き入れるかは考えどころです。

2　2項事業者

2項事業者における違憲の対象は、本件条例8条2項です。距離制限ですから、薬事法違憲判決を思い浮かべると思います。確かに、客観規制で消極目的規制です。ただ、A市は「市内にも店舗を移転できる場所がある」「施行までには6か月という期間を設けている」と言っていることから自助努力によりなんとかできる主観規制と思っているようです。また、事前規制なのでしょうか。本件条例8条1項に該当しない事業者はいくらでも想定できます。例えば、規制図書類を置いている書店の場合、規制図書類を置くことはできませんが、カフェ経営そのものはできます。事業者の種類によっては、事後規制ともなり得ます。そこまでの類型化をしている余裕はありませんが、薬事法違憲判決をそのまま適用できるのか悩みを見せるべきところだと思います。

3　3項事業者

3項事業者における違憲の対象は、本件条例8条3項・4項です。事後規制・主観規制・消極目的という類型になります。

事業者側の不満は、「その要件を満たすための内装工事等が必要で、そこまでの必要があるのか」というものです。これについては、主観規制ではあるが負担が大きいという意味で制約が重大であるとも取れますが、問題文の書き方からすると、規制手段が過剰であるという意味で書いているように思えます。手段審査の中で触れてほしい部分でしょう。

第5　全体を通して

以上、ポイントに絞って検討すべき事項に触れてきました。問題文が緻密に構築されていることを体感できたでしょうか。問題作成者は、考えてほしいことはちゃんと書いてあるのです（見つけにくいかもしれませんが。）。問題文をしっかり読むとは、このような分析をすることです。

また、各権利において着目すべきところが微妙に変わっており、具体的な事実に基づいて全体的な憲法の思考を試そうとしているのがわかります。知る自由の段階においては権利の性質や目的審査にポイントを置いています。職業の自由では、制約態様を微妙に変化させることで制約の重大性や手段審査（不利益性の検討）にポイントを置いています。しかも、明確性の原則という形式的審査もさせています。このように、総合的な憲法の思考力が問われていると分析できるのです。

基本を押さえつつも、事案に迫って深く検討していく姿勢が大切なのです。これは、問題演習をしつつも議論していくことで身につく能力だと思っています。

参考答案

第１　規制の対象となる書類の範囲

１　善良かつ健全な市民生活を守るＡ市環境保持条例（以下「本条例」という。）８条・９条に違反すると、図書類の販売等をする店舗は罰則を受ける（本条例 15 条）。そのため、公権力の恣意的判断の余地をなくし、市民に予見可能性を与えるとともに、裁判所による行政権の統制および救済を実行あらしめるために、明確性の原則が適正手続（憲法 31 条）により要請されている。

２　明確か否かは、通常の判断能力を有する一般人の理解において、具体的場合に当該行為がその適用を受けるものかどうかの判断を可能ならしめるような基準が読み取れるかどうかで判断する。

３　規制図書類の定義は本条例７条で規定されているところ、「衣服の全部または一部を着けない者」が明確ではない。というのも、週刊誌などに掲載されている水着姿のアイドルは、衣服を着用しているとは言えないが、性表現とは言い難く、その判断基準が読み取れない。そのため、明確ではない。

また、漫画やアニメは「図画」にあたるが、「殊更に性的感情を刺激する…図画」といえるか否かについての基準が読み取れない。というのも、例えば、漫画の１コマだけに該当するものがあった場合、全体として「殊更」といえるかが不明確だからである。

第２　図書類を購入する側の関係

１　青少年との関係

本条例８条３項が青少年の知る自由（憲法 21 条１項）を侵害するかが問題となる。

⑴　憲法 21 条１項は表現の自由を保護しているところ、表現の受け手側の存在を前提にしている。ゆえに、同条によって、知る自由は保障されている。本条例８条３項により、規制図書類の販売・貸与が禁止されていることから、青少年は性的表現を知ることができなくなっている。そのため、本条例８条３項は青少年の知る自由を制約している。

⑵　青少年の知る自由は、多くの事柄を思考し、自己のアイデンティティの確立にとって重要な青少年においては重要な権利である。そして、本条例８条３項は、本条例７条のような特定の内容の図書類を規制することであり、青少年は特定の表現内容に接することができなく、多様な思想形成を

阻害することになりかねないことから、制約が重大とも思える。

しかし、そもそも青少年の知る自由は強度の保障が考えられているわけではない。すなわち、知る自由は当該人物が表現物に接し、自らの判断をもって取捨選択することで自己形成を図ることが前提にされているところ、青少年にはこのような判断能力が未熟である。そのため、知る自由の前提がなく、むしろ青少年の適当な成長のためには一定の制約を受ける必要があると考えられる。そのため、青少年の知る自由の重要性は低くなる。

これらの事情から、本条例8条3項の目的が重要で、その手段が目的と実質的関連性を有する場合は、合憲であると考える。

(3) 本条例の目的は、青少年の健全な育成と性的なものに触れたくない者がむやみに触れることを防止する点にある。そして、本条例8条3項は、特に青少年の健全な育成を図る点にある。青少年の育成はその者の人格形成にとって重要なものであることから、重要な目的といえる。確かに、当該規制物が青少年に与える影響が科学的に立証されているわけではないが、そのおそれは十分に予測できるため、かかる目的には根拠があるといえる。

手段としては、青少年が市内で一切購入・借りることをできなくするということである。青少年が性的なものに触れることが少なくとも店舗ではできなくなるため、目的が達成できる。確かに、全く購入できなくなるのは過剰とも思えるが、青少年はインターネット等で購入しようと思えば購入できるのであり、重大な不利益とはいえない。そのため、手段との実質的関連性を有するといえる。

(4) したがって、本条例8条3項は合憲である。

2 18歳以上の者（以下「成年」という。）との関係

本条例8条1項・2項が成年の知る自由を侵害するかが問題となる。

(1) 成年も青少年と同様に憲法21条1項により知る自由が保障されている。本条例8条1項・2項は店舗での販売・貸与を規制するものであり、これにより成年は購入が難しくなり、表現物に接しその内容を知ることができなくなっている。そのため、成年の知る自由が制約されている。

(2) 青少年と異なり、成年は判断能力があるため、知る自由の前提を欠かず、知る自由の権利を保護する必要性は高く、重要な権利といえる。確かに、性的な表現という特定の表現の制約であるが、それは一定の地域に限られるため、成年が性表現に触れることはできる。また、本条例8条1項・2項は青年が表現物に接することを妨げるのが目的ではなく、青少年の保護という目

的の下で規制されており、成年への制約はいわゆる間接的付随的制約にすぎない。そのため、保障根拠への影響が小さく、制約としては重大とはいえない。

これより、本条例8条1項・2項の目的が重要で、手段との間に実質的関連性が認められる場合、合憲となる。

(3) 本条例の目的に照らすと、本条例8条1項・2項は青少年の保護とともに、市民が性的なものにむやみに触れない環境を保持することが目的である。前述の通り、青少年の保護は重要である。他方、市民が性的なものに触れないことは、人格権として認められるものではなく、憲法上の権利とまではいえない。そのため、後者の目的は重要とはいえない。

手段としては、特定の店舗での販売又は貸与を禁止するものである。この手段は目的を達成することになり得る。成年は青少年に比べて活動範囲が広いため、規制されていない店舗での購入ができるため、過剰な手段とはいえない。これより、実質的関連性が認められる。

(4) したがって、本条例8条1項・2項は成年の知る自由を侵害するものではなく、合憲である。

第3　図書類の販売等をする店舗との関係

1　日用品等の販売を主たる業務とする店舗との関係

本条例8条1項は、日用品等の販売を主たる業務とする店舗（以下「1項事業者」）の規制図書類を販売する自由を侵害し、違憲とならないかが問題となる。

(1) 憲法22条1項は「職業選択」の自由を保障しているところ、その実質的な補償を図るため、選択後の職業遂行の自由をも保障している。販売店はいかなるものを販売するかを決定し、それを販売することで自己の生計を立てるために収益を得るという活動を行っている。そのため、規制図書類を販売することは、職業遂行の一部であり、憲法22条1項により保障される。

本条例8条1項は、1項事業者が規制図書類を販売することを禁止しているため、規制図書類を販売する自由を制約している。

(2) 職業の多様性に応じて、その規制目的や手段は多様であることから、立法裁量が認められる。これより、規制目的、必要性、内容、これによって制限される職業の自由の性質、内容及び制限の程度を検討し、これらを比較考量したうえで決定すべきである。もっとも、事の性質上、立法裁量の範囲については広狭がありうるのであって、裁判所は具体的な規制目的、対象、方法

等の性質と内容に照らして、これを決すべきである

本条例8条1項は1項事業者の経営そのものを否定するものではないため、事前規制とは異なり、重大な不利益をもたらさない。しかし、当該地域内での規制図書類の販売は日用品等の販売をやめなければできないため、1項事業者の自助努力により克服することができる制約ではない。そのため、制約は重大である。また、本条例8条1項の目的は青少年の健全な育成といったいわゆる消極目的であるから、裁判所の比例原則が及ぼしやすく裁量が多分に考慮されるわけではない。

これらの事情から、本条例8条1項の目的が重要で、手段が目的との間で実質的関連性を有しないと違憲となると考える。

(3) 本条例8条1項の目的は前述した通りである。かかる目的は、成年の知る自由で検討した通り、青少年の重要な権利を保護するものであるため、重要な目的である。

手段としては、販売の全面禁止であり、これに反すると改善命令等がなされる。確かに、一般人がむやみに触れないようにするためには全面禁止の必要はあるだろうが、青少年が触れることを防ぐだけであれば、販売エリアの限定をすれば足り、全面的な禁止をする必要はない。そのため、目的と手段との実質的関連性を有しない。

(4) よって、本条例8条1項は違憲である。

2 学校周辺の規制区域となる場所で規制図書類を扱ってきた店舗（以下「2項事業者」という。）との関係

(1) 2項事業者による販売の自由も、1項事業者と同様に憲法22条1項により保障される。本条例8条2項は、2項事業者が規制図書類を販売することを制限しているため、制約が認められる。

(2) 2項事業者は規制図書類以外の販売を行うことができるが、規制図書類専門店などにとっては営業そのものを否定するものであり、実質的な事前規制である。また、学校等から一定の距離における規制図書類の販売が禁止されていることから、自助努力により克服することの困難な規制である。このように、2項事業者の販売活動に大きな不利益をもたらすものであり、重大な制約といえる。さらに、本条例8条2項は1項と同様に消極目的にあたるため、裁量が多分に認められるわけではない。

よって、本条例8条2項は、目的が重要で、手段との間に実質的関連性があれば、合憲となる。

(3)　目的については、本条例8条1項と同様であり、重要な目的である。確かに、青少年の多い学校等周辺においては特に規制の必要があり、店舗での販売を禁止させることは必要な手段といえる。しかし、店舗の収益が大きく減少し、経営そのものが困難なことになり、また、事実上移転を要求することになるため、不利益は大きい。そのため、手段としては過剰であると考える。

(4)　よって、実質的関連性を欠き、違憲である。

3　本条例8条3項の対象となる店舗（以下「3項事業者」という。）との関係

本条例8条3項・4項は3項事業者が規制図書類を販売等する自由を侵害し、違憲ではないか。

(1)　営業においては、陳列の仕方も営業活動の一部であり、そこに経営者としてのセンスが関わるため、陳列等を決定する自由も職業遂行の自由として憲法22条1項により保障される。そして、本条例8条3項・4項は販売や陳列について規制をしているため、制約が認められる。

(2)　陳列場所についての規制は開設そのものを制約するものではない。また、内装工事をすれば規制を克服することは可能である。確かに、内装工事に費用はかかるが、簡単に仕切りをつけることは容易にできる。そのため、制約は低い。もっとも、前述の通り、消極目的であることから、裁量は狭い。

このような事情を総合的に考えると、目的は正当で、手段が合理的関連性を有するものであれば合憲である。

(3)　本条例8条3項・4項の目的は恣意的なものではない。また、当該手段を講じることで目的を達成することができる以上、合理的関連性は認められる。

(4)　よって、本条例8条3項・4項は合憲である。

以上

3　令和元年司法試験問題について

〔第１問〕（配点：１００）

近年、いわゆるソーシャル・ネットワーキング・サービス（以下「ＳＮＳ」という。）の普及に伴って、各国において、事実に反する虚偽のニュースが広く伝播することにより、社会に負の影響を及ぼしているのではないかということが問題とされるようになっている。この種のニュースはフェイク・ニュースと呼ばれ、過去に外国の重要な選挙に際して、意図的なフェイク・ニュースの作成・配信が、選挙結果を左右したという研究や報道もなされている。

２０ＸＸ年、我が国においても、甲県の化学工場の爆発事故の際に、「周囲の環境汚染により水源となる湖が汚染されて、近隣の県にも飲料水が供給できなくなる。」という虚偽のニュースがＳＮＳ上で流布され、複数の県において、飲料水を求めてスーパーマーケットその他の店舗に住民が殺到して大きな混乱を招くこととなった。また、乙県の知事選挙の際に、「県は独自の税を条例で定めて県民負担を増やすことを計画している。」という虚偽のニュースがＳＮＳ上で流布され、現職知事である候補者が落選したことから、選挙の公正が害されたのではないかとの議論が生じた。

このような状況に鑑み、我が国でも、Ａ省において、虚偽の表現の流布を規制する「フェイク・ニュース規制法」の立法を検討することとなった。現在、Ａ省においては、①虚偽の表現を流布することを一般的に禁止及び処罰するとともに、②選挙に際して、その公正を害するＳＮＳ上の虚偽の表現について、独立行政委員会がＳＮＳ事業者に削除を命令し、これに従わない者を処罰することなどを内容とする立法措置が検討されている（法律案の関連条文は【参考資料】のとおり。以下「法案」として引用する。）。

【立法措置①について】

まず、上記①についての立法措置としては、虚偽表現を「虚偽の事実を、真実であるものとして摘示する表現」と定義し、「何人も、公共の利害に関する事実について、虚偽であることを知りながら、虚偽表現を流布してはならない。」として、公共の利害に関する虚偽の表現を流布することを一般的に禁止した上で、罰則で担保することが検討されている（法案第２条第１号、第６条、第２５条）。

なお、虚偽の表現を流布することに関連する現行法の罰則として、例えば刑法には、名誉毀損罪（同法第２３０条）、信用毀損及び業務妨害罪（同法第２３３条）の規定があるが、いずれも、特定の人の社会的評価や業務に関するものであり、虚偽の表現を流布することのみについて処罰するものではない。また、公職選挙法には、虚偽事項の公表罪（同法第２３５条）、新聞紙・雑誌が選挙の公正を害する罪（同法第２３５条の２第１号、第１４８条第１項ただし書）といった規定があるが、虚偽事項の公表罪は、「当選を得又は得させる目的」や「当選を得させない目的」をもって、「公職の候補者若しくは公職の候補者となろうとする者」に関する虚偽事項を公表することなどを処罰するものであり、新聞紙・雑誌が選挙の公正を害する罪は、新聞紙・雑誌が虚偽の事項を記載するなどして選挙の公正を害した場合に、その編集者・経営者等を処罰するものであって、虚偽の表現を流布することを一般的に禁止及び処罰するものではない。

以上のように、虚偽の表現を流布することに関連する現行法の規制には、一定の限定が付されているところ、①の立法措置は、虚偽の表現の対象について「公共の利害に関する事実」と限定するものの、それ以外には限定を付さずに、虚偽の表現を流布することを端的に処罰しようとするものである。これは、虚偽の表現が流布されることによる社会的混乱を防止するには、現行法の規制では十分ではなく、虚偽の表現を流布することそのものを禁止することが必要との理由によるものである。

【立法措置②について】

次に、上記②についての立法措置は、インターネット上の虚偽の表現の中でも、取り分けＳＮＳ上のもの、その中でも選挙に際しての虚偽の表現が問題であり、緊急に対応措置が執られなければ選挙の公正が害されるおそれが大きいことを理由として検討されているものである。これによれば、「虚偽表現であることが明白」であり、かつ「選挙の公正が著しく害されるおそれがあることが明白」な表現を「特定虚偽表現」として定め、選挙運動の期間中及び選挙の当日に限り、日本国内で広く利用されているＳＮＳを提供しているＳＮＳ事業者は、その提供するＳＮＳ上において、特定虚偽表現があることを知ったときは、速やかに当該表現を削除しなければならないとされる（法案第９条第１項。ここでいうＳＮＳ及びＳＮＳ事業者の定義については、法案第２条第２号及び第３号参照。）。なお、選挙に際して、虚偽の事項を記載する等の行為の処罰については、既に指摘したとおり、公職選挙法に規定がある。

さらに、ＳＮＳ事業者が法案第９条第１項に従って特定虚偽表現を自ら削除しない場合、いわゆる独立行政委員会として新たに設置されるフェイク・ニュース規制委員会（法案第１５条、以下「委員会」という。）は、ＳＮＳ事業者に対し、当該表現を削除するように命令することができ、ＳＮＳ事業者がこの命令に違反した場合には、処罰されることとなる（法案第９条第２項、第２６条）。この委員会の命令については、公益上緊急に対応する必要があることが明らかであるとして、行政手続法の定める事前手続は不要であるとされる（法案第２０条）。

なお、一定の場合を除いては、ＳＮＳ事業者が表現を削除した場合に当該表現の発信者に生じた損害については、ＳＮＳ事業者を免責することとされている（法案第１３条）。

Ａ省における法案の検討の過程で、ＳＮＳの利用者を含む一般市民やＳＮＳ事業者から意見を聴取する機会が設けられたところ、様々な意見が述べられ、その中には、憲法上の疑義を指摘するものもあった。

〔設問〕

あなたは、Ａ省から依頼を受けて、法律家として、この立法措置が合憲か違憲かという点について、意見を述べることになった。

その際、Ａ省からは、参考とすべき判例があれば、それを踏まえて論じるように、そして、判例の立場に問題があると考える場合には、そのことについても論じるように求められている。また、当然ながら、この立法措置のどの部分が、いかなる憲法上の権利との関係で問題になり得るのかを明確にする必要があるし、自己の見解と異なる立場に対して反論する必要があると考える場合は、それについても論じる必要がある。

以上のことを前提として、あなた自身の意見を述べなさい。

なお、独立行政委員会制度の合憲性については論じなくてよい。また、本問の法案による規制は、国外に拠点を置くＳＮＳ事業者にも、日本国内の利用者に対してサービスを提供している限り適用され、そのために必要となる法整備は別途適切になされるものとする。

【参考資料】

フェイク・ニュース規正法（案）（抜粋）

第１章　総則

（目的）

第１条　この法律は、公共の利害に関する虚偽の表現について必要な規制を行うことによって、虚偽の表現により社会的混乱が生じることを防止するとともに、選挙運動の期間中及び選挙の当日における虚偽の表現について必要な削除義務等を定めることにより、選挙の公正を確保することを目的とする。

（定義）

第２条　この法律において、次の各号に掲げる用語の意義は、それぞれ当該各号に定めるところによる。

一　虚偽表現　虚偽の事実を、真実であるものとして摘示する表現をいう。

二　ソーシャル・ネットワーキング・サービス（以下「ＳＮＳ」という。）　インターネット上の会員制サービスであって、利用者が、任意の情報を、他の利用者と共有し、又は公衆にアクセス可能とすることを目的とするものをいう。

三　ＳＮＳ事業者　ＳＮＳを提供することを業とする者をいう。ただし、当該ＳＮＳの国内における利用登録者が２００万人に満たないものを除く。

四　（略）

（基本理念）

第３条　（略）

（国の責務）

第４条　（略）

（ＳＮＳ事業者の責務）

第５条　（略）

第２章　虚偽表現の規制

（虚偽表現を流布することの禁止）

第６条　何人も、公共の利害に関する事実について、虚偽であることを知りながら、虚偽表現を流布してはならない。

（選挙運動の期間中及び選挙の当日の表現の留意事項）

第７条　（略）

（ＳＮＳ事業者が執るべき措置）

第８条　（略）

（選挙運動の期間中及び選挙の当日の虚偽表現の削除義務及びフェイク・ニュース規制委員会による削除命令）

第９条　ＳＮＳ事業者は、選挙運動の期間中及び選挙の当日に、自らが提供するＳＮＳ上に、次の各号のいずれにも該当する表現（以下「特定虚偽表現」という。）があることを知ったときは、速やかに当該表現を削除しなければならない。

一　当該表現が虚偽表現であることが明白であること。
二　当該表現により、選挙の公正が著しく害されるおそれがあることが明白であること。
2　フェイク・ニュース規制委員会は、特定虚偽表現があるにもかかわらず、ＳＮＳ事業者によって前項の措置が執られないときは、当該ＳＮＳ事業者に対し、速やかに当該表現を削除するように命令することができる。
（損害賠償責任の免除）
第１３条　第９条第２項の規定による命令に基づき、ＳＮＳ事業者が、特定虚偽表現を削除した場合において、これにより当該表現の発信者に生じた損害については、ＳＮＳ事業者は賠償の責任を負わない。ＳＮＳ事業者が、特定虚偽表現を削除した場合、又は特定虚偽表現でない表現を特定虚偽表現として削除したことについて故意又は重大な過失がなかった場合も同様とする。

第３章　フェイク・ニュース規制委員会
（設置及び組織）
第１５条　国家行政組織法（昭和２３年法律第１２０号）第３条第２項の規定に基づいて、Ａ大臣の所轄の下に、フェイク・ニュース規制委員会（以下「委員会」という。）を置く。
2　委員会は、５人の委員をもって組織する。
3　委員は、両議院の同意を得て、内閣総理大臣が任命する。
4　委員の任命については、２人以上が同一の政党に属することになってはならない。
5　委員の任期は、３年とする。
6　内閣総理大臣は、委員が心身の故障のために職務の執行ができないと認める場合又は委員に職務上の義務違反その他委員たるに適しない非行があると認める場合には、両議院の同意を得て、その委員を罷免することができる。
（委員会の所掌事務）
第１６条　委員会は、次に掲げる事務をつかさどる。
一　（略）
二　（略）
三　第９条第２項の規定による命令を発すること。
四　公共の利害に関する虚偽表現の防止のための施策を立案すること。

第４章　雑則

（行政手続法の適用除外）

第２０条　第９条第２項の規定による命令については、行政手続法（平成５年法律第８８号）第３章の規定は適用しない。

第５章　罰則

第２５条　第６条の規定に違反して虚偽表現を流布した者は、３０万円以下の罰金に処する。

第２６条　第９条第２項の規定による命令に違反した者は、６月以下の懲役又は１００万円以下の罰金に処する。

第２７条　法人の代表者又は法人若しくは人の代理人、使用人その他の従業者が、その法人又は人の業務に関し、前条の違反行為をしたときは、行為者を罰するほか、その法人又は人に対しても、同条の罰金刑を科する。

解　説

第１　問題文の分析――誘導を読解する

改訂者自身が実際に受験した問題です。せっかくですから、受験本番の現場でこの問題を解いているときの思考を示しながら、説明していきたいと思います。一応、出題趣旨や採点実感を踏まえて、現場で考えたこと以上のことも説明しますが、基本的には、自分の現場思考を示したいと思います。

この問題は誘導が少ないと言われていますが、私自身、わかりにくいだけで最低限の誘導をしてくれていると思っています。過去の司法試験の憲法の問題文を分析すると、各段落にテーマがあり、使わない段落はないという傾向、なお書きはどうしても言っておきたいが文章の流れ的に入らなかったものであるから絶対に使う必要性が高い傾向があることがわかります。その視点も踏まえて、見ていきましょう。

１　憲法問題の対象と主体

リード文は立法事実や立法目的などが記載されています。これは目的審査の部分で使うんだなと思っていました。そして、立法措置①と②があることから、それぞれについて憲法問題を指摘する必要があると考えます。意外と見逃しがちなのが、〔設問〕の前にある３行です。この３行で、憲法問題の主体が明らかになります。つまり、ⓐＳＮＳの利用者を含む一般市民とⓑＳＮＳ事業者です。ご丁寧なことに、「その中には、憲法上の疑義を指摘するものもあった」とありますから、この２つの主体は落とせません。

これを踏まえて考えると、立法措置①はⓐ、立法措置②はⓑを中心に書くのが筋かなと思いました。現場では落としましたが、「一般市民」と書かずに、「ＳＮＳの利用者」と書いたことに注目すると、立法措置①は「一般市民」、立法措置②は「ＳＮＳの利用者」と「ＳＮＳ事業者」という形で振り分けが可能です。

2 立法措置①の憲法問題――入口の特定

さて、立法措置①について少し見ていきます。立法措置①は「虚偽の表現を流布することを一般的に禁止及び処罰する」ものです。となると、具体的自由は虚偽の事実を流布する自由であり、違憲の対象は法案6条となります。表現活動ですから、憲法21条1項の問題です。

そうすると、憲法21条1項に反し違憲かどうかを考えていくことになります。3段落目に手段の妥当性について記載されていますから、リード文と3段落目を利用すれば書けそうです。

ここで私自身すごく迷ってしまったのは、1・2段落を使っていないことです。1段落目は定義、なお書きの2段落目は適用の範囲を示しています。そのことから、明確性の原則や過度の広汎性ゆえに無効の法理を検討すべきということになります。試験本番では、悩んだ末に明確性について簡単に触れるだけにしてしまいました。しかし、問題作成者はちゃんと示しているのです。

3 立法措置②の憲法問題――入口の特定

立法措置②は特定虚偽表現の削除義務をＳＮＳ事業者に求めるものです。まず、ＳＮＳ事業者に対する規制であることはわかります。ここで悩ましいのは、営業の自由なのかという点です。もちろん、営業の自由への制約になると思うのですが、明らかな表現規制を前にして営業の自由で書くことに躊躇を覚えました。しかも、Googleサジェスト訴訟判決（最決平29・1・31〔Ⅰ－63〕）が出たこともあり、事案は違いますが、事業者側の表現として構成するのがいいのではないかと判断しました（現場では当たれば跳ねるが、外したらヤバイという博打と考えていました。）。そこで、違憲の対象は法案9条1項・2項、具体的自由として“事業者が他者の介入なく情報発信をする自由”と設定し、憲法21条1項の構成としました。

さて、ここでも、上記の話だけであれば1・3段落目で足りてしまいそうです。2段落目は適正手続の話だろうと想像はつきますから、法案9条2項、20条を違憲の対象として、憲法31条の適正手続について論じる必要があります。

これより、私は上記の2点について論じることにしました。ただ、実際はＳＮＳ利用者がいました。つまり、ＳＮＳ利用者の表現の自由への制約と構成できるのです。前年の問題も、販売者と購入者という対立当事者でしたから、ここは思い浮かぶべきでした。

一つアドバイスですが、過去問を解くだけで終わってしまうのはもったいないです。過去問を、問題作成者の立場から分析すると、より効果的な対策になります。難しいことですが、これができるだけで問題の見え方は変わります。

第2　立法措置①

上記分析からすれば、立法措置①は一般人が虚偽の事実を流布する自由（憲法21条1項）を侵害し違憲であるかが問題となります。

1　憲法上の権利の制約

そもそも、虚偽の事実を流布することが「表現」として保障されるのでしょうか。「表現」とは、内心の思想・意見の外部への表明です。虚偽であっても、自らの考えを表明することに変わりありませんから、「表現」の定義にあたります。確かに、虚偽が表明されることで社会が混乱することなどから、虚偽表現を保障する必要はないとも思えます。しかし、「表現」の定義にあたるのに保障しないとなると、表現の自由の保障範囲の外延が不明確となり、政府による恣意的な規制を促進させることになります。また、保障根拠との兼ね合いはどうでしょうか。虚偽であっても新たな視点から議論を巻き起こし、より真実に近づく（虚偽が虚偽だとはっきりわかる）ことになり、思想の自由市場に資するとも言えます。

このように、定義・保障根拠から考えるとすると、虚偽表現であっても表現の自由として憲法21条1項により保障されると考える方がよさそうです。ちなみに、「夕刊和歌山時事」事件（最大判昭 44・6・25〔Ⅰ－64〕）によれば、真実性の誤信につき相当の理由があるときは、虚偽であっても名誉毀損の罪にはならないとしており、虚偽表現を許容しているといえます。

そして、法案6条は、「公共の利害に関する事実」についての虚偽表現を流布することを禁止していますから、外部への表示が禁じられているといえます。よって、表現の自由への制約が認められます。

2 形式的正当化

(1) 明確性の原則

憲法上の権利への制約を伴う規定であり、かつ、罰則を伴う規定は、行政の恣意的判断の余地をなくし、市民に予見可能性を与えるために明確でなければなりません（憲法31条）。法案6条は上記の通り、憲法21条1項の表現の自由を制約するものであり、かつ、法案25条により罰金規定があります。さらに、表現の自由への制約ですから、萎縮効果を除去するためにより明確でなければなりません。そこで、法案6条の文言が明確かどうか、徳島市公安条例事件（最大判昭50・9・10〔Ⅰ－83〕）が示した判断基準に沿って検討していく必要があります。

法案6条のどの文言を取り出すべきかを考えると、「公共の利害に関する事実」という文言は判例の言い回しとしてよく使われるので、ここをあえて指摘する必要はないと思います。ここでは、「虚偽」や「虚偽表現」が明確かどうかを考えます。「虚偽表現」の定義は法案2条1号で定義されていますから、そこを見ると、「虚偽の事実」という文言が明確かどうかを考えることになります。

「虚偽の事実」ってなんでしょうか。一見すると、わかりやすい言葉で明確だと言いたくなります。しかし、なにを基準に「虚偽」なのでしょうか。例えば、「A君は天才です。」という言葉は虚偽ですか。“天才”を科学的に証明するのか、知識がたくさんあればいいのか、直観力があればいいのか、よくわかりません。嘘だと思っていたら、実際本当だったなんてことありますよね。結局、「虚偽」か否かの判断基準が読み取れないのです。

このように考えると、明確性が認められないといえます。なお、改訂者は現場でそんなことを思いつくことができませんでした。

(2) 過度の広汎性ゆえに無効の法理

表現の自由に対するものですから、この法理も忘れてほしくないところです。仮に明確であったとした場合、適用範囲はどうでしょうか。すべての虚偽表現が対象となっているので、広すぎるような気がします。そこで、税関検査事件を踏まえて合憲限定解釈を考えていきましょう。法案1条からすれば、社会的混乱を伴うような虚偽表現に限るという形に解釈ができそうです。ただ、社会的混乱を伴うって誰が判断できますかね……。結局、解釈の基準を一般人は理解することはできないとも考えられます。

3　実質的正当化

形式的正当化だけではなく、実質的な検討もしていきましょう。判断枠組みを定立して、個別的具体的検討をするのでした。

(1)　判断枠組みの定立

虚偽の事実を流布する自由は、保障根拠とどれだけ合致するものでしょうか。法案6条は「公共の利害に関する事実」についての表現規制です。この言葉から「北方ジャーナル」事件（最大判昭 61・6・11〔I－68〕）を思い浮かべると思いますが、当該判例は差止めの要件の解釈として基準を定立していますから、事案が異なります。もっとも、その考え方を応用することはできます。「公共の利害に関する事実」となると、政治的な要素に関する事実も含まれるため、いわゆる自己統治の価値があるといえます。確かに、意図的に虚偽表現をすることは自己の人格形成に関する行為ではなく、ただの悪ふざけにすぎないとも思えますが、社会に対する問題提起として捉えることもでき、議論の端緒ともなります。この議論により、虚偽と真実を明らかにすることになる可能性があるといえ、思想の自由市場に資するとも考えられます。このような考えによれば、虚偽の事実を流布する自由は重要な権利といえます。

制約態様はどうでしょうか。虚偽表現という表現内容に着目した規制であり、虚偽と断定されれば思想の自由市場に出ることができないため、自由市場を歪めるとともに政府の恣意的判断を促進させることになります。このような意味で、制約の程度は重大であるといえます。ただ、法案6条は一般的に禁止し、後に罰則を与えるという形を取っていることから事前規制ではないと考えることもできます。しかし、虚偽か否かについて判断しきれないため、萎縮効果は大きく、議論が始まらないおそれは十分に考えられます。そうすると、保障根拠へのインパクトは大きく、制約は重大であると考えられます。

上記の検討からすれば、厳格な基準を用いることになるでしょう。

⑵ 個別的具体的検討

法案6条の目的は、虚偽の表現により社会的混乱が生じることを防止する点にあります（法案1条前段参照）。この目的は、憲法上の権利の保護につながり、かつ、緊急性を基礎づける立法事実が認められるものであると評価できるでしょうか。問題のリード文第2段落によれば、住民の安定した生活（憲法13条・25条）や会社等の経営（憲法22条1項）に大きな影響があり、これらを保護する目的であると考えられます。もっとも、これらの影響は甲県での事例であり、一般化できるものでしょうか。単なる抽象的なリスクにすぎないと考えれば、緊急性を求めるほどの立法事実とはいえないことになります。

法案6条は、一般的な禁止という手段を取っています。目的の達成のためには一般的な禁止は効果的であるといえます。他方で、やりすぎではないかと思いませんか。この“やりすぎ”という感覚をロジカルに説明する必要があります。例えば、虚偽か否かの判断は国民自身に委ねられるべきであり、国家が決めることではないと考えられます。

ここについては、いろいろな議論が可能ですが、丁寧に説得的な論証が求められます。

第3 立法措置②

上記の分析によれば、立法措置②については、ⒶＳＮＳ事業者の自由、Ⓑ適正手続、ⒸＳＮＳ利用者の自由という3つの問題をはらんでいます。もっとも、Ⓒについては、立法措置①と重なる部分もあるので、中心となるのはⒶⒷでしょう。

1 ＳＮＳ事業者の表現の自由

⑴ 憲法上の権利の制約

上記の分析から、表現の自由を選択した場合、最大の悩みは、ＳＮＳ事業者自身が表現の主体となっているのかという点です。ＳＮＳ事業者は、ＳＮＳを行う環境を用意するだけで自分が発言をすることは想定していません。そうなると、ＳＮＳ事業者が「表現」をしていると言えないのではないでしょうか。

Google サジェスト訴訟（最決平29・1・31〔Ⅰ－63〕）では、検索サービスを提供する事業者に表現の自由が認められています。この判例によると、検索事業者は、「情報の収集、整理及び提供はプログラムにより自動的に行われるものの、同プラグラムは検索結果の提供に関する検索事業者の方針に沿った結果を得ることができるように作成されたものであるから、検索結果の提供は検索事業者自身による表現行為という側面を有する」としています。この部分の判旨によれば、検索結果のプログラムに表現者としての意思があるといえます。ＳＮＳ事業者の場合は、ＳＮＳの場を提供しているだけで、利用者が見るものを決定しています。そうすると、単純に上記判例を使うことはできないでしょう。

もっとも、当該判例は、「検索事業者による検索結果の提供は、公衆が、インターネット上に情報を発信したり、……入手したりすることを支援するものであり、現代社会においてインターネット上の情報流通の基盤として大きな役割を果たしている」と述べ、事業者の表現活動が重要であることを示していると読めます。これは、いわば思想の自由市場を事業者が形成しているといえ、表現活動の助長や知る自由への奉仕と考えられます。そうすると、このような意味で表現の自由の保障根拠が妥当するといえます。

ＳＮＳという特徴をしっかりと踏まえた上で、近時の判例を手掛かりに、保障根拠から説明を構築していくことができるのです。高度なように見えますが、保障根拠から構築するという点では、今までとやっていることは変わりません。

法案９条１項により削除義務を課し、同条２項により命令で国家が介入してきます。このような点で、思想の自由市場を歪めることを強制しているといえ、制約が認められるでしょう。

⑵　形式的正当化

立法装置①と重なるところもあるので、その点は省略します。立法措置②特有の部分としては、法案９条１項１号や２号の「明白」という言葉です。一見すると問題なさそうですが、そもそも「虚偽」って何という疑問があると、なおさら「明白」って何ってなってしまいます。問題文の誘導ははっきりしませんが、検討の余地はあります。

⑶ 実質的正当化

ア 判断枠組みの定立

ＳＮＳ事業者が議論の場を提供しているとすれば、保障根拠のど真ん中ともいえるでしょう。他方で、ＳＮＳという場に対する規制と捉えれば内容中立規制となり、また、虚偽表現に対する規制と捉えれば内容規制ともなります。類型も大切ですが、本質は保障根拠をどれだけ害するかです。議論の場に直接的な介入を強制するものであるともいえれば、ＳＮＳ以外の方法で議論が可能であるともいえます。ＳＮＳってどういうものか、考えていくことになるでしょう。

選挙の公正を図るという目的からすれば、間接的付随的規制といえます。戸別訪問禁止事件（最判昭56・7・21〔Ⅱ－158〕）を参照すると、間接的付随的規制の議論が出てきます。また、選挙権そのものを制限する場面ではありませんが、選挙のルール形成の場面といえ、立法裁量が認められるとの議論が考えられます。制度形成の場面であるとしても、被選挙人ではない一般人のＳＮＳ上での発言（選挙運動以外の場面）に対して裁量を認めることは妥当なのでしょうか。このあたりも考えてみましょう。

イ 個別的具体的検討

法案９条の目的は、選挙の公正の確保にあります。選挙により国民の代表者が決まるのですから、憲法上の権利に関する重要な目的といえそうです。立法事実としては、リード文１段落や２段落が参考になりますが、どう評価すべきでしょうか。目的審査については、このような事情から考えることになるでしょう。

手段としては、削除義務を求めるとともに、削除しない場合は削除命令をもたらすというものです。特に、法案13条によれば、削除によって生じた損害について事業者は賠償責任を負わないとしています。となると、事業者はリスクなく削除することができます。他方で、法案９条２項に反すると罰があります（法案26条）。そうすると、事業者による削除は予防のために過剰になされるおそれがあります。このような点を考えると、手段として過剰な制度を設けていることになるでしょうか。各自で検討してみましょう。

2　適正手続

仮に法案9条が合憲であるとして、法案9条2項の命令について、行政手続法第3章の適用はなされていません（法案20条）。この点が、憲法31条との関係で問題となります。適正手続については、平成29年司法試験でも出題されていますから、押さえておきたいところです。知識の整理をした上で検討します。

(1)　知識の整理——成田新法事件（最大判平4・7・1〔Ⅱ－109〕）を読む

人身の自由には実体的権利と手続的権利があり、手続的権利の問題として適正手続があります。憲法31条以下は、刑事手続についての詳細な規定です。そのため、憲法31条以下が行政手続に及ぶか、及ぶとしてどのような場合に及ぶかが最大の論点となります。

押さえておくべきは成田新法事件です。成田新法事件判決では、「憲法31条の定める法定手続の保障は、直接には刑事手続に関するものであるが、行政手続については、それが刑事手続ではないとの理由のみで、そのすべてが当然に同条による保障の枠外にあると判断することは相当でない」と述べたうえで、一般に、行政手続は、刑事手続とその性質においておのずから差異があり、また、行政目的に応じて多種多様である」との理由を述べた上で、「行政処分の相手方に事前の告知、弁解、防御の機会を与えるかどうかは、行政処分により制限を受ける権利利益の内容、性質、制限の程度、行政処分により達成しようとする公益の内容、程度、緊急性等を総合較量して決定されるべき」としています。適用はできるけど、権利の性質・制約の程度vs公益性の観点から憲法31条以下を適用するかは考えるとしているのです。

(2)　本問の検討

本問では、ＳＮＳ事業者の表現の自由がどのような性質で、削除命令によりどのような制約を受けるのかを踏まえたうえで、公益性との比較衡量をしていきます。上記の議論と重なる部分もありますが、あくまでも削除命令が下された場合の制約ですので、多少答案上の表現が変わる可能性があります。命令に従って削除をしてもリスクはありません。他方で、従わない場合は罰せられます。そもそも、ＳＮＳ事業者は虚偽の判断が可能なのでしょうか。また、選挙の公正を図るという公益性との関係で、どうなのかを考えなければなりません。

このような点を踏まえて、ＳＮＳ事業者の不利益が選挙の公正という公益性を図ることよりも大きいと考えた場合、審尋などの手続を経なければならないと考えられます。

3 ＳＮＳ利用者の表現の自由

具体的な内容は、立法措置①と重なる点が多いですが、立法措置①はＳＮＳに限定したものではありません。ＳＮＳが現代社会においてどのような価値を持っているのか、どのようなリスクがあるのかを考え、利用者が虚偽表現をする自由を考えてみましょう。基本的な思考に忠実になればそれなりの論証ができるはずです。

第4 参考答案について

本問の参考答案は、改訂者の再現答案です。採点実感で誤っているとされている部分もありますし、論述として不十分な面があります。あえてその部分をそのままにしてみました。執筆段階では上記の通りの思考ですが、本番になると下記の程度になってしまいます。とはいえ、これでも評価はＡです。

この答案を批判的に検討し、どこが良くてどこが悪いのか、どうすればよかったのかなどを考えてみてください。答案添削も有効な勉強方法になりますので、ぜひ検討してみましょう。なお、他の問題の参考答案も“参考”にすぎません。良いところもあれば、悪いところも当然あります。鵜呑みにするのではなく、批判的に検討しましょう。

参考答案

（実際に、補訂者が令和元年司法試験で書いた再現答案です。）

第１　立法措置①について

1　フェイク・ニュース規制法（以下「法」という。）６条及び 25 条は、一般市民の表現の自由（憲法21条１項）を制約し、違憲とならないか。

2(1)　「表現」とは、人の内心における精神作用を外部に表示する行為である。確かに、フェイク・ニュースは、虚偽の事実を提示するものであり、国民に混乱を生じさせるものであるため、「表現」として保護すべきではないとも考えられる。しかし、虚偽の事実であっても、人の内心における精神作用であることには変わりなく、それを外部に表示する行為である以上、「表現」の定義にあたる。また、表現の定義にあたるものについて、保護しないとすると、表現の自由の保障範囲の外延が不明確となり、恣意的な規制を促進させてしまうおそれがあるため、重要な表現活動でなくとも、保護すべきである。

　これより、虚偽の事実を提示することは、表現の自由により保障される。

(2)　法６条は、これを一般的に禁止し、また、法26条は罰則を科すことで萎縮効果をもたらしていることから、表現活動に対して制約があるといえる。なお、法６条は、検閲（21 条２項）にあたらない。確かに、一般的な規制であり、事前規制であるが、規制主体は国会であり、また、思想等の表現に関するものではなく、表現の公開禁止を目的としたものではないからである。

3(1)　確かに、ＳＮＳは、一般市民が情報を発信し、共有することができる意見交流の場であり、このような場は、現代において、顔を知らない人々が交流し、意見を交わす場であり、思想の自由市場に資するものとなっている。そして、公共の利害に関する事実については、民主主義に関わるものであり、重要な事実である。そのため、ＳＮＳ上で発信するという自由は、重要な権利である。

　しかし、虚偽の表現は、自己の人格形成と何らの関係もない。また、虚偽の表現が社会的混乱を生じさせることから、民主主義の過程に対しても重大な損害を生じさせるものである。そのため、虚偽の表現の価値としては低い。

これより、権利としては、重要なものとはいえない。

(2) 虚偽表現に対する一般的な禁止であることから、内容に着目した規制であり、思想の自由市場を歪めるおそれがある。また、事前規制であることから、表現活動そのものができなくなり、重大な制約である。

(3) これらの観点に照らせば、法6条及び25条については、①目的が重要で、②目的と手段の間に実質的関連性が認められない限り、違憲となる。

4(1) 法6条及び25条の目的は、虚偽の表現による社会的混乱が生じることを防止する点にある（法1条参照)。社会的混乱は、甲県において実際に起こっており、企業の営業の自由への影響があり、また、国民の知る自由にも支障をきたす。そのため、目的としては、重要である（①)。

(2) 手段として、一般的禁止を行っている。確かに、現行法の規制では十分ではないとして、限定をつけないということから、目的達成のためには必要と思われる。しかし、甲県における混乱は、企業側が把握し、行政とともに適切な対処をとれば、混乱を回避することはできる。このような行政側の対応等により、混乱の解消をすることは可能であることから、一般的な禁止をとる必要性はない。また、国民が事実に対して、取捨選択すればよく、国民の判断能力に委ねれば問題とはならない。上記のようなＳＮＳの重要性を考えれば、過剰な規制と言わざるを得ない。これより、実質的関連性はない。

5 したがって、法6条及び25条は、憲法21条1項に反し、違憲である。なお、法2条1号について、明確性の観点（憲法21条1項）からは問題とならず、合憲である。

第2 立法措置②

1 法9条1項・2項及び26条は、事業者が他の介入なく情報発信の場を形成する自由を侵害し、違憲ではないか。

2 確かに、表現活動をしているのはＳＮＳの利用者であり、事業者そのものは、表現活動をしていないことから、表現の自由により保護されないように思われる。しかし、自らが表現主体でなくとも、国民の知る自由に奉仕することから、報道の自由は表現の自由より保障されている。ＳＮＳという意見交流の場を形成させることは、思想の自由市場そのものを構築するものであり、ここでの情報は国民の知る自由に奉仕することができる。また、選挙に関する情報は、民主主義の過程において国民の重要な判断資料となる。そのため、他による介入をされずに、意見交流の場を形成・維持することは、表現の自由の保障根拠をみたすため、かかる自由は表現の自由の一種として、憲法21条1項により保障される。なお、ＳＮＳ事業者にとっては、営業活動であることから、営業の自由（22 条1項）としても保障されるが、裁量が働く関係で、営業の自由ではなく、表現の自由として検討をする。

法９条１項は、ＳＮＳ事業者は、選挙運動の期間中及び選挙の当日に、虚偽表現について削除しなければならないとしている。また、実効性を高めるため、行政による介入（法15条、９条２項）があり、さらに、罰則まで設けられている。これは、他による意見交流の場の維持を阻害するものであり、制約となる。

3　上記の通り、ＳＮＳによる情報発信は重要である。確かに、虚偽表現そのものは表現としての価値は低いものであるが、事業者にとっては、他からの介入を受けないことが重要であり、表現内容については虚偽か否かは関係がない。また、選挙に関する情報は、国民の重要な判断資料となるため、かかる情報に他による介入がなされないことは、重要なことである。

法９条は、選挙運動の期間中及び選挙の当日に限り規制をしていることから、いわゆる内容中立規制にあたる。また、選挙の公正を確保するという目的であり、間接付随的規制にすぎない。このような規制は、思想の自由市場を歪めるおそれが低いが、他による介入を受けること自体が重大な制約となるため、必ずしも制約が重大でないとはいえない。

選挙の公正を保つための制度については、立法裁量が働く（憲法44条、43条２項）。法９条は、選挙の公正の確保のための制度であり、立法裁量が尊重される場面である。

このような観点から、法９条及び26条については、①目的が重要で、②目的と手段の間に実質的関連性が認められる場合でなければ、違憲である。

4(1)　法９条及び26条の目的は、選挙の公正を確保することである（法１条後段参照）。選挙の公正は、国民の選挙権の行使を適切に行うために必要とされるものである。そして、乙県の知事選挙の際に、虚偽のニュースが流れたことから、選挙の公正が害された疑いがあり、また、外国の重要な選挙に際して、意図的なフェイク・ニュースの作成・配信が、選挙結果を左右したという研究や報道もなされている。このような立法事実が存在し、今後の選挙においても、選挙の公正を害し、ひいては、国民の選挙権に影響がありうる。そのため、かかる目的は重要である。

(2)　手段として、ＳＮＳ事業者に削除を義務付け、削除がなされないときは、行政府による命令があり、この命令に違反すると刑罰が科される。確かに、ＳＮＳ上に虚偽の情報がなくなれば、選挙の公正は保たれる。しかし、乙県知事選において、本当に虚偽の情報が影響しているかは定かではない。また、選挙においてこそ、国民はＳＮＳ上の情報を含めて、慎重に取捨選択し、判断する必要がある。そのため、国民の判断能力を無視したこのような規制は過剰な規制と言わざるを得ない。確かに、ＳＮＳ事業者にとっては、責任が免除される（法13条）ことから、不利益はないとも思われる。しかし、意見交流の場に他による介入を認めることになる以上、重大な不利益を被ることになる。

よって、手段は過剰なものであり、目的と手段との間の実質的関連性は認められない。

5 したがって、法９条及び26条は、憲法21条１項に反し、違憲である。

6 手続的側面でいえば、法20条は、行政手続法の適用を排している。そこで、法20条は、適正手続（憲法31条、21条１項）に反し、違憲ではないかが問題となる。

(1) 憲法31条は、刑事手続のみを規定しているが、行政手続に及ばないという趣旨ではない。もっとも、行政手続は、目的および内容が多種多様であることから、手続により保護しようとしている権利の性質、制約の態様、手続の内容・程度等を総合的に考慮し、違憲か否かを決する。

(2) 法９条２項による命令は、不利益処分にあたる。これは、上記で検討したように、ＳＮＳ事業者の重要な権利を制約するものである。確かに、選挙期間という短い期間において、迅速に対応しなければ、選挙の公正を害することとなり、公益上緊急に対応する必要がある。しかし、かかる命令により、ＳＮＳ事業者は、自らは問題ないとしていた表現については、行政の介入により削除義務が生じることになり、重大な不利益を生じさせる。このような突然の介入により、削除義務が生じ、かつ、これに従わない場合は、刑罰が科されることになることから、少なくとも事前の通知等をしなければ、ＳＮＳ事業者にとって不利なものになりかねない。法20条は、このような事前の通知をも排していることから、適正な手続とはいえない。

(3) よって、法20条は、憲法31条・21条１項に反し、違憲である。

以上

統治の問題について

1　総論

予備試験を見てみると，平成24年，平成27年，平成30年と統治の分野から出題されており，この傾向は今後続いていくことが予想されます。しかし，統治の問題をどのように解いたらいいのかわからないという方が非常に多いです。確かに統治の分野は受験生の知識のレベルはあまり高くなく，差はつかないとも思えますが，まったく歯が立たないとなってしまったら合格からかなり遠のくことになります。とはいえ，統治を真に理解するためには，歴史や法哲学，法思想史，政治学等々の勉強が必要であり，受験までの可処分時間が限られている受験生に統治の本格的な勉強を強いることはできません。そこで，本章では統治の問題の解き方に関して極めて単純化しわかりやすく説明していこうと思います。

2　統治の解法パターン

統治については，

i　内在的制約

ある制度設計につき，統治制度の趣旨からすれば許容されるのかという視点

ii　外在的制約

ある機関に本来的に属する権限が，剥奪されたとき or 他の機関に奪われたとき or 他の機関にも認めたとき，許容されるのかという視点

の2つの視点が考えられます。

ⅰは，制度の基礎となる条文をあげ，その制度趣旨を論じ規範を定立し，導入しようとする制度がその規範にあてはまるかどうかを検討し，結論を導きます。

ⅱは，ある権限が本来的に属する機関をあげ，それを剥奪すること，他の機関に奪われたこと，他の機関によって邪魔されたことが許されないのではないかとの問題意識を示し，理由を考え結論を導きます。

3　各国家機関の権限及び内在的制約

(1)　総論

統治機関を順番に取り上げ，それぞれの権限の意義，趣旨を示し，その内在的制約を論じます。

その後，三権分立の趣旨から生じる各統治機関相互の外在的制約について若干の説明を加えていきます。

(2)　各論

ア　統治機関に属する権限の内容と内在的制約

(ア)　国会

a　権限

憲法 41 条に「国会は，国権の最高機関であつて，国の唯一の立法機関である。」と規定されています。

ここから，国会に属する権限の内容は第一に立法をすることにあることがわかります。そして，憲法 42 条から憲法 63 条までで民主主義に則った適切な立法をするために必要な権限内容が書かれています。

三権分立を実現するために与えられた独自の統治作用として，憲法 64 条で弾劾裁判所の設置運営（対裁判所），憲法 67 条で国会による内閣総理大臣の指名権の定め及び憲法 69 条で内閣の不信任決議案の議決の定めによって内閣の人事権を行使する（対内閣）ものがあげられます。

b　内在的制約

立法とは一般的抽象的法規範の定立行為をいうところ，これが行われると国民の権利義務関係の基礎となるルールが変動することになります。このように国民の行為規範を制定する行為は国民が決めなければならないという統治者と被治者一致による行為規範制定の正当化理由を達成するために，立法行為は最も民主的正統性が妥当しなければならないものとなります。

したがって，立法機関である国会の行為は，民主的正統性という観点から厳格に統制されることになります。具体的には，党議拘束，国民投票制，議員の法律案発議権の制限等の問題において，民主的正統性という観点から許容性を判断していくことが大事な点になります。その際には，ナシオン主権やプープル主権といった主権論について一定程度コミットをした上で，民主的正統性をどのような形で及ぼせば足りるのか，及ぼさなければならないのかという点を丁寧に論じていくことが必要となるでしょう。

(イ)　内閣

a　権限

憲法 65 条に「行政権は，内閣に属する。」と規定されており，憲法 72 条に「内閣総理大臣は，内閣を代表して議案を国会に提出し，一般国務及び外交関係について国会に報告し，並びに行政各部を指揮監督する。」とあり，憲法 73 条柱書で「内閣は，他の一般行政事務の外，左の事務を行ふ。」とあることから，内閣の権限は行政権を行使することにあるということがわかります。しかし，そもそも行政権とはなんぞやという問題が出てきます。

今のところ通説は控除説といい，国会と裁判所が行う統治作用以外の統治作用のことをいうと考えられています。国家の統治作用は，一般的抽象的法規範を定立する立法作用と，それを執行する執行作用とにわかれますが，執行作用のうち，後述するように具体的紛争について法を適用し，宣言することによってこれを裁定する司法作用を除いた残りの執行作用を行う機関が内閣である，と考えられているわけです。これだと具体的なイメージがわからないと思いますので，憲法 73 条に規定されている業務内容をイメージしていただければいいと思います。最も典型的な例として法律の執行業務を押さえておけばイメージがわくと思います。

三権分立を実現するために与えられた独自の統治作用としては，憲法 6 条 2 項の最高裁判所長官の指名，憲法 79 条 1 項，80 条 1 項の最高裁判所裁判官及び下級裁判所の裁判官の任命（対裁判所），憲法 7 条 3 号の衆議院の解散権（対国会）があります。

b　内在的制約

内閣の権限につき，控除説を採ると，内閣は立法権，司法権以外の統治作用を全面的に有することになるため内在的制約を特に検討しなければならない場面はあまり考えられず，むしろ司法権や立法権と対立する外在的制約が特に問題になることが多いといえます。

(ウ)　裁判所

a　権限

憲法 76 条 1 項に「すべて司法権は，最高裁判所及び法律の定めるところにより設置する下級裁判所に属する。」とあります。ここから，裁判所に属する権限の内容は第一に司法権を行使することにあることがわかります。そして，司法権とは，具体的争訟について法を適用し，宣言することによって，それを裁定する作用のことを言います。そして，裁判所法 3 条 1 項はそれを受け，「裁判所は，日本国憲法に特別の定のある場合を除いて一切の法律上の争訟を裁判し，その他法律において特に定める権限を有する。」と定めており，ここでいう法律上の争訟とは，当事者間の具体的な権利義務ないし法律関係の存否に関する紛争であって，かつ，法律を適用することにより終局的に解決することができるものを指すとされています。

三権分立を実現するために与えられた独自の統治作用は特に有していません。しかし，司法権の独占及び憲法 81 条による違憲審査権を有していることから，三権分立を実現する権限を備えていることが必然的に導かれます。というのは，内閣が行政事務として法律を執行したとしても，その執行が法律又は憲法に適合するものであるかどうかについて，司法権の作用で終局的に判断することができ，法律又は憲法に適合しないと判断をしてその執行を違法であると結論づけることができるからです。これによって，内閣の行政事務の暴走を防ぐことができます。次に，違憲審査権を行使することによって，国会が制定した立法を無効にすることができ，これにより国会の立法行為の暴走を防ぐことができます。もっとも，判例通説は付随的違憲審査制を採用していることから，限界はあります。

これをまとめると，裁判所が行う権限は，司法権の行使のみで，その中で国会内閣に対する牽制を行い，三権分立を実現しようとする形になります。

b　内在的制約

司法権の定義が，具体的紛争に対して法を適用し終局的判断をすることをいうことからすると，この定義を超えるような判断をすることができません。いわゆる司法権の範囲と呼ばれる問題です。

例えば，法を適用することによって解決しえない紛争については司法権の範囲から外されます。また，具体的争訟の解決を目的としない，抽象的な法律問題についての裁定も，司法権の範囲から外されます。

(エ)　国民

国民は厳密には統治機関ではありませんが，国民主権原理から上記統治機関に一定の働きかけを行い，各機関を統制し，もって民主的正統性を付与する役割を担っています。

国会に対しては，衆議院，参議院の議員を選挙し，国会の構成員を選択することによって，民主主義を実現しようとします。

内閣に対しては，特に直接統治する役割は有しませんが，議院内閣制を前提にして，国会を通じた統制をはかることができます。

裁判所に対しては，79条2項，3項による最高裁判所裁判官の国民審査を通じた民主的統制をはかることができます。

(オ)　地方公共団体

地方公共団体は，当該地方公共団体の所轄範囲内に存在する住民に対して権力を行使することになります。具体的には，憲法94条の「地方公共団体は，その財産を管理し，事務を処理し，及び行政を執行する権能を有し，法律の範囲内で条例を制定することができる。」との規定に現れています。

イ　外在的制約（機関相互の権限分配）

(ア)　国会対内閣

国会に属する統治作用は立法をすることです。内閣に属する主な統治作用は法律を執行することです。そうすると，この両機関で問題になるのは，ⅰ内閣が立法をしてもよいのか？という点と，ⅱ国会が法律を執行していいのか？という点になります。ⅰについては，内閣が議案を提出してもよいのか，内閣が委任立法を定めてもよいのかという点が典型的な問題として考えられます。ⅱについては，国会が一般的抽象的法規範を定立せず，個別具体的な人物に対してのみ適用される立法をすることによって，実質的に法の執行も行ってしまう，いわゆる措置法を制定することは内閣の法の執行という権限を奪うものとして許されないのではないか，という問題が考えられます。

(イ)　内閣対裁判所

内閣の仕事は，法律を執行することです。裁判所の仕事は法的判断を示すことです。そうすると，この両機関で問題になるのは，ⅰ裁判所が法律を執行してもよいのか？という点と，ⅱ内閣が法的判断を示すことをしていいのか？という点になります。

ⅰは特に問題が生じません。なぜなら，先ほど述べたように，内閣に属する行政権は司法作用以外の執行作用であることから，裁判所が内閣の権限を奪うといったことは考えがたいからです。ⅱについては，内閣が裁判所の判断に文句を言っていいのかという問題が考えられます。例えば，行政事件訴訟法の執行停止の決定を内閣総理大臣の異議によって覆すこと（行政事件訴訟法 27 条1項）は内閣による司法権の剥奪なんじゃないか，行政不服審判の結果に裁判所が拘束されることは，内閣の司法権に対する制約になり許されないんじゃないか，という問題です。

(ウ)　裁判所対国会

裁判所に属する統治作用は紛争について法的判断を示し終局的解決を図ることです。国会に属する統治作用は立法をすることです。そうすると，この両機関で問題になるのは，ⅰ裁判所が立法をしてもよいのか？という点と，ⅱ国会が終局的な法的判断を示すことをしていいのか？という点になります。ⅰについては，裁判所が立法内容を解釈によって改変したり，立法自体を違憲無効にし，実質的に法制度の廃止の立法をしてもよいのかという問題が考えられます。ⅱについては，憲法の例外として，議員の資格争訟の制度（憲法 55 条）や弾劾裁判所の運用（憲法 64 条）というものがあり，格別に論点となる問題点はそこまで存在しません。

(エ)　国会対地方自治

国会に属する統治作用は立法をすることです。地方公共団体に属する統治作用は条例を作ること，地方公共団体を運営することです。そうすると，この両機関で問題になるのは，ⅰ国会が一地方にかかる法律を制定してもよいのか？という点と，ⅱ地方公共団体が実質的立法や法律に反する条例を制定してもよいのか？という点になります。

ⅰについては，憲法 95 条により，国会が一の地方公共団体のみに適用される特別法は，その地方公共団体の住民投票で過半数の同意を得なければ，法律として制定してはならないといった具合で，憲法上の手当がなされています。ⅱについては，憲法94条により，法律の範囲内で条例を制定することができると，憲法が条例制定権の限界を定めており，その範囲が問題になってきます。

(オ)　内閣対地方自治

内閣に属する統治作用は法律を執行することです。地方公共団体に属する統治作用は条例を作ること，地方公共団体を運営することです。そうすると，この両機関で問題になるのは，ⅰ内閣が地方公共団体特有の法律を執行してもよいのか？という点と，ⅱ地方公共団体が内閣による法律の執行を拒んでもいいのか？という点になります。

特に論点として問題になる点はあまりありません。

(カ)　裁判所対地方自治

裁判所に属する統治作用は紛争について法的判断を示し終局的解決を図ることです。地方公共団体に属する統治作用は条例を作ること，地方公共団体を運営することです。そうすると，この両機関で問題になるのは，ⅰ裁判所が実質的条例制定をしてもよいのか？という点と，ⅱ地方公共団体が紛争について法的判断を示し終局的解決を図る作用をおこなっていいのか？という点になります。

ⅰについては裁判所対国会と同様の問題が生じる程度で，ⅱについても特に論点として問題になる点はあまりありません。

4　平成27年司法試験予備試験問題について

違憲審査権の憲法上の根拠や限界について，後記の〔設問〕にそれぞれ答えなさい。

〔設問1〕

違憲審査権に関し，次のような見解がある。

「憲法第８１条は，最高裁判所に，いわゆる違憲審査権を認めている。ただし，この条文がなくても，一層根本的な考え方からすれば，憲法の最高法規性を規定する憲法第９８条，裁判官は憲法に拘束されると規定する憲法第７６条第３項，そして裁判官の憲法尊重擁護義務を規定する憲法第９９条から，違憲審査権は十分に抽出され得る。」

上記見解に列挙されている各条文に即して検討しつつ，違憲審査権をめぐる上記見解の妥当性について，あなた自身の見解を述べなさい。（配点：２０点）

〔設問2〕

内閣は，日本経済のグローバル化を推進するために農産物の市場開放を推し進め，何よりもX国との間での貿易摩擦を解消することを目的として，X国との間で農産物の貿易自由化に関する条約（以下「本条約」という。）を締結した。国会では，本条約の承認をめぐって議論が紛糾したために，事前の承認は得られなかった。国会は，これを事後に承認した。

内閣が本条約上の義務を履行する措置を講じた結果，X国からの農産物輸入量が飛躍的に増加し，日本の食料自給率は２０パーセントを下回るまでになることが予想される状況となった。ちなみに，X国の食料自給率は１００パーセントを超えており，世界的に見ても６０から７０パーセントが平均的な数字で，先進国で２０パーセントを切る国はない。

農業を営むAは，X国から輸入が増大したものと同じ種類の農産物を生産していたが，X国と日本とでは農地の規模が異なるため大量生産ができず，価格競争力において劣るため，農業を継続することが困難な状況にある。Aは，本条約は，農業を営む者の生存権や職業選択の自由を侵害するのみならず，国民生活の安定にとって不可欠な食料自給体制を崩壊させる違憲な条約であるとして訴訟を提起した。これに対して，被告となった国から本条約は違憲審査の対象とならない旨の主張がなされ，この点が争点となった。

本条約が違憲審査の対象となるか否か，及び本条約について憲法判断を行うべきか否かに関して，Aの主張及び想定される国の主張を簡潔に指摘し，その上でこれらの点に関するあなた自身の見解を述べなさい。（配点：３０点）

解　説

第1　設問1について

1　総論

問題の核心は，憲法 81 条がなくても当然に最高裁判所は違憲審査権という権限を有するのか？という点にあります。違憲審査権というのは，先述した通り，国会又は内閣の暴走を防ぐための制度であるため，三権分立を実現するために備わっている統治作用です。したがって，本問は裁判所対国会，内閣という三権分立型の問題であることがわかります。では，具体的な検討に入っていきましょう。本問で憲法 81 条がなくても最高裁判所が違憲審査権を有するとする根拠として，「①一層根本的な考え方からすれば，②憲法の最高法規性を規定する憲法第 98 条，③裁判官は憲法に拘束されると規定する憲法第 76 条第3項，④そして裁判官の憲法尊重擁護義務を規定する憲法第 99 条から，違憲審査権は十分に抽出され得る。」と論じています。この部分の読み方としては，①最高裁判所が違憲審査権を有するとされる根本的な考え方が存在し，その根本的な考え方が日本国憲法によって採用されている根拠として，②，③，④があるのだ，と読むのでしょう。

そこで明らかにすべきなのは，根本的な考え方とは何か？という点と，②，③，④がなぜ根本的な考え方を支えるものなのか？という点に尽きることになります。

以下，それぞれ明らかにしていきましょう。

2　①について

まず，①根本的な考え方についてですが，これは先述の通り，違憲審査権というのは，国会又は内閣の暴走を防ぐための制度でした。そして，問いからすれば，最高裁判所が違憲審査権を有しなければならないことを論証しなければならないため，違憲審査権がなぜ裁判所に備わっているのか，備えていなければならないのかという点を説明しなければなりません。

まず，違憲審査制がなぜ必要なのかを検討します。もし，違憲審査制が存在しなかった場合，憲法の存在意義がなくなります。というのは，多数決原理の下で成立した法律はすべて有効なものとなり，憲法上の権利が侵害されている少数者を救うためには，再度多数決原理の下その法律を廃止させなければならないことになります。しかし，少数者が多数決原理の下それを覆すことは不可能に近いです。すなわち，違憲審査制がなくなってしまうと，多数者により少数者の権利侵害を肯定するという帰結を導くことになり，基本的人権の保障という憲法の根本原理と相容れないことになります。だからこそ，基本的人権の保障のために違憲審査制が必要であると考えるわけですから，違憲審査制は多数決によっても正当化しえない少数者の権利を保障するための制度として必要であると考えることができます。したがって，違憲審査制は基本的人権の保障を目的とする立憲主義を妥当させるために必要不可欠な制度ということになるわけです。

次に，違憲審査権を帰属させる統治機関は裁判所でなければならない理由について検討します。前述の通り，問題となっている利害状況は多数派によって少数派の人権が侵害されている場面です。仮に，民主的多数決原理が色濃く作用している機関に違憲審査権を付与しても，その実効性は非常に乏しいことになり，実質的に違憲審査制が機能しなくなるおそれがあります。そうすると，民主的多数決原理があまり作用しない機関に違憲審査権を帰属させる必要があることがわかります。そこで，各統治機構を比較検討すると，裁判所は国会や内閣とは異なり，民主的多数決で選ばれた者によって構築された機関ではないという特殊性があることがわかりますから，裁判所に違憲審査権を帰属させるべきであるという帰結を導くことができます。

つまり，民主的多数決原理が色濃く作用している国会や内閣とは異なる裁判所という機関に違憲審査権を帰属させないと，実質的な人権保障を達成することができず，もって立憲民主的国家を構築することは不可能になってしまう，という議論になっていくわけです。

これで，根本的な考え方が明らかになりました。

3　②，③，④について

次に，②，③，④が根本的な考え方をどのように補強するのか検討します。まず，憲法の最高法規性を規定する憲法第 98 条により，憲法に反する法律，処分は，憲法による正統化がなされていないものとして許されないことになり，これを実効的に機能させるために違憲審査制は不可欠な制度であると説明できます。裁判官は憲法に拘束されると規定する憲法第 76 条第 3 項から，多数決原理ではなく人権侵害があったらそれを違憲であると判断しなければならない義務を課しているということができます。裁判官の憲法尊重擁護義務を規定する憲法第 99 条についても同様の話ができるでしょう。

第2　設問2について

1　総論

設問は，「①本条約が違憲審査の対象となるか否か，及び②本条約について憲法判断を行うべきか否かに関して，Aの主張及び想定される国の主張を簡潔に指摘し，その上でこれらの点に関するあなた自身の見解を述べなさい。」と，①と②に分解し検討することができます。そこで，①と②についてそれぞれ検討していきます。

2　①について

条約が違憲審査の対象になるのかという問題ですが，司法権の内在的制約の問題から，違憲審査の対象となるためには，まず司法権の範囲内の話でなければならないことが問題となります。次に，司法権の範囲内の話であったとしても，裁判所以外の統治機関に何かしら影響を来してしまうことから，許されない可能性という司法権の外在的制約の問題が出てきます。前者については，本問で「農業を営むAは，X国から輸入が増大したものと同じ種類の農産物を生産していたが，X国と日本とでは農地の規模が異なるため大量生産ができず，価格競争力において劣るため，農業を継続することが困難な状況にある。Aは，本条約は，農業を営む者の生存権や職業選択の自由を侵害するのみならず，国民生活の安定にとって不可欠な食料自給体制を崩壊させる違憲な条約であるとして訴訟を提起した。」とあり，訴訟を起こすとしたら，本件条約の締結によって自己の職業である農業を営むことができなくなり，それによって経済的損害が生じたことを前提に，条約締結行為を違法行為としてとらえて国家賠償請求をするということが考えられます。この訴訟形式であれば，Aの国に対する損害賠償請求権の存否に関する紛争であって，国家賠償法の適用によって終局的に解決するようなものであるから，「法律上の争訟」（裁判所法３条１項）にあたるとして，司法権の内在的制約の問題はクリアすることになります。

次に，外在的制約の問題，すなわち三権分立の問題になりますが，条約を違憲審査の対象とすることは一体何が問題になるのか考えてみましょう。まず，憲法 81 条をみると「最高裁判所は，一切の法律，命令，規則又は処分が憲法に適合するかしないかを決定する権限を有する終審裁判所である。」と定めており，この文言の中に「条約」という文字がありません。この条文を素直に読むと，条約は違憲審査の対象ではないのじゃないか？という疑問が生じてきます。条約が違憲審査の対象ではないとする実質的な理由としては，条約締結行為は外交問題であり，国家の政策問題である外交問題については内閣及び国会の判断を尊重すべきであること，条約は相手国の存在が前提となっていることから，国内の裁判所という一機関だけの判断で相手国と自国の関係を左右してしまうのは相手国に不測の損害を生じさせてしまい深刻な外交問題を生じさせてしまう可能性があること等といったことが考えられます。

仮に，条約が違憲審査の対象とはならないとしてしまうと，条約が日本国憲法に反するような内容であったとしても，それが違憲であり無効と判断されることがなくなる結果，憲法に反する規範が日本国内において受容される結果となるわけですから，必然的に条約が憲法に優位するという考え方を採ることになります。では，条約優位説を採用することはできるのでしょうか。この点，条約が国内法として通用するための要件は，ⅰ内閣が条約の締結を行い（憲法 73 条３号），ⅱ条約締結について国会の議決を経ること（憲法 61 条）です。もし，条約優位説を採用するとなると，厳格な憲法改正手続きを経ずに，条約を締結することによって，実質的に憲法の改正ができることになってしまいます。わざわざ憲法改正手続きを厳格に定めておいて，条約の締結によって実質的な憲法改正を行うことができますよ，という立て付けにしたとは考えがたいといえ，この点から条約は憲法に優位しないと考えることができます。そうすると，条約も日本国憲法の下で正統化される規範の一つとなるわけですから，当然に違憲審査の対象になると論証することができるわけです。

なお，判例も，砂川事件最高裁判決で，条約もまた違憲審査の対象になりうるという立場を採用しています。

3　②について

続いて，本条約が違憲審査の対象になるとしても，本条約について憲法判断を行うべきか否かについて検討していきましょう。違憲審査権が及ぶにもかかわらず憲法判断を行わないべきとなるのはどういった理由からでしょうか。これも三権分立の問題に帰着します。というのは，民主的多数決原理が色濃く反映されていない裁判所が，民主的多数決原理によって決定すべき事項について口出しをしてもよいのか？という問題が生じるわけです。民主的多数決原理が色濃く作用している国会や内閣とは異なる裁判所という機関に違憲審査権を帰属させないと，実質的な人権保障を達成することができず，もって立憲民主的国家を構築することは不可能になってしまうという話を前述しました。この議論からすると，上記の問題なんてすぐに解決すると考えられますが，しかし，そこまで簡単な話ではすみません。問題となる法制度設計によって少数派の人権が侵害されうるとしてもなお，その法制度設計は民主的正統性を及ぼすことが不可欠なものについては，多数決原理が色濃く反映されていない裁判所に判断させるのはまずいという場面も想定されるからです。すなわち，直接国家統治の基本に関する高度に政治性のある国家行為は司法権の限界を超えるという統治行為論という考え方が生じてくるわけです。砂川事件最高裁判決では，日米安保条約の合憲性が我が国の存立の基礎に重大な関係をもつ高度の政治性を有しており，その合憲性の判断は純司法的機能を使命とする司法裁判所の判断になじまず，一見極めて明白に違憲無効であると認められない限りは司法審査の範囲外にあり，最終的には国民の政治的批判にゆだねられるべきであると述べています。一見極めて明白に違憲無効であると認められない限りは，と留保をしているため純粋な統治行為論とはいえないと考えられていますが，民主的多数決原理を及ぼさなければならない高度の政治性を有する事項については司法審査の範囲外であると考える思想は十分見受けられるところになります。

統治行為論については，認めるべきか否か学説で多くの争いがあり，どのような結論を採ってもかまわないと思います。例えば，人権保障をとにかく前面に出して，人権保障をないがしろにしてでも多数決原理を及ぼさなければならない法制度を認めてしまったらその瞬間から立憲主義に反することになるわけであって，統治行為論なんてものは認められないと論証することも許されるかと思われます。どちらにせよ，統治行為論が採用されうる理由，裁判所の役割を踏まえた論証をすることが肝要かと思われます。

判例の立場をとるのであれば，次に問題になるのは，本条約の締結行為が高度の政治性を有する事項にあたるのか，という点になります。

グローバル化した経済体制における国家の態度決定というのは高度の政治性を有するものであると考えるのであれば，砂川事件の射程が及ぶことになります。一方，グローバル化した経済体制における国会の態度決定というのは，単に国家の経済政策を決定するものにすぎず，その程度のものであれば，薬事法違憲判決や，小売市場判決で統治行為論が作用しなかったのと同様，今回の問題も作用しないと考えることができるでしょう。これに対して，別の視点から考えれば，条約の締結と承認というのは相手国の存在が前提となっているところ，内閣と国会で条約の締結と承認を決定しているのにもかかわらず裁判所でそれを否定してしまうと，国家の外交政策に著しい支障，混乱を生じさせてしまうおそれがあることから，高度の政治性を有する事項に関するものであると考えることもできるでしょう。原告，被告，私見と様々な立場から高度の政治性にあたるか否かについてある程度適切に評価することができれば十分に点数がつく問題だと思われます。

参考答案

第1　設問1

1　結論

私は，本問の見解について妥当であると考える。

2　理由

違憲審査権とは，法律や行政行為の憲法適合性について判断する権力作用のことをいう。そして，違憲審査制は，憲法適合的でない統治作用を行おうとする国会又は内閣を牽制し，もって人権保障をはかるための制度である。

仮に違憲審査制が存在しないとすると，民主的多数決原理の下で成立した法律はすべて有効なものとなり，それを覆すためには再度多数決原理の下その法律を廃止させなければならないことになる。少数者が多数決原理の下それを覆すことは不可能に近く，違憲審査制を認めないとすると多数者により少数者の権利侵害を肯定することになるところ，基本的人権の保障という憲法の根本理念とは相容れないこととなる。そうだとすれば，違憲審査制は多数決によっても正当化しえない少数者の権利を保障するために必要不可欠な制度であるといえる。

そして，違憲審査制は多数決原理とは相容れない制度であることからすれば，民主的多数決原理が色濃く反映していない国家機関に違憲審査権を帰属させないと，実質的に違憲審査制は機能しなくなる。この点，裁判所には国民審査制度が認められるものの，裁判官を民主的に選択するという形になっていないことから，民主的多数決原理が及んでいる程度が国会内閣に比べて小さい。したがって，違憲審査権は裁判所に帰属させなければならないといえる。

形式的にも，憲法の最高法規性を規定する憲法第98条は，憲法に反する法律，処分は，憲法による正統化がなされていないものとして許されないことになり，これを実効的に機能させるために違憲審査制は不可欠な制度であると考えられる。加えて，裁判官は憲法に拘束されると規定する憲法第76条第3項及び裁判官の憲法尊重擁護義務を規定する憲法99条から，民主的多数決原理に従うのではなく憲法上保障される人権侵害が存在した場合，それを違憲と判断しなければならない義務を，裁判所に課しているといえ，これは裁判所が違憲審査権を有することを前提とした規定ぶりとなっている。以上の理由から，憲法81条がなくとも，裁判所が違憲審査権を有すると考えるべきである。

第2　設問2について

1　Aの主張

⑴　結論

本条約は違憲審査の対象となり，裁判所は本条約について憲法判断を行うべきである。

⑵　理由

違憲審査の対象となるためには，前提として問題となっている事項の判断が司法権の範囲内になければならない。

Aとしては本件条約の締結によって自己の職業である農業を営むことができなくなり，それによって経済的損害が生じたとして，条約締結行為を違法行為としてとらえて国家賠償請求をする。そして，この訴訟形式であれば，Aの国に対する損害賠償請求権の存否に関する紛争であって，国家賠償法の適用によって終局的に解決するようなものであるから，「法律上の争訟」（裁判所法3条1項）にあたるとして，司法権の範囲内に属するといえる。

次に，国家の最高規範は憲法であることから，他国との外交約束として位置づけられる条約であっても，最高規範である憲法適合性が求められることは明らかである。したがって，条約は違憲審査の対象となる。そして，違憲審査の対象となるのであれば，裁判所は，それが違憲であるか否かを判断しなければならない。

よって，本条約は違憲審査の対象となる上，裁判所は本条約が違憲であるか否かの判断をしなければならない。

2　国の反論

⑴　憲法81条をみると「最高裁判所は，一切の法律，命令，規則又は処分が憲法に適合するかしないかを決定する権限を有する終審裁判所である。」と定めており，この文言の中に「条約」という文字がないことから，条約が憲法を優位する。したがって，条約の憲法適合性は求められないため，本条約は違憲審査の対象とはならない。

⑵　仮に，本条約が違憲審査の対象となるとしても，高度の政治性を有する事項であることから，違憲であるか否かの判断を控えるべきである。

3　私見

⑴　本条約が違憲審査の対象となるか

憲法81条からすれば，条約が憲法を優位するとも思える。しかし，仮に，条約が憲法に優位し，違憲審査の対象とはならないとしてしまうと，条約が日本国憲法に反するような内容であったとしても，それが違憲であり無効と判断されることがなくなる結果，憲法に反する規範が日本国内において受容される結果となる。この点，条約が国内法として通用するための要件は，ⅰ内閣が条約の締結を行い（憲法73条3号），ⅱ条約締結について国会の議決を経ること（憲法61条）であるが，これを許してしまうと，厳格な憲法改正手続を経ずに，実質的に憲法の改正ができることになってしまう。日本国憲法が憲法改正手続を厳格に定めていることからすれば，条約の締結によって実質的な憲法改正を行うことができるということは想定していないと考えるべきである。したがって，条約は憲法に優位せず，条約も日本国憲法の下で正統化されなければならないといえ，違憲審査の対象になる。

なお，判例も，砂川事件最高裁判決で，条約もまた違憲審査の対象になりうるという立場を採用している。

⑵　本条約の違憲判断をすべきか

民主的多数決原理が色濃く作用している国会や内閣とは異なる裁判所という機関に違憲審査権を帰属させないと，実質的な人権保障を達成することができず，もって立憲民主的国家を構築することは不可能になってしまう。もっとも，問題となる統治作用によって少数派の人権が侵害されうるとしてもなお，その統治作用は民主的正統化を及ぼすことが不可欠なものについては，多数決原理が色濃く反映されていない裁判所に判断させることはできない。したがって，民主的正統化を及ぼすことが不可欠な統治作用，すなわち，国家統治の基本に関する高度に政治性のある統治作用は司法権の限界を超え，憲法適合性について判断をするべきではないと考える。

そこで，本条約の締結，承認は高度に政治性のある統治作用といえるかについて検討する。

本条約は，グローバル化した経済体制における国家の態度決定という側面を有するところ，これは単に国家の経済政策を決定するものに過ぎず，高度に政治性を有する統治作用とはいえないとも思える。

しかし，本条約の締結承認によって生じる経済的な利害関係は国内経済にとどまらず国際経済にも及ぶものであり，単なる国家の経済政策を決定するにとどまるものではない。このような国際経済に影響するような条約の締結の承認を内閣と国会で決定しているのにもかかわらず，裁判所でそれを否定してしまうと，国内にとどまらない国際的な影響を与えるおそれがあると同時に，国家の外交政策に著しい支障，混乱を生じさせてしまうおそれがある。そうだとすれば，外交政策および国際的影響を与える事項については，裁判所が態度決定をしてよい問題ではなく，多角的な視点から民主的多数決原理によって決定されなければならないものであることから，本条約の締結と承認は，高度の政治性を有する国家行為にあたるといえる。したがって，本条約の締結と承認につき，憲法適合性を判断することはもはや司法権の限界を超える。

よって，裁判所は本条約について憲法判断を行うべきではない。

以上

本書掲載判例索引

※本文中で，憲法判例百選Ⅰ，Ⅱ［第７版］は，それぞれⅠ－○○，Ⅱ－○○（○○は事件番号）のように表記しています。

玄　唯真（げん　ゆうじん）
東京都出身。平成 25 年司法試験予備試験合格、平成 26 年中央大学法学部卒業、同年司法試験合格。予備試験合格後から中央大学の勉強会で憲法・刑法を中心に後輩の指導にあたる。現弁護士。

大野　純（おおの　じゅん）
神奈川県出身。平成 29 年中央大学法学部卒業、慶應義塾大学大学院法務研究科入学、平成 30 年司法試験予備試験合格、平成 31 年慶應義塾大学大学院法務研究科卒業、令和元年司法試験合格。司法試験合格後から中央大学の勉強会で憲法・民法を中心に後輩の指導にあたる。現弁護士。

辰巳法律研究所（たつみほうりつけんきゅうじょ）
https://service.tatsumi.co.jp/
司法試験予備試験、司法試験、ロースクール入試、司法書士試験、社会保険労務士試験、行政書士試験の受験指導機関。1973 年に誕生して以来、数え切れない司法試験合格者を法曹界に送り出している。モットーは、「あなたの熱意、辰巳の誠意」。司法試験対策における受験生からの信頼は厚く、2006 年～2020 年の辰巳全国模試には実に累計 41,438 名の参加を得ている。「スタンダード短答オープン」「スタンダード論文答練」などの講座群、「肢別本」「短答過去問パーフェクト」「趣旨・規範ハンドブック」などの書籍群は、予備試験受験生、司法試験受験生から、合格のための必須アイテムとして圧倒的支持を受けている。

予備試験・司法試験短期合格者本
読み解く合格思考　憲法［改訂補正版］

平成 27 年 11 月 20 日　初　版　第 1 刷発行
令和 2 年 7 月 10 日　改訂版　第 1 刷発行
令和 6 年 5 月 25 日　改訂補正版　第 1 刷発行
令和 6 年 9 月 15 日　第 2 刷発行

著　者　玄　唯真
補訂者　大野　純
発行者　後藤　守男
発行所　辰巳法律研究所
〒169-0075
東京都新宿区高田馬場 4-3-6
TEL.　03-3360-3371（代表）
印刷・製本　壮光舎印刷（株）

ISBN978-4-86466-632-9

【予備試験対策講座】

聴いてから書く。挫折知らずの論文答練。

予備試験 ファースト論文答練 First

辰巳専任講師・弁護
松永 健一先生

●通信WEB
好評受付中

●予備試験合格・松永先生の答案の書き方を身に着けよう
●夏休みを有効活用した集中答案レッスンで実力を伸ばそう
●基礎講座が終わった後に最適な答案練習

★こんな方におススメ

01 論文のアウトプットが初めての方
02 標準的な答案の書き方を学びたい方
03 独学での答案作成に限界を感じた方

★講座コンセプト

●基本的な問題で答案の書き方を学ぶのに最適で
●夏休みを有効活用した集中答案レッスンで実力
伸ばそう
●基礎講座が終わった後に最適な答案練習会

講座仕様

科目

憲法・民法・刑法・商法・民訴・刑訴・行政

回数 / 問数

全7回・14問

添削・採点

添削有・成績表なし

答案提出

Web 提出→ Web 返却

Web サービス

受講者マイページで以下のサービスをご利用頂けます
①資料閲覧
・問題
・解説&解答例
②答案提出
③答案返却
④講義視聴
(通学部の方のみ)
※通信部も方は講義は Web スクールで受講

担当講師

辰巳専任講師・弁護士
松永 健一先生
Profile
東京大学法学部出身。
法科大学院既修者コース在学中に予備試験合格、2015 年司法試験合格(上位 10%以内)。
説得力ある指導ノウハウが好評。「指導方針が明確」「話がわかりやすい」と人気の先生です。

■受講料(税込)

	講座コード	辰巳価格	代理店価格
通信Web	B5001E	¥48,900	¥46,455

WEBで
簡単申込

スケジュール・受講料等の詳細は
右記より資料をご請求ください。https://r-tatsumi.com/pamphlet/

予備試験ファースト論文答練

答案構成 → 講義 → 答案作成 → 添削指導

■カリキュラム

※予習の便宜のため、教材はLIVE日程の1週間前に受講者マイページに掲載します。

①答案構成

問題文は予備試験より短い基本的な判例を元にしたオリジナル問題を出題します。最初に取り組む答案練習会には最適な問題です。予習段階で問題を精読。この問題は何を聞いているのか？根拠条文は何か？基準となる判例はあるのか？論点に対する論証は思い浮かぶか？ざっと紙に書き出して下さい。

②講義

本講座の講義は、講義後にあなたがひとりで答案を書けるようになることが目的です。そこで、出題した問題を素材に、答案を書くベースとなる、出題意図、根拠条文、判例、論点をしっかり解説します。もちろん書き方のコツもお伝えします。予備試験合格講師の答案作成方法をしっかりと学んで下さい。

③答案作成

講義後はひとりで問題と向き合い、答案を書いてください。最初は難しいかもしれませんが、先生の講義をよく思い出して、取り組めばきっと大丈夫です。
※答案は受講者マイページよりWeb提出していただきます（松永先生の添削を希望される方は、翌週教室にて提出）

④添削指導

答案が返却されたら、「添削コメント」を参考に、答案を書き直してみましょう。答案の書き直しは多くの講師や合格者が進めている「合格る学習法」です。ぜひ取り組んで下さい。

■教材

①問題文

> Y（早稲田大学）において、江沢民元中国国家主席の講演会が開催されることになり、参加希望者は参加人名簿に、学籍番号、氏名、住所及び電話番号を記入することとされた。Yは、警視庁から警備のため、同名簿の提出の要請を受け、（以下略）

基本的な判例をベースにした問題を中心に出題します。分量はA4一枚で収まる程度です。まずは、ここから始めましょう。予習段階では、問題を一読し、この問題は何を聞いているのか？何を書けば良いのか？をざっと紙に書きだして下さい。

②解説＆解答例

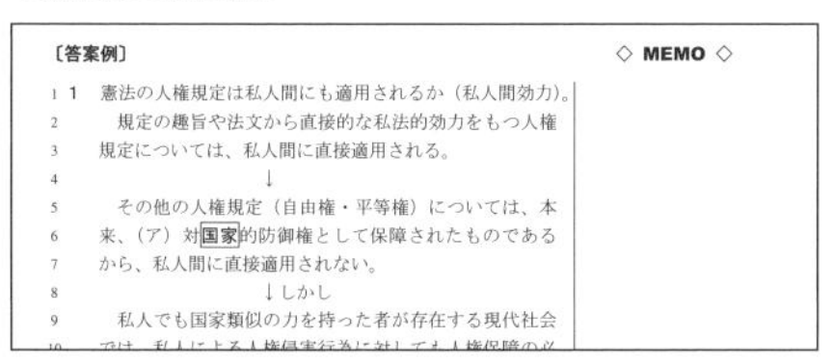
〔答案例〕　◇ MEMO ◇

1 1　憲法の人権規定は私人間にも適用されるか（私人間効力）。
2　規定の趣旨や法文から直接的な私法的効力をもつ人権
3　規定については、私人間に直接適用される。
4　↓
5　その他の人権規定（自由権・平等権）については、本
6　来、（ア）対国家的防御権として保障されたものである
7　から、私人間に直接適用されない。
8　↓しかし
9　私人でも国家類似の力を持った者が存在する現代社会

解説＆解答例は分厚いものではなく、復習の便宜を考えた、簡便なものをご用意します。また、解答例の「キーワード」には、印をつけました。復習の際、チェックすべき箇所、記憶すべき箇所を明確にしていますので、はじめて答練を受講する方にも復習しやすい教材となっています。

ファースト論文答練は、スタ論松永クラスへのNEXTステップ。

予備試験合格、松永講師の一貫指導で合格。

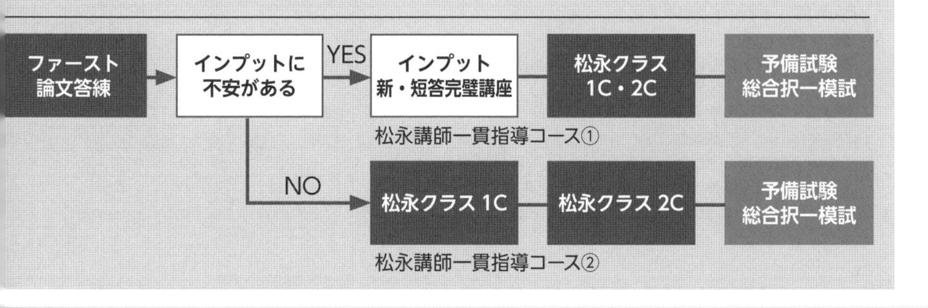

◆学習プランのご紹介

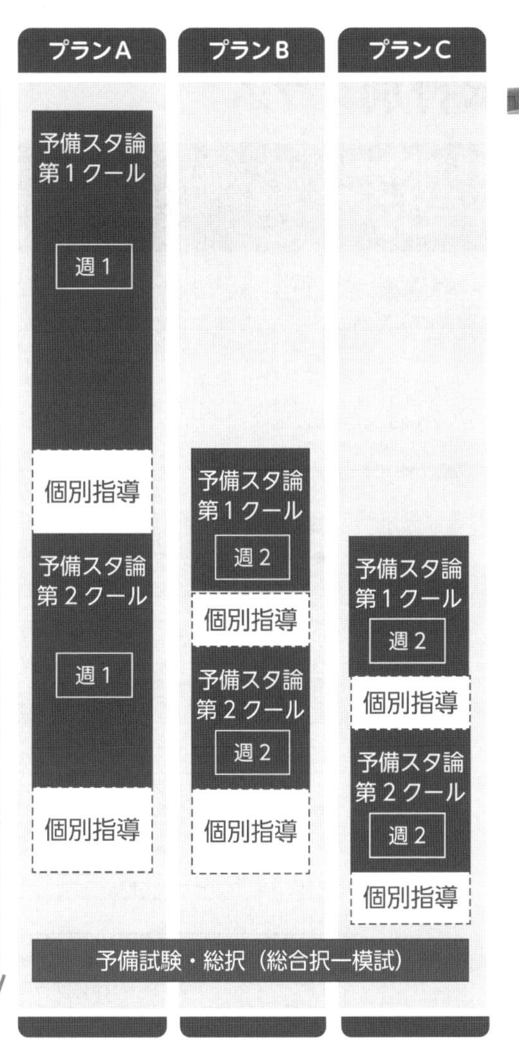

個別指導 第1クール+第2クール一括申込特典

●プランA（通学&通信）

9月から週1回。無理なく「答案の書き方」が身につきます。

★こんな方にオススメ

週1回無理なく答案を書きたい方
答練をペースメーカーに学習したい方
学業・仕事が忙しい方

●プランB（通学&通信）

論文発表後から週2回。一気呵成に「答案の書き方」を磨き上げます。

★こんな方にオススメ

週2回集中して答案を書きたい方
答練をペースメーカーに学習したい方

●プランC（通信のみ）

定期試験後の学生受験生に最適。Web受講で移動時間をカット。短期集中で「答案の書き方」を身に付けます。

★こんな方にオススメ

学部試験終了後に一気に答案を書きたい学部・LSに在学中の方
答練をペースメーカーに学習したい方

【第1クール・第2クール　一括申込特典】

各クール終了後に1回・合計2回の「音声個別指導」を行います。あなたが提出した答案に対し、添削者は、音声で、あなた専用のアドバイスを送ります。音声は、紙面よりも、よりリアルにニュアンスを伝えることが可能です。「答練で、受験生を、合格者に。」のコンセプトの元、辰已は本気であなたの合格に向き合います。

★こんな方におススメ

●予備試験合格者・松永先生の答案の書き方を身につけたい方
●基礎講座を受講し終えた方
●ファースト論文答練を受講した方

WEBで
簡単申込

■第 1 クール /9 月スタート

予習講義 ▶ 答案作成 ▶ 解説講義 ▶ 添削指導

★第1クール　コンセプト

予習講義：基礎講座・入門講座を修了した、または、独学で標準的な基本書を一通り読み終えた後でも、安心して答練を受講をできるように。松永クラスでは、基礎的な知識・理解の再確認のために、予習講義を行います。
答案検討講義：松永先生自身が添削した教室受講生の答案を素材に、「合格答案の書き方」をリアルに、徹底的に指導します。（1・2 クール共通）

■スケジュール

通学部　通信部

#		講師	問題数	日程	答練	解説講義 ※10分休憩含	答案検討講義	次回予習講義
1	憲法1	松永健一	2	9/22(日)	10:00-12:20	13:00-14:50	14:50-15:10	15:20-16:20
2	憲法2		2	9/29(日)	10:00-12:20	事前収録の上、Webでご受講いただきます		
3	行政法1		2	10/6(日)	10:00-12:20	13:00-14:50	14:50-15:10	15:20-16:20
4	行政法2		2	10/13(日)	10:00-12:20	事前収録の上、Webでご受講いただきます		
5	民法1		2	10/20(日)	10:00-12:20	13:00-14:50	14:50-15:10	15:20-16:20
6	民法2		2	10/27(日)	10:00-12:20	事前収録の上、Webでご受講いただきます		
7	商法1		2	11/3(日)	10:00-12:20	13:00-14:50	14:50-15:10	15:20-16:20
8	商法2		2	11/10(日)	10:00-12:20	事前収録の上、Webでご受講いただきます		
9	民訴1		2	11/17(日)	10:00-12:20	13:00-14:50	14:50-15:10	15:20-16:20
10	民訴2		2	11/24(日)	10:00-12:20	事前収録の上、Webでご受講いただきます		
11	刑法1		2	12/1(日)	10:00-12:20	13:00-14:50	14:50-15:10	15:20-16:20
12	刑法2		2	12/8(日)	10:00-12:20	事前収録の上、Webでご受講いただきます		
13	刑訴1		2	12/15(日)	10:00-12:20	13:00-14:50	14:50-15:10	15:20-16:20
14	刑訴2		2	12/22(日)	10:00-12:20	事前収録の上、Webでご受講いただきます		

※憲法 1 の予習講義は 9/15(日) アップ
※講師の都合により、教室実施回が変更になることがございます

■第 2 クール / 翌年 2 月スタート

答案作成 ▶ 解説講義 ▶ 答案検討講義 ▶ 過去問講義 ▶ 添削指導

★第 2 クール　コンセプト

過去問講義：予備試験過去問を素材に、松永先生が書き下ろした答案を使って、本試験特有のひねりへの対処法を含めた指導を行います。通常の解説と答案検討講義に加えて、過去問の作法を学ぶことで、松永流の「合格答案の書き方」をより一層昇華させます。

■スケジュール

通学部　通信部

#		講師	問題数	日程	答練	解説 ※10分休憩含	答案検討講義	過去問講義
1	憲法/行政法1	松永健一	2	2/9(日)	10:00-12:20	13:00-14:50	14:50-15:10	15:20-16:20
2	憲法/行政法2		2	2/16(日)	10:00-12:20	事前収録の上、Webでご受講いただきます		
3	憲法/行政法3		2	2/23(日)	10:00-12:20			
4	民法/商法/民訴1		3	3/2(日)	10:00-12:20	14:00-15:50	15:50-16:10	16:20-17:20
5	民法/商法/民訴2		3	3/9(日)	9:30-13:00	事前収録の上、Webでご受講いただきます		
6	民法/商法/民訴3		3	3/16(日)	9:30-13:00			
7	刑法/刑訴1		3	3/23(日)	10:00-12:20	13:00-14:50	14:50-15:10	15:20-16:20
8	刑法/刑訴2		2	3/30(日)	10:00-12:20	事前収録の上、Webでご受講いただきます		
9	刑法/刑訴3		2	4/6(日)	10:00-12:20			
10	民実/刑実1		2	4/13(日)	10:00-12:20	13:00-14:50	14:50-15:10	15:20-16:20
11	民実/刑実2		2	4/20(日)	10:00-12:20	事前収録の上、Webでご受講いただきます		

短答月イチ模試 with アプリ

アプリ ▶ 模　試 ▶ 総合模試

★こんな方におススメ

01　短答に苦手意識のある方
02　勉強のペースメーカーが欲しい方
03　毎月成長を感じたい方

★講座コンセプト

アプリ + 模試。アプリには、「短答基本知識 1500 肢」（7 月配信）、「短パフェ重要問題セレクション」を搭載。アプリで学習を進めながら月に 1 回は短答模試を受験。時間・場所を問わない、受験生の学習環境の変化に合わせた「短答総合学習スペース」を提供します。

特徴 1　月1回模試：試す、分析する、補修する。合格に直結する「短答定期健診」。

第1クール	1	月イチ模試　憲法 / 行政法 1
	2	月イチ模試　民法 1
	3	月イチ模試　商法 / 民訴法 1
	4	月イチ模試　刑法 / 刑訴 1
第2クール	5	月イチ模試　憲法 / 行政法 2
	6	月イチ模試　民法 2
	7	月イチ模試　商法 / 民訴法 2
	8	月イチ模試　刑法 / 刑訴 2
	9	予備試験総合択一模試

●月 1 回の現場体験。

●月 1 回の定期健診。悪いのはどこ？

科目進行に合わせて勉強することで、必然的に勉強のペースが定着します。勉強の成果は模試で試す。できる･できないを分析する。できなかったところを補修する。このサイクルを回すことで、短答の実力を確実に伸ばすことができます。
短答の実力は論文の実力に比例します。必然的に、論文の実力も伸ばすことができ、合格可能性を大きくアップさせることができます。

特徴 2　特別アプリ：電車・カフェを勉強部屋に。スキマ時間を勉強時間に。

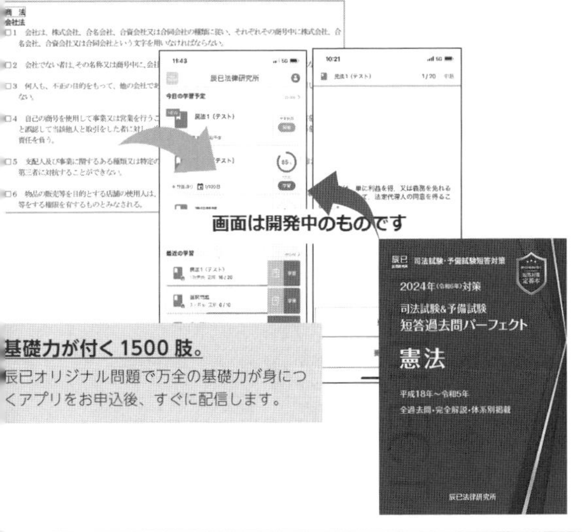

基礎力が付く 1500 肢。
辰巳オリジナル問題で万全の基礎力が身につくアプリをお申込後、すぐに配信します。

あなたの短答学習の相棒を作りました。アプリには、辰巳オリジナルの「短答基本知識 1500 肢」（7 月配信）、辰巳の短パフェから汎用性の高い問題のみを抽出した「短パフェ重要問題セレクション」（2 月配信）を搭載します。
移動時間、スキマ時間に短答を強化し、月イチの模試で進捗を確認する。タイパ・コスパを重視した短答対策で、論文学習の時間を効率的に確保しましょう。

短パフェの重要問題を
いつもあなたのスマホに。
辰巳研究スタッフが短パフェをおよそ 3 分の 1 に。出題可能性や汎用性の観点からセレクトします。

短答知識の定着は、条文順に。丁寧に。

WEBで
簡単申込

新・短答合格FILE準拠
新・短答完璧講座〈2025年対策〉

●通信Web
好評受付中

短答に不安を感じている方にオススメ。法律科目のみで8割を目指す！
網羅性抜群の「新・短答合格ファイル」はWeb閲覧もできて、使いやすい！
講義音声ダウンロードサービスでどこでも勉強が可能。倍速視聴も、らくらく。

講座仕様

受講形態

●通信部

回数／問数／構成

●憲法　22時間
（インプット20時間＋過去問編2時間）
●民法　40時間
（インプット36時間＋過去問編4時間）
●刑法　26時間
（インプット24時間＋過去問編2時間）
●商法　22時間
（インプット20時間＋過去問編2時間）
●民訴法　14時間
（インプット12時間＋過去問編2時間）
●刑訴法　14時間
（インプット12時間＋過去問編2時間）
●行政法　14時間
（インプット12時間＋過去問編2時間）

Webサービス

受講者マイページで以下のサービスをご利用いただけます
①資料閲覧
②講義音声ダウンロード
［一括をお申し込みの場合］
※講義はWebスクールで受講いただきます。

法律科目のみで短答突破を目指す講座です。

2023年予備試験の短答合格点は168点でした。したがって、法律科目で8割を取ることができれば、一般教養は極論0点でも合格できます。本講座はまず、講座オリジナルテキスト「新・短答合格ファイル」を使って、条文順に条文、判例、論点を丁寧に学習します。表で整理したほうが頭に残りやすい箇所は適宜表で整理します。次に、別冊の「過去問チェック」を使って、頻出過去問を確認し、インプットした情報を整理します。テキスト→過去問を素早く繰り返すことで、知識の定着を助けます。

■スケジュール

#	科目	講師	時間		通信Web
			インプット	過去問	配信開始（予定）
1	憲法	西口竜司	20	2	8月
2	刑法		24	2	9月
3	民法		36	4	10月
4	商法	予備試験合格講師	20	2	10月
5	民事訴訟法		12	2	10月
6	刑事訴訟法		12	2	11月
7	行政法		12	2	12月

■受講料（税込）

通信Web		時間	講座コード	辰已価格	代理店価格
全科目一括		152	E5050E	¥259,400	¥246,430
憲民刑一括		88	E5051E	¥158,000	¥150,100
商訴行政一括		64	E5052E	¥115,000	¥109,250
科目別	憲法	22	E5053E	¥41,600	¥39,520
	民法	40	E5054E	¥75,600	¥71,820
	刑法	26	E5055E	¥49,100	¥46,645
	商法	22	E5056E	¥41,600	¥39,520
	民事訴訟法	14	E5057E	¥26,500	¥25,175
	刑事訴訟法	14	E5058E	¥26,500	¥25,175
	行政法	14	E5059E	¥26,500	¥25,175

スケジュール・受講料等の詳細は
右記より資料をご請求ください。https://r-tatsumi.com/pamphlet/

新・短答完璧講座　担当講師

憲法
民法
刑法

辰已専任講師・弁護士
西口 竜司先生

「生涯一受験生」がモットー。毎年、本試験当日に、短答問題をすべて解き、うち9割を正解するなど、短答を得意とする先生です。短答過去問の情報はすべて頭に入っており、その指導により、多くの受験生を短答強者に変身させた実績を持っています。

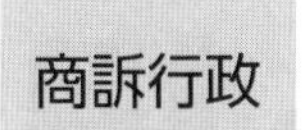

辰已講師・弁護士
黒根 祥行先生

京都大学法学部卒業・予備試験合格。弁護士事務所の共同経営者として活躍する傍ら、法科大学院等でも受験指導を行っている。試験にはパターンがあり、インプットにはコツがあるという無駄を省いた効率的な勉強法で、多くの受験生を合格者に導いている。

新・短答合格ファイル
[講座受講生に無料配付]

知識インプット編と頻出過去問編の分冊方式・Ｂ５版・製本テキストを採用しています。
試験直前まで使える科目別の逐条テキストが手に入ります。また、テキストは受講者マイページでもご覧いただけます。スキマ時間にもテキストをご覧いただけます。

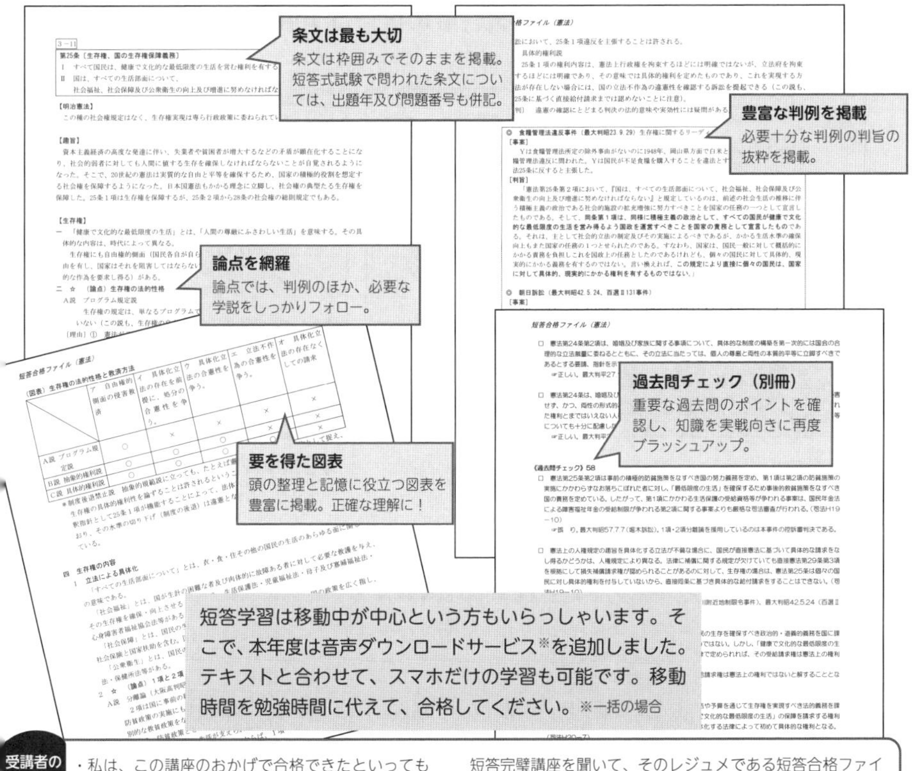

受講者の声

・私は、この講座のおかげで合格できたといっても過言でないです。網羅性がすごく、論文でも十分通用します。この講座をやっていれば、短答過去問を回す必要がなくなるので、その分の時間を論文に回せます。

・私は短答が苦手であり、独学だけでは不安であったため短答完璧講座を受講しました。ポイントを押さえた講義となっており、苦手だった短答を克服する大きな助けとなりました。短答完璧講座を聞いて、そのレジュメである短答合格ファイルを読み返し、過去問を解くことを繰り返しました。

・短答過去問集を２周ほど解きましたが、網羅的かつ体系的な理解が全くできておらず、そのため１度目は短答落ちだったと思います。対策の結果、二度目の司法試験では短答の点数と順位が大幅に上がりました。短答落ちの方や短答に不安を感じている方には、辰已の短答完璧講座を是非オススメします。

辰巳法律研究所
予備試験論文対策
論文対策定番本
司法試験
予備試験
令和5年
(2023年)
論文
本試験
科目別
A答案再現&ぶんせき本
【最新版】いま評価される答案作成法
横読み 全A評価合格者の〈全科目〉の再現答案を掲載
(論文総合40位)
解析 詳細に解析：問題文と出題趣旨をどう読むか
縦読み A答案3通・C答案1通
どの論点をどう書いているかの分析が有益
期間限定特典付き
R3~R5 合格者口述再現集 (PDF版) ダウンロード特典をプレゼント
辰巳法律研究所